广东外语外贸大学
俄罗斯国情与对外政策科研创新团队项目

第二辑

俄罗斯对外关系发展研究

主　编·王树春 / 崔懿欣
副主编·张书华 / 卢人琳 / 田　艳

时事出版社
北京

本书由广东外语外贸大学国际关系学院广东省特色重点学科（国际关系）专项经费支持出版。

前　言

　　本书是师生共同研究俄罗斯对外政策的学术成果，是《俄罗斯对外关系发展研究（第一辑）》的延续。在前者的内容基础上，本书针对俄罗斯对外关系发展的新变化做了及时的更新与补充。

　　在过去的数年间，全球局势发生了许多变化。俄罗斯作为一个大国，在这些变化中扮演了重要角色。在本丛书的第一辑中，我们根据俄罗斯对外关系的不同国别与区域做了分类归纳，在梳理事实的基础上试图勾勒出一幅完整的俄罗斯对外政策全貌。在本书中，我们根据国际局势的变化和俄罗斯对外政策的新动态做出了内容更新，以便读者能够更好地理解俄罗斯与这些国家和区域的互动关系。

　　笔者已在俄罗斯研究与教学工作上耕耘了30余年，积累了较为丰富的有关俄罗斯对外政策的学术成果，具备了较为扎实的国际关系专业的理论基础。作为一名教学经验较为丰富的一线教师，多年来本人一直致力于将教学与科研相结合，以实现教学经验启发科研方向、科研成果反哺教学实践的良好互动。在课堂上，本人向学生们详细介绍了俄罗斯的历史、文化、政治、经济和对外关系的基本情况，帮助他们更好地理解这个国家在国际事务中所发挥的作用。在时间的沉淀下，笔者凭借这些教学尝试和多年的科研积累，编写了这套丛书的第一辑，在此基础上，又一次进行完善与更新，整理出俄罗斯对外关系发展的新变化。希望这些资源可以为读者提供最新的研究视野，帮助他们更好地理解和分析俄罗斯对外政策的现状与未来趋势。

　　本书的主题是俄罗斯对外政策研究，笔者通过整理俄罗斯独立以来不同时期的对外政策变化，在总结变化的基础上发现其规律。本书结构大致分为俄罗斯的总体对外政策、俄罗斯与独联体国家的关系、俄罗斯与西方国家的关系、俄罗斯与亚洲国家的关系以及附录五个部分。

本书的具体分工如下：全书的框架设计、论文选题的确定、课上的交流和课后的指导均由王树春教授负责；每篇论文由教授学生团队中各专题小组具体负责；论文的润色与修改由教授本人带领崔懿欣博士、张书华硕士、卢人琳硕士和田艳硕士负责。

感谢所有给予本人支持与帮助的人！编写这本书不仅需要笔者多年来积累的学术成果和教学经验，也离不开那些支持本人教学与科研工作的可亲可爱的学生们！此外，本人也要感谢时事出版社对本书的支持和协助，帮助我们将研究成果传播到更广泛的读者群体中去。同时，本人也期待国内外学者与广大读者的批评指正。

王树春　于白云山下寓所

2023 年 5 月 24 日

目录 contents

俄罗斯的总体对外政策

2022 年俄罗斯对外政策最新变化及特点 ……… 黄 睿　田 艳 / 003

评析俄罗斯"转向东方"的政策与实践

………………………… 文 洁　沈栩宁　崔懿欣 / 022

俄罗斯与独联体国家的关系

新形势下俄白联盟发展现状及前景分析 ……… 孔钰棠　卢人琳 / 039

独立后哈萨克斯坦对俄政策的演变、特点及原因

………………………… 陈圣锋　钟棋晓　卢人琳 / 058

俄罗斯与西方国家的关系

冷战后俄德能源合作分析 …………… 冯 颖　卢人琳 / 073

新形势下俄土关系的发展 ………… 侯思婷　陈梦煊　崔懿欣 / 097

新形势下俄罗斯反制裁的措施及其效果分析

………………………… 陈莹莹　张书华 / 116

俄罗斯与亚洲国家的关系

冷战后俄罗斯对印度尼西亚政策分析
　　………………………………… 梁海琳　丁　越　张书华 / 137
普京执政以来俄罗斯与沙特阿拉伯的能源合作分析
　　………………………………… 唐紫蓓　江绮枫　卢人琳 / 154
新形势下俄罗斯与伊朗"抱团互利"关系研究
　　……………………………………………… 庾宝文　崔懿欣 / 169
塞西执政以来的俄埃关系 ………………………… 卢人琳 / 183

附录

2022年俄罗斯对外关系大事记
　　………………… 张　康　董芬芬　黄嘉妍　马闻政 / 205

俄罗斯的总体对外政策

2022年俄罗斯对外政策最新变化及特点

黄睿　田艳[*]

【摘　要】 为研究2022年俄罗斯对外政策问题，本文梳理了2022年俄罗斯对外政策的最新变化，具体表现为积极参与独联体事务、俄白一体化进程显著推进。但同时，俄罗斯与西方国家的关系全面恶化，俄美关系全面下滑，俄欧加剧对抗态势。俄罗斯进一步加快了东转的步伐，布局亚太。俄罗斯也加强了与中东国家的联系。此外，俄罗斯提高了北极地区的战略地位，强化了其在北极的竞争力。笔者认为其呈现出明显的去西方态势，与东方联系更加密切，且刚柔并济。国家领土安全受到威胁、当前国际秩序受到冲击、大欧亚伙伴关系具备极佳的发展潜力等因素共同构成了以上特点。从短期来看，俄罗斯与西方国家的断裂已成事实，与西方的对抗只会加深，转向东方的趋势更加明显。从长期来看，俄罗斯与西方国家的对抗趋势呈现长期性、持续性的特点，俄罗斯未来的对外政策重心很有可能会持续保持在东方。

【关键词】 俄罗斯　对外政策　最新变化　特点

---

[*] 黄睿，广东外语外贸大学国际关系学院国际政治专业2020级本科生；田艳，广东外语外贸大学国际关系学院外交学专业2022级硕士研究生。

一、俄罗斯对外政策的最新变化

（一）积极参与独联体地区的事务

俄白一体化是俄罗斯和白俄罗斯基于本国的利益考量而形成的战略选择[①]。2022年俄乌冲突爆发后，西方国家对俄罗斯进行大幅度制裁，但俄白一体化进程并未因此搁置。相反，俄罗斯与白俄罗斯更加坚定了俄白一体化的战略选择，并以此来应对西方国家的经济制裁和军事围堵。总的来说，2022年，俄白一体化的进程显著推进。

1. 军事合作程度大大加深

俄白举行多次军演。2022年2月10日，白俄罗斯与俄罗斯开展"联盟决心-2022"联合军事演习，旨在实施防御行动对抗恐怖主义、保卫联盟国家的利益、制止和反击外部入侵。8月，白俄罗斯国防部宣布，白俄罗斯将派出隶属于西部作战司令部机械化步兵旅的250多名军人参加"东方-2022"军事演习，该演习在俄罗斯东部军区的13个训练场进行。10月17日，区域联合部队在白俄罗斯境内进行战术演习，内容包括实弹射击和防空导弹发射。12月21日，白俄罗斯国防部宣布，白俄罗斯和俄罗斯军人在战斗协调活动框架下在白俄罗斯境内开展应对城中武装冲突的模拟演习。同月，俄罗斯与白俄罗斯就继续开展军演活动问题进行详细探讨。

两国军事高层交流频繁，防卫协调机制逐渐健全。2022年6月，俄罗斯总统普京和白俄罗斯总统卢卡申科在圣彼得堡举行会谈，俄白两国总参谋长一起讨论国家安全保障的细节。9月，白俄罗斯国防部代表团访问了莫斯科，双方讨论了两国国防部军事和军事技术合作的现状和前景。10

[①] 刘丹：《2021年俄罗斯对后苏联空间外交》，载孙壮志主编：《俄罗斯发展报告（2022）》，社会科学文献出版社2022年版，第284—298页。

月，白俄罗斯和俄罗斯国防部联席会议在莫斯科举行，俄罗斯防长谢尔盖·绍伊古表示2023年俄罗斯与白俄罗斯需要继续加强两国作战训练。11月，俄白联盟议会安全与国防委员会会议以视频会议的形式在莫斯科和明斯克召开。会议期间，两国就"完善军事基础设施以供俄白区域联合部队作战使用"等相关议题进行讨论。12月，俄罗斯总统普京前往白俄罗斯首都与卢卡申科会晤。此次会谈，双方就继续开展联合军演达成一致，就建立统一防御空间问题进行讨论，并签署了一份关于联合保障地区军事安全协议的补充议定书。

两国的军事人员及装备流通顺畅。2022年10月10日，卢卡申科在国家安全会议上表示，他与普京就部署区域联合部队达成一致。此次区域联合部队在白俄罗斯境内进行部署。该部队的俄军总人数将近一万人。此外，俄方还计划将坦克、装甲车及火炮和迫击炮等战略武器运送至白俄罗斯。10月17日，俄罗斯联邦武装力量西部军区的一个机械化兵团进入白俄罗斯境内，并进行战术演习。12月19日，俄罗斯向白俄罗斯交付S-400防空系统和"伊斯坎德尔"导弹系统，同日俄罗斯宣布将为改装用以配备特殊弹药的白俄罗斯战机机组人员提供培训。次日卢卡申科表示俄罗斯交付的两大系统已经被投入使用。12月28日，俄罗斯军方在白俄罗斯靶场的合练中应用了最新的VPK-乌拉尔型装甲车。

联合军演、军事人员及装备的流通体现了俄白两国的战略互信在不断提高；频繁的军事高层交流可以降低双方的信任赤字程度，提高两国的沟通效率；防卫协调机制的逐渐健全可以提高俄白军事建设的透明度，明晰彼此的军事目标，防止军事误判。俄白军事一体化的程度正随着双方的努力建设不断加深。

2. 经贸合作持续推进

俄白经贸覆盖领域变广。2022年4月，俄罗斯总统普京与白俄罗斯总统卢卡申科一同访问俄罗斯远东地区的"东方"航天发射中心[①]。会晤期

[①]《普京与卢卡申科举行会谈》，俄罗斯卫星通讯社，2022年4月12日，https://sputniknews.cn/20220412/1040640247.html。

间，双方就统一共同市场、加强工业与农业合作问题进行探讨。会晤后，普京表示俄白要加快推动一体化进程，俄白将一同参与生产和发射地球遥感专用航天器的大型项目。第二十五届圣彼得堡国际经济论坛召开期间，俄罗斯农业银行和白俄罗斯农工银行管理层进行会面，双方谈及扩大俄罗斯与白俄罗斯农业银行间的合作。第九届俄白地区论坛则就进口替代、俄白两国工业潜力一体化等领域进行讨论。9月，卢卡申科表示，进口替代领域的俄白联合项目增加至20个。俄白的经贸合作不再局限于能源，2022年俄白的合作领域还在不断扩大。

俄白也正在向完善经济一体化机制的方向走去。2022年6月，俄罗斯总理米舒斯京在与白俄罗斯总理戈洛夫琴科会晤期间表示，俄白两国目前已完成联盟项目中规定的983项经济一体化措施中的30%[①]。2022年俄白地区论坛期间，俄白两国企业代表共签署了69项协议，宣布的投资金额达5650亿卢布，创下了近年来最高纪录。10月19日，俄罗斯联邦财政部宣布，俄罗斯和白俄罗斯两国正在就建立相互承认发行的机制展开讨论。12月20日，俄白签署联盟国家共同规划系统协议。12月27日，俄白联盟国家预算获得普京和卢卡申科的批准，该预算将被用于发展俄白航天、电子和微电子等领域的合作，同时支持联盟国家文化、人道主义和爱国主义项目的实施。

俄白之间的经济合作并未因为俄乌冲突以及西方国家对俄罗斯的制裁而停止，相反，俄白之间扩大了贸易领域的范围，并且继续朝着完善经济一体化机制的方向走去。

（二）与西方国家的关系全面恶化

2014年后，尽管以美国为首的西方国家在经济、军事领域对俄罗斯进行全面制裁围堵，但俄罗斯与西方国家之间依然拥有密切的经济能源合作。[②]

---

① Валерий Львов, Россия и Беларусь: как компании союзных стран строят новую экономическую реальность, Российская газета, https://rg.ru/2022/07/06/rossiia-i-belarus-kak-kompanii-soiuznyh-stran-stroiat-novuiu-ekonomicheskuiu-realnost.html.

② 韩克敌：《2021年俄美关系》，载孙壮志主编：《俄罗斯发展报告（2022）》，社会科学文献出版社2022年版，第254—270页。

2022年俄乌冲突爆发后，西方国家以更加"积极"的态度介入其中。西方国家不仅在国际社会上全面排挤俄罗斯，还向乌克兰输送大量的资金和武器。

1. 俄美关系全面下滑

俄美战略稳定对话被冻结，《新削减战略武器条约》迟迟未续约。2021年，拜登政府上台后，俄美就延长《新削减战略武器条约》的问题进行了讨论，双方都对此表现出积极的意向。2021年1月26日，两国就延长《新削减战略武器条约》至2026年达成一致，并努力磋商《新削减战略武器条约》中的相关协议。但俄乌冲突后，俄美对话中断。2022年8月8日，俄罗斯宣布将暂时退出《新削减战略武器条约》框架内的设施核查机制。[1] 尽管11月俄美双方都对《新削减战略武器条约》及其替代协议问题做出反应，但是双方依旧没有进行沟通。本设定在11月底12月初的双边磋商委员会会议因美国对恢复核查的强硬态度而再次中断。至今，美俄双方政府没有直接的对话途径，双方无法进行沟通，协议签订时间一再延迟。《新削减战略武器条约》是美俄仅存的有效军控条约，不延期《新削减战略武器条约》可能会引发新的军备竞赛，加剧局势的紧张。

军事方面，美国虽然撤回了位于黑海的舰队，但直接向乌克兰提供军事经费及武器。2022年3月26日，美国向乌克兰交付8亿美元军事援助。5月27日，美国向乌克兰供应超过2.35万吨武器和弹药。12月20日，美国众议院拨款委员会公布了总额450亿美元的《2023年追加乌克兰补充拨款法案》，并且宣布赠送乌军一套"爱国者"防空导弹系统。"爱国者-3"是美国的代表性武器之一，该导弹能适应复杂的作战环境，擅长应对空中突击力量的威胁。美国持续向乌克兰输出资金和武器，加剧了俄美在乌克兰问题上的分歧。

俄美外交对话频率急剧下降，双方制裁不止。俄乌冲突后，俄美多次互相制裁对方的政治高层。2022年2月16日，美国宣布制裁俄罗斯总统

---

[1] 《俄罗斯宣布暂时退出〈新削减战略武器条约〉的设施核查机制》，人民网，2022年8月9日，http://world.people.com.cn/n1/2022/0809/c1002-32497689.html。

普京和外长拉夫罗夫。3月15日，俄罗斯对美国13名公民实施制裁，其中包括美国总统拜登、国务卿布林肯、防长奥斯汀。除此之外，美俄还互相驱逐对方的外交人员。俄罗斯方面曾多次向美国提出对话要求，但基本未得到美国的回应。10月20日，俄罗斯驻美大使安东诺夫表示与美国沟通的基本渠道已崩溃。经济领域，美国对俄罗斯的制裁呈现极限的特点。美国试图断绝俄罗斯对外经济沟通的能力，切断俄罗斯的高科技进口途径，阻绝俄罗斯新兴科技的发展。2月26日，美国白宫称与欧盟委员会、法国、德国、意大利、英国、加拿大领导人决定将俄罗斯部分银行排除在环球银行金融电信协会（SWIFT）支付系统之外。① 2月28日，美国禁止本国个人和实体与俄罗斯央行、俄罗斯国家财富基金和财政部进行交易。3月3日，美国对俄罗斯国防企业实施全面封锁。3月31日，美国财政部宣布对俄罗斯21家实体企业和13名公民实施制裁，其中包括俄罗斯最大的芯片制造商。4月6日，美国宣布对俄罗斯联邦储蓄银行和阿尔法银行实施封锁制裁。美国从经济制裁、出口管制、SWIFT制裁三个角度针对俄罗斯先后颁发了2个行政令及4个相关指令。俄罗斯签署相关法令以应对美国的制裁并且实施反制。2月28日，俄罗斯总统普京签署第79号总统令，实施外汇管制。3月31日，普京签署总统令，要求用卢布结算天然气贸易。

低政治领域的合作大幅度减少甚至中断。2022年3月3日，北极理事会成员国表示，将暂时停止参加北极理事会及其附属机构的所有会议。北极理事会是一个不涉及安全问题仅关注气候和环境保护问题的组织。自冷战结束后，俄美两大国共同在北极理事会对北极环境的保护和治理进行相关探讨，但如今北极理事会机制的崩溃则象征着俄美气候领域合作的中断。2022年4月8日，美国单方面切断俄美网络安全问题联络渠道。俄美在气候、网络领域的合作大幅度减少甚至中断。

2. 俄欧加剧对抗态势

经贸关系几近断联。自2022年俄乌冲突以来，欧盟年内对俄罗斯共发

---

① 《美欧宣布将部分俄银行排除出SWIFT支付系统》，人民网，2022年2月27日，http://world.people.com.cn/n1/2022/0227/c1002-32360520.html。

动了八轮制裁。欧盟对俄罗斯的制裁从经济金融扩大到国防科技、能源输送等领域，几近覆盖全领域。冷战后，俄罗斯与欧洲国家经贸关系紧密，能源交易频繁，俄罗斯与欧洲国家在经济领域的相互依赖程度高。[1] 自2014年后，欧洲国家对俄罗斯进行大范围制裁，俄罗斯与欧洲国家的经济问题政治化，但事关欧俄天然气传输的管道项目"北溪-2"仍在推进。2022年9月26日，"北溪-2"管道被炸毁，俄德天然气交易被迫停止。2022年10月5日，欧盟宣布对俄罗斯进行第八轮制裁，其中包括对俄罗斯石油限价的措施。[2] 至此，俄欧经济和能源领域的贸易关系几近断联，欧洲与俄罗斯的石油和天然气基本脱钩。

俄欧之间互相驱逐外交官。因俄罗斯对乌克兰布恰事件的否认，欧洲国家与俄罗斯展开新一轮外交战争。4月4日至5日，德国、法国、丹麦、意大利、西班牙、瑞典、拉脱维亚、爱沙尼亚八国宣布驱逐俄罗斯外交人员，驱逐人数超过150人。在此之前，荷兰、捷克、斯洛伐克、比利时、爱尔兰和荷兰也宣布驱逐俄罗斯的外交人员。除此之外，立陶宛和拉脱维亚还宣布降低与俄罗斯的外交关系，立陶宛甚至宣布驱逐俄罗斯驻立陶宛大使。短期内大批量驱逐外交人员的行为进一步恶化了俄欧之间的外交关系。面对欧洲国家大批量驱逐俄罗斯外交人员的行为，俄罗斯以同样的手段报复。2022年，德国、法国、瑞典、丹麦、罗马尼亚、保加利亚、芬兰、意大利、克罗地亚、葡萄牙、摩尔多瓦、立陶宛等国外交人员都分别被俄罗斯外交部宣布为"不受欢迎的人"，并限期离开俄罗斯境内。除外交上的博弈外，西方国家的态度也很值得考量。瑞典和芬兰宣布加入北约，瑞士也宣布对俄罗斯实施制裁。与俄罗斯关系相对较好的法国、德国、意大利、奥地利和匈牙利也因俄乌冲突的爆发而彻底转投反俄方向。西方国家几乎都加入了反俄联盟，俄罗斯与欧洲国家关系破裂。

---

[1] 吕萍：《2021年举步维艰的俄欧关系》，载孙壮志主编：《俄罗斯发展报告（2022）》，社会科学文献出版社2022年版，第240—253页。

[2] 《欧盟通过对俄罗斯的第八轮制裁》，俄罗斯卫星通讯社，2022年10月6日，https://sputniknews.cn/20221006/1044503712.html。

（三）加快布局亚太地区

1. 中俄全面战略协作伙伴关系快速发展

中俄友好互信程度不断加深。2022 年 2 月 4 日，普京出席北京冬季奥林匹克运动会。在访华期间，普京总统与习近平主席详细探讨了全球治理的相关问题，并发表了《中华人民共和国和俄罗斯联邦关于新时代国际关系和全球可持续发展的联合声明》①。该声明对世界局势、中俄面临的国际问题、中俄合作方式进行了细致说明，并表示俄罗斯将与中国携手共进，务实推动共建"一带一路"倡议和大欧亚伙伴关系的发展。

中俄战略互信不断深化和增强。2022 年，中俄两国共举行了两次联合军演。9 月 1 日至 7 日，俄方在俄远东地区举行"东方 - 2022"军事演习，中国首次出动陆海空三军部队全程参与 4 年一次的例行军事演习。② 在俄罗斯总参谋部的指挥下，演习包括在陆地、空中以及在日本海和鄂霍茨克海的"防御和进攻行动训练"。12 月 21 日至 27 日，中俄海军在舟山至台州以东海域举行"海上联合 - 2022"联合军事演习。此次军演中，中方派遣了 6 艘舰艇、俄方派遣了 4 艘潜艇，除此之外，中俄双方还派遣了飞机和直升机参与此次演习。③

中俄领导人会晤频繁，政府高层互动增强。④ 2022 年 2 月 4 日，习近平主席与普京总统进行会谈，会议就两国未来关系的发展进行了深刻探讨。9 月 7 日，访俄的中国全国人大常委会委员长栗战书会见普京总统。9 月 15

---

① 《习近平同俄罗斯总统普京会谈》，人民政协网，2022 年 2 月 4 日，https：//www. rmzxb. com. cn/c/2022 - 02 - 04/3042110. shtml。

② 《俞邃：2022 年中俄关系新气象》，国际网，2022 年 12 月 30 日，http：//comment. cfisnet. com/2022/1230/1327143. html。

③ 《中俄"海上联合 - 2022"联合军事演习结束》，中华人民共和国国防部官网，2022 年 12 月 20 日，http：//www. mod. gov. cn/gfbw/qwfb/4929300. html。

④ 《对 2022 年俄罗斯外交和中俄关系的几点看法》，天大研究院，2022 年 12 月 29 日，https：//tiandainstitute. org/2022/12/29/% e5% af% b92022% e5% b9% b4% e4% bf% 84% e7% bd% 97% e6% 96% af% e5% a4% 96% e4% ba% a4% e5% 92% 8c% e4% b8% ad% e4% bf% 84% e5% 85% b3% e7% b3% bb% e7% 9a% 84% e5% 87% a0% e7% 82% b9% e7% 9c% 8b% e6% b3% 95/。

日，习近平主席在撒马尔罕出席上海合作组织成员国元首理事会第二十二次会议期间，同普京总统举行双边会谈，当天，中蒙俄三国元首举行第六次会晤。12月5日，李克强总理以视频方式在人民大会堂同俄罗斯总理米舒斯京共同主持中俄总理第二十七次定期会晤。12月21日，俄罗斯统一俄罗斯党主席梅德韦杰夫应中国共产党的邀请访问中国，习近平主席在会晤中表示，要尽快推动俄中全面战略协作伙伴关系的发展。无论是通过线上会谈还是线下会议、多边合作还是双边合作，中俄的政治战略互信程度都在不断提升。

中俄能源合作大幅发展。2022年2月，中国与俄罗斯有关部门和企业《〈保障中国西部炼油厂供油的原油购销合同〉补充协议3》，合同期内将累计进口1亿吨原油资源。[①] 9月15日，俄罗斯副总理亚历山大·诺瓦克表示中俄蒙天然气管道"西伯利亚2号"将于2024年动工。12月21日，俄罗斯"西伯利亚力量"天然气管道全线贯通，这条管道为每年向中国出口380亿立方米的天然气提供了可能。[②] 在原油贸易方面，2022年前10个月，中国通过管道进口俄罗斯原油3326万吨；在天然气贸易方面，中俄东线管道运行平稳，自管道投产至2022年10月底，俄罗斯累计向中国供气突破270亿立方米，同时中俄远东管道项目正在加紧推进。

2. 俄印特殊与特惠战略伙伴关系的友好发展

印俄军事合作持续发展。俄罗斯向印度供应S-400防空系统的合同并没有因为制裁中止合作。2022年8月15日，俄罗斯国防出口公司总经理米赫耶夫表示，第2个中队的S-400防空导弹系统将会如期交付给印度，5个中队的装备将会在2023年底之前交付完毕。8月29日，俄印合资的布拉莫斯航空航天公司表示旗下的布拉莫斯反舰导弹合约的总额约为65亿美元。[③]

[①] 李丽旻：《中俄能源合作迈上新台阶》，《中国能源报》2022年12月5日。
[②] 《俄罗斯启动新气田以增加向中国输送的天然气：关于"西伯利亚力量"管道你了解多少?》,半岛电视台，2022年12月23日，https://chinese.aljazeera.net/economy/2022/12/23/%e4%bf%84%e7%bd%97%e6%96%af%e5%90%af%e5%8a%a8%e6%96%b0%e6%b0%94%e7%94%b0%e4%bb%a5%e5%a2%9e%e5%8a%a0%e5%90%91%e4%b8%ad%e5%9b%bd%e8%be%93%e9%80%81%e7%9a%84%e5%a4%a9%e7%84%b6%e6%b0%94%e5%85%b3%e4%ba%8e。
[③] 《"布拉莫斯"导弹的订单总额约为65亿美元》，俄罗斯卫星通讯社，2022年8月29日，https://sputniknews.cn/20220829/1043464360.html。

俄印在军事领域的合作并未因俄乌冲突而暂缓。

印俄经济合作突破发展。经贸关系是俄印关系较为薄弱的部分。俄乌冲突后，印度并未跟随美国的脚步退出俄罗斯市场。即便俄罗斯被西方国家排除在 SWIFT 支付系统外，印度却依旧选择与俄罗斯采取以卢布结算的方式进行交易。此外俄印的经贸领域范围在不断扩大。2022 年 9 月 17 日，普京总统表示俄罗斯对印度化肥出口增加 7 倍之多。11 月 2 日，俄罗斯成为印度最大的石油供应国。11 月 7 日，印度外长苏杰生访俄。这是自俄乌冲突以来，印度政府高层首次访问俄罗斯。俄罗斯外长拉夫罗夫会后表示，截至 2022 年 9 月，印俄的贸易额比上年同期增长了 130% 以上，几乎达到 170 亿美元，并表示很快就能实现两国 2025 年双边贸易额 300 亿美元的目标。以往印俄的合作基本是基于国防销售这一单一领域，但此次会议上，两国几乎谈及了关于所有关键领域的合作。俄印两国在化肥、石油、天然气、核燃料等贸易领域的联系正在不断加强。

（四）加强与中东国家联系

早在 2020 年，俄罗斯就纳卡冲突问题积极地参与中东事务。[①] 2022 年，在面临西方国家全面制裁俄罗斯的时刻，身为北约成员国之一的土耳其并未对俄罗斯进行制裁，甚至加强了与俄罗斯的合作。土耳其政府高层曾多次在媒体面前表示，土耳其将不会对俄罗斯进行制裁。俄土天然气贸易领域也并未受到 SWIFT 制裁的影响，俄土之间将会以卢布来结算天然气。2022 年 7 月 30 日，俄罗斯总统普京、土耳其总统埃尔多安、伊朗总统莱希在德黑兰举办了三方会谈。[②]

此外，俄罗斯与伊朗的伙伴关系也在逐步加强。2022 年 3 月 30 日，拉夫罗夫表示，要与伊朗在所有方面都加强联系。石油方面，伊朗曾经表示伊朗将不会在石油市场上与俄罗斯竞争。5 月 16 日，伊朗驻俄罗斯大使

---

① 胡冰：《2021 年俄罗斯的中东外交：平衡各方，深度参与》，载孙壮志主编：《俄罗斯发展报告（2022）》，社会科学文献出版社 2022 年版，第 271—283 页。

② 《普京、莱希和埃尔多安举行三方会谈》，俄罗斯卫星通讯社，2022 年 7 月 20 日，https://sputniknews.cn/20220720/1042590847.html。

表示，伊俄公司将共同生产石油天然气领域设备并将其用于出口。7月20日，伊朗和俄罗斯公司宣称可以共建联合工厂生产具有出口前景的油气领域设备。[①] 此外，伊朗当局还表示伊俄会扩大海事、航空以及汽车工业领域的合作。

（五）强化俄罗斯在北极的竞争力

2022年7月31日，俄罗斯总统普京在出席海军阅兵仪式时批准了新版《俄罗斯联邦海洋学说》的发布。新版《俄罗斯联邦海洋学说》将北极海域列为俄罗斯海洋发展的优先海域，并提到，俄罗斯需要加快北极地区的开发，提高北极部队在北极极限条件下的作战能力，提升适应北极条件的武器装备水平。

新版《俄罗斯联邦海洋学说》同时强调了俄罗斯在北极巩固国家安全的重要性。为了强化俄罗斯在北极的竞争力，进一步巩固俄罗斯在北极的国家安全，俄罗斯确立加速开发北极航道为北极发展的优先目标，并在北极航道的沿岸周边建设相关的边防结构和军事基地。而作为"世界屋脊"的北极，以及北方海航道所拥有的巨大空间范围，俄罗斯要保障其在该地区的影响力，需要在此地区配备最精良的设施。俄罗斯在北极地区发展已久，其所有破冰船队能够很好地克服厚实冰层对俄罗斯军事活动的阻碍。2022年4月30日，俄罗斯工业和贸易部表示俄罗斯在2028年及2030年会增添两艘核动力破冰船。俄罗斯如今已经配备了两艘22220型核动力破冰船。除此之外，俄罗斯还积极推进在北极的基础设施建设，如建设北方航道，巴伦支海、白海和伯朝拉海地区的港口和航道；努力推进北极地区相关的技术研发，保证俄罗斯在北极条件下的技术优势。独一无二的破冰船队和航道沿岸相对完善的基础设施建设足够俄罗斯在北极地区建构出属于自己的话语权。

---

① 《伊朗和俄罗斯公司可建联合工厂生产具有出口前景的油气领域设备》，俄罗斯卫星通讯社，2022年7月20日，https：//sputniknews.cn/20220516/1041405328.html。

（六）2022年俄罗斯官方对于对外政策的文件及其表态

1. 新版《俄罗斯联邦海洋学说》①

2022年7月31日，普京出席了在圣彼得堡举办的俄罗斯海军阅兵活动。在参加阅兵活动前，普京签署了新版《俄罗斯联邦海洋学说》。据悉，俄罗斯曾于2001年和2015年出台过两版海洋学说。该次《俄罗斯联邦海洋学说》距离上一版已过去7年，在这7年间，俄罗斯与西方的关系不断恶化。在北极和黑海地区，俄罗斯多次与西方国家发生摩擦。2022年俄乌冲突加剧了俄罗斯与西方国家在北极等海洋领域的博弈。在俄乌冲突持续的背景下，新版《俄罗斯联邦海洋学说》为俄罗斯的海洋发展设定了新的目标。

（1）增加了国家利益章节

俄罗斯新版海洋学说强调了其在全球海洋中的利益，阐明其国家利益是指其拥有的水域及其上方的空域、海底、地下资源等全部主权和国家完整，以及俄罗斯全球运输安全和公海自由的权利。相较于2015年版的《俄罗斯联邦海洋学说》，新版海洋学说扩大了海上国家利益在国际海洋的范围。在该版海洋学说中，俄罗斯对俄罗斯海域的主权及俄罗斯的海洋权利进行了多次强调，同时表示，在必要时刻，俄罗斯会依据俄罗斯联邦宪法及国际法等相关条例采取武力措施维护俄罗斯的海洋权益。②

（2）首次将美国及其盟友列为主要海洋威胁

新版《俄罗斯联邦海洋学说》梳理了俄罗斯面临的安全威胁，其中，俄罗斯首次将美国及其盟友列为主要海洋威胁③。近年来，俄美关系逐渐恶化，美国多次在俄罗斯周边海域进行巡逻和军演，这是对俄罗斯国家安

---

① Утверждена Морская доктрина Российской Федерации, Президент России, 31 Июля 2022 года.
② 波莫佐娃、白娜：《当代俄罗斯对外政策的优先事项》，载孙壮志主编：《俄罗斯发展报告（2022）》，社会科学文献出版社2022年版，第299—310页。
③ 左凤荣、刘建：《从新版海洋学说看俄罗斯海洋战略的新变化》，《国别和区域研究》2017年Z1期，第236—247页。

全的极大威胁。除此之外,地理位置距离俄罗斯更近的北约每年进行近 30 场大型军演,并以俄罗斯为假想敌制定军事方案。俄乌冲突以来,美国和北约多次向北极、黑海等海域派遣军队,试图通过扰乱俄罗斯周边海域来获取俄罗斯在乌克兰问题上的让步。从这份俄罗斯海洋战略的纲领文件对美国及其盟友的性质判断中可见,俄罗斯与西方国家的对抗态势在不断加剧。

(3) 划定海洋区域的优先等级

新版《俄罗斯联邦海洋学说》将与俄罗斯的利益攸关的相关海域划分为三个等级: 关键海域、重要海域、其他海域。关键海域指的是与俄罗斯领土安全直接相关的海域,如俄罗斯的内海和领海、国家专属经济区、大陆架及北极地区。重要海域指的是对俄罗斯经济发展等具有重要意义的毗邻海域,如黑海、波罗的海等海域。2015 年版的海洋学说是从海上运输、海洋资源开发和保护、海洋科研、海洋军事活动四个方面进行阐述的。相较于 2015 年版的海洋学说,新版的《俄罗斯联邦海洋学说》对俄罗斯国家利益的边界和区域的划分更加明确,包括经济利益、重要利益和战略利益。

(4) 北极海域的重要性进一步增强

在新版《俄罗斯联邦海洋学说》中,俄罗斯强调加快北极地区的开发,发展俄罗斯在北极的基地设施,巩固俄罗斯对北极的控制,加强俄罗斯海军在北极极端条件下的作战能力。面对美国及北约对俄罗斯西海域、南海域的围堵,富含油气资源的北极成为俄罗斯不错的突破点。在全篇 55 页的新版《俄罗斯联邦海洋学说》中,有关北极建设的内容高达 22 页,其中重点强调了俄罗斯需要快速研制和配备适应北极环境的武器。

2.《俄罗斯联邦海外人文政策构想》[①]

2022 年 9 月 5 日,普京批准了《俄罗斯联邦海外人文政策构想》。海外人文政策是俄罗斯对外政策不可或缺的一部分,但海外人文政策相

---

① Указ Президента Российской Федерации от 05.09.2022 г. №611, Президент России, 5 Сентября 2022 года.

关内容首次作为文件被单独发布。《俄罗斯联邦海外人文政策构想》中强调，俄罗斯要保障俄罗斯领土外海外同胞的权利，确保俄罗斯同胞的利益不受侵犯，以及维护他们身上的俄罗斯文化特征不被损害。该构想指出，《俄罗斯联邦海外人文政策构想》的目标是形成和加强世界对俄罗斯的客观认知，促进世界对俄罗斯在世界历史和文化中的历史道路、作用和地位的理解，扩大人们之间的接触。此外，该文件还指出，俄罗斯需要加强与斯拉夫国家、中国、印度的合作，并加强与中东、拉美、非洲间的关系。

《俄罗斯联邦海外人文政策构想》是一份从话语建构角度出发的政策文件，从该文件中对"俄罗斯世界"的重点强调可窥探出俄罗斯对独联体地区的强烈关注。同时，该文件体现出俄罗斯对发展俄罗斯本土文化的决心，并试图建构出鲜明的俄罗斯身份进而与世界其他国家进行交流。

二、特点

（一）去西方化态势明显

无论是国内在经济、社会、文化领域对西方国家企业的排挤，还是国家层面对西方国家敌对的态度，俄罗斯的去西方化态势都十分明显。[①] 在2022年的新版海洋学说中，俄罗斯明确表达美国及其盟友是俄罗斯最主要的海洋威胁，这是俄罗斯方面首次在官方文件中将美国及其盟友视为最主要的海洋威胁。此外俄罗斯海外人文政策相关内容首次作为文件被单独发布。文件中特别强调要保护俄罗斯人的文化特征不受侵害，这侧面反映出俄罗斯对西方文化的排斥。而在经济领域，俄罗斯采取卢布清算的模式，试图与美元和美国主导的国际贸易机制彻底脱钩，并试图构建一套新的交易模式。

---

① 孙壮志：《2021年俄罗斯内政外交及未来走势》，载孙壮志主编：《俄罗斯发展报告（2022）》，社会科学文献出版社2022年版，第1—18页。

（二）与东方联系更加密切

在战略层面上，俄罗斯新发布的《俄罗斯联邦海洋学说》和《俄罗斯联邦海外人文政策构想》两份外交政策文件，分别提到了加强与中国和印度的海上军事、文化交流。在对外关系上，2022年，俄罗斯与中国在能源经贸领域生成更紧密的合作关系，俄罗斯超越沙特阿拉伯成为对华最大原油供应国；两次联合军演的开展体现出中俄战略互信程度提高；中国北斗和俄罗斯格洛纳斯卫星导航系统签署合作协议。2022年，俄罗斯与中国发展"新时代全面战略协作伙伴关系"。俄罗斯与印度的联系也不断加强。俄印之间突破了国防销售这一单一领域的贸易关系，双方贸易领域扩大至化肥、天然气、核燃料等方面，并且俄印的军事技术合作仍在持续平稳发展。俄罗斯还积极参与亚太地区国际组织的建设，如推动上海合作组织扩员，在金砖国家集团扩员问题上与其余金砖国家达成共识。

（三）具有刚柔并济的特点

俄乌冲突爆发后，俄罗斯与西方国家的关系降至冰点。以美国为首的西方国家在经济、外交、军事领域对俄罗斯进行全面围堵，特别是美国试图借助其在国际秩序的地位对俄罗斯进行全面排挤。面对西方国家不合理的强硬打压，俄罗斯也采取了对应的强硬措施予以回应。

经济贸易领域方面，俄罗斯采取用卢布清算天然气的手段来回应西方世界对俄罗斯的多角度经济制裁。2022年3月7日，俄罗斯宣布"不友好国家和地区"名单，并要求"不友好国家和地区"必须采用卢布清算两国之间的贸易往来。[①] 军事领域方面，俄罗斯从政府表态、政策签订两方面进行了有力回应。2022年，俄罗斯总统及政府高官曾多次在公众场合表示俄罗斯不排除采取核武器的手段来维护国家安全。2022年8月8日，俄罗

---

① 《俄政府批准不友好国家和地区名单》，俄罗斯卫星通讯社，2022年3月7日，https://sputniknews.cn/20220307/1039777099.html。

斯宣布退出《新削减战略武器条约》。《新削减战略武器条约》是俄美间唯一有效力的军控条约。2022年9月21日，普京签署部分动员令，用以回应西方国家对乌克兰不间断的军事援助。[①] 外交领域方面，欧洲国家大量驱逐俄罗斯的外交人员以及降低与俄罗斯的外交关系级别，俄罗斯以相同手段予以回应。2022年，德国、法国、瑞典、丹麦、罗马尼亚、保加利亚、芬兰、意大利、克罗地亚、葡萄牙、摩尔多瓦、立陶宛等国外交人员都分别被俄罗斯外交部宣布为"不受欢迎的人"。

俄罗斯一方面采取如卢布清算、局部动员令等强硬措施回应西方制裁，另一方面试图开展新的对话来确保局势不会进一步恶化。俄罗斯以卢布清算天然气的政策并非一刀切，而是有所区别。如利用土耳其与俄罗斯的经济、能源贸易等领域上的亲密合作，推动土耳其在欧洲国家中为俄罗斯站台。除此之外，俄罗斯也在寻求俄美之间的战略交流方式，避免俄美滑向核战争。2022年9月30日，俄美重启"红色电话"，双方就避免核冲突和乌克兰局势进行了交流。

俄罗斯强硬手段的回应表达了俄罗斯维护国家安全利益的决心，软手段的实施体现了俄罗斯寻求解决途径的意图。这些刚柔并济的手段都是为了尽力维持对俄罗斯有利的战略局面。

三、原因分析

（一）国家领土安全受到威胁

俄乌冲突本质上是北约东扩问题。[②] 迄今为止，保加利亚、罗马尼亚以及波罗的海三国（爱沙尼亚、拉脱维亚、立陶宛）都选择加入北约。与

[①] 《普京宣布在俄罗斯进行部分动员》，俄罗斯卫星通讯社，2022年9月21日，https://sputniknews.cn/20220921/1044140175.html。

[②] 张亚娟：《乌克兰危机以来欧盟制裁下俄罗斯东转历程探析》，外交学院2022年硕士学位论文。

前面五国不同的是,乌克兰与俄罗斯接壤。俄罗斯地缘政治观念落实的具体手段之一就是建立缓冲地带。近年来,北约东扩已经引起俄罗斯的不满。如今,北约东扩至俄罗斯的边界处。作为一个具有极强不安全感的大国,俄罗斯对乌克兰倒向北约的反应强烈,尤其是美国和北约试图在乌克兰部署短程和中程导弹,这意味着美国及北约可以直接威胁俄罗斯首都的安全。①

(二) 当前国际秩序受到冲击

随着第三世界国家的发展和崛起,美国主导的霸权主义国际秩序受到猛烈冲击。现存的国际秩序是基于美国的国家利益构建而成的,如今现存国际秩序的弊病慢慢地显露出来。正在发展和兴起的亚太地区逐渐走进世界的视野中,亚太各国试图构建更加公平公正的国际秩序,试图从全人类的视角构建新的国际秩序。② 对于俄罗斯来说,俄罗斯既是欧洲的一员,也是亚洲的一员。过去30年的经历已经印证了俄罗斯无法融入美国主导的西方世界,所以在中印等国家快速发展和兴起的背景下,俄罗斯加快了布局亚太地区的步伐,积极参与亚太地区国际组织的构建,如上海合作组织等。

(三) 大欧亚伙伴关系具备极佳的发展潜力

俄罗斯一方面是迫于国家利益和国际形势而与西方国家产生剧烈对抗,另一方面则是看中了欧亚地区的发展潜力,试图在该地区建构起俄罗斯的话语权。大欧亚伙伴关系是2016年6月普京总统在出席国际经济论坛上提出的倡议。大欧亚伙伴关系是欧亚主义的一种表现形式。欧亚主义起源于20世纪20年代,至今已然发展出古典欧亚主义和新欧亚主义两种范

---

① 李勇慧:《乌克兰危机背景下俄罗斯对外战略调整及基本走势》,《俄罗斯东欧中亚研究》2023年第1期。
② 李勇慧:《2021年俄罗斯亚太外交:加强地缘政治影响力与扩展经济利益》,载孙壮志主编:《俄罗斯发展报告(2022)》,社会科学文献出版社2022年版,第223—239页。

式，其核心思想均为欧亚地区是一个"封闭、完整的地理、经济和种族上的统一体"①。古典欧亚主义注重于构建与独联体地区国家的关系，新欧亚主义则主张将伙伴范围扩大至远东地区。②伴随着欧亚主义的发展，俄罗斯的大欧亚伙伴关系的内容也在不断填充，但该构想的发展基点依旧是以俄罗斯为核心。

地缘方面，俄罗斯横跨欧亚大陆。横跨两块大陆的地理位置有利于俄罗斯协调欧亚接壤国的伙伴关系。历史方面，独联体地区与俄罗斯有着密切的关系。无论是在地缘还是历史方面，在欧亚地区，俄罗斯都具备天然的优势地位。除此之外，俄罗斯、哈萨克斯坦等国掌握着石油、天然气等重要能源资源，大欧亚伙伴关系的搭建将有利于俄罗斯能源经济的进一步发展。

大欧亚伙伴关系的搭建可以扶持俄罗斯的经济发展，缓解西方制裁的压力；俄罗斯以欧亚经济联盟为基础发展大欧亚伙伴关系可以规避西方秩序对俄罗斯的规制和引导，保障俄罗斯在独联体地区的优势地位；大欧亚伙伴关系扩大了俄罗斯的合作范围，更多的合作伙伴意味着更多的外部资源，将有利于欧亚经济联盟市场规模的进一步扩大以及自身建设能力的提高。如果俄罗斯能够在欧亚地区构建起一个以俄罗斯为核心的欧亚世界，那么俄罗斯的国际地位和话语权将得到大幅度提升。

结　语

俄罗斯的对外政策主要从独联体、西方国家、亚太地区、北极地区及中东地区五个区域出发。2022年俄乌冲突引发了西方国家对其进行大幅度制裁，俄罗斯与西方国家的经贸关系、外交关系几近崩坏。尽管西方国家

---

① Трубецкий Н. С., История. Культура, Язык, Издательская группа Прогресс, 1995, С. 258; Кошанов А. Л., Нысанбаев А. Н, Идеи и реальность Евразийства, Дайк Пресс, 1999, С. 10.

② 张宁：《"大欧亚伙伴关系"解读》，《海外投资与出口信贷》2017年第2期。

与俄罗斯的关系几近破裂，但俄罗斯与白俄罗斯的一体化进程并未因此搁置。与此同时，俄罗斯也在加快布局亚太地区的步伐。此外，俄罗斯把握住机会，趁机加强与中东国家的联系，增加俄罗斯对中东地区的影响力。北极海域在俄罗斯对外政策的战略地位也显著提升。

这一年间，俄罗斯采取了软硬兼施的手段来实施其对外政策，其政策呈现出明显的去西方态势，与东方联系更加密切。在变局中，俄罗斯试图借助大欧亚伙伴关系以此在国际上获取更多话语权。

短期来看，俄罗斯与乌克兰的冲突难以得到妥善解决，俄罗斯与美欧国家也无法在乌克兰问题上达成共识。西方国家在现存国际秩序中不断对俄罗斯进行排挤，俄罗斯与西方国家关系断裂已成定局。为了保证在国际上的话语权，俄罗斯必须要加强与世界其他国家在经济、文化、外交等方面的联系。独联体方面，俄罗斯与白俄罗斯的一体化程度会持续加深。

评析俄罗斯"转向东方"的政策与实践

文洁　沈栩宁　崔懿欣[*]

【摘　要】 2022年的俄乌冲突引发了学界对俄罗斯东方政策的激烈讨论，对于俄罗斯来说，"转向东方"并非是文明的转向，而是经济和外交上的转向。在与西方关系交恶的情况下，俄罗斯为了争取更多的外交活动空间和经济增长空间不得不把目光投向了亚洲地区。俄罗斯的"转向东方"政策经历了四个阶段：1991—1999年停留在概念阶段的转向、2000—2012年在外交和经济方面的初步转向、2013—2021年深化合作领域的积极转向、2022年至今务实合作的主动转向。国际权力位势的变化、国家实力的此消彼长、俄罗斯政府的理性决策以及普京的务实外交等因素使得俄罗斯紧紧围绕着国家利益至上这一根本原则不断推动"转向东方"的发展。

【关键词】 "转向东方"　俄罗斯对外政策　俄乌冲突

一、"转向东方"的概念

"东方"概念最早出现于俄国西方派和斯拉夫派产生的时期，初期主

---

[*] 文洁，广东外语外贸大学国际关系学院外交学专业2020级本科生；沈栩宁，广东外语外贸大学国际关系学院国际政治专业2020级本科生；崔懿欣，广东外语外贸大学西方语言文化学院俄语语言文学专业2022级博士研究生。

要指"近东",即以拜占庭为中心的中东地区,19世纪下半叶扩展到巴尔干南斯拉夫地区,直到19世纪末亚洲才出现在俄国人的"东方"概念中。① 2014年乌克兰危机后,在俄罗斯的大欧亚伙伴关系中,"东方"被理解为是地理上与欧洲相隔、经济上表现出强劲发展力、地区政治影响力不断上升的东亚、南亚国家和地区组织。在本文对"转向东方"的讨论中,"转向东方"是指"由西向东转",而"东方"指的是亚洲国家和亚洲的地区组织。

在俄罗斯是否"转向东方"的思想争论中,学界一直没有达成统一的意见,主要原因是对于向何处"转"的定位不一致。在文明定位上,"转向东方"意味着选择亚洲的文明和文化。在这个意义上,大部分学者都认为俄罗斯不会"转向东方",西方派、斯拉夫派和欧亚主义的学者都认为俄罗斯属于欧洲,争议的焦点是俄罗斯在欧洲和自己之间如何选择。斯拉夫派认为俄罗斯是独立的文明存在,有着不同于欧洲的传统和历史,应该走出自己的道路。② 西方派主张融入欧洲,具有外向特质。无论如何,亚洲文化都不是欧洲的替代选择。在外交定位上,俄罗斯"转向东方"意味着和东方国家建立良好关系,拓展自身在国际舞台上的外交活动空间。在经济定位上,"转向东方"意味着俄罗斯的经济重点从欧洲转向了亚洲。学界讨论的实质在于,俄罗斯"转向东方"是否意味着其对外政策出现根本性转变。

对于俄罗斯来说,"转向东方"是符合国家利益的经济战略和外交策略。俄罗斯在欧洲有着重要的安全利益诉求,在亚洲则主要关注经济利益。作为一个具有强烈不安全感的国家,俄罗斯的安全利益是比经济利益更为重要的国家利益,融入欧洲和发展俄欧能源关系是俄罗斯维护安全利益、经济利益的重要手段。因此,"转向东方"在俄罗斯的语义中主要是指经济和外交上的转向,而非文明的转向。文明的定位与俄罗斯在经济和外交上"转向东方"也不存在冲突,俄罗斯的欧洲文明认同并不妨碍其与非欧洲国家发展密切关系,"转向东方"不是排除西方外交,而是在外交

---

① 王奇、陈开科、[俄]斯·鲍·乌里扬诺娃主编:《东方—俄罗斯—西方:历史与现实》,外文出版社2020年版,第85—91页。
② 赵华胜:《评俄罗斯转向东方》,《俄罗斯东欧中亚研究》2016年第4期。

政策中提高亚洲的重要性，所以俄罗斯"转向东方"并不意味着其对外政策出现根本性改变，而是对西方和东方这两个主体的战略地位进行协调，以维护俄罗斯的国家利益。

苏联解体后，亚洲地区在俄罗斯的对外政策战略构想中一直处于相对次要的地位。在各个版本的《俄罗斯联邦对外政策构想》中，独联体一直处于俄罗斯外交地区的优先地位，其次是欧美国家，亚洲位于其后。但自20世纪90年代以来，亚太经济的迅速发展使亚太在世界格局中的战略影响力不断提升，世界经济和政治重心也向该地区转移，亚洲在俄罗斯外交中的地位也越来越高。另外，俄罗斯在融入西方的过程中屡屡受挫，"转向东方"随之成为俄罗斯对外政策的重要调整点。当前，俄乌冲突将俄罗斯推向与西方大国对抗的局面，俄罗斯与西方国家在地缘政治空间上的战略争夺愈演愈烈，为缓解被西方孤立的压力，亚洲地区在战略上逐渐成为俄罗斯对外政策优先关注的地区。

二、"转向东方"的政策演变

（一）1991—1999年：停留在概念阶段的"转向东方"

俄罗斯独立初期，苏联解体冲击带来的社会动荡、经济衰退使其综合国力大幅下降，为了争取西方的经济援助，摆脱国家发展困境，恢复大国地位，俄罗斯采取了向西方"一边倒"的外交政策。然而"一边倒"政策并未取得显著成效，1992—1993年美西方宣布提供给俄罗斯240亿美元和434亿美元的援助承诺并未兑现；美西方对俄罗斯的高新技术出口、武器出口仍保留种种限制；西方国家并未摆脱冷战思维，仍将俄罗斯视为安全上的威胁和政治上的竞争对手。在此背景下，俄罗斯将目光转向了东方，提出了"双头鹰"外交和"多极化"外交。

俄罗斯独立初期的"转向东方"政策停留在概念阶段，与亚洲国家的合作范围有限，基本不涉及能源领域，且双边之间的合作程度较浅。1992

年末和1993年年初，叶利钦先后访问了韩国、中国和日本，成为俄罗斯重新走向东方的重要一步。在1992年10月的俄罗斯外交部工作会议上，叶利钦指出在发展与西方国家关系的同时也要与东方国家展开合作。[①] 1993年4月叶利钦政府颁布《俄罗斯联邦对外政策构想》，明确追求和维护国家利益是俄罗斯外交政策的出发点，俄罗斯在与西方结盟的同时也需要重视亚洲国家。1996—1999年间，俄中高层往来十分密切，在两国首脑会晤中，俄中达成扩大双边合作的广泛共识。自1996年始，俄日逐渐形成首脑会晤机制，俄罗斯开始寻求妥协性方案以解决北方领土的历史遗留问题，日本方面也积极回应。在叶利钦政府时期，俄日签署了《关于鼓励和保护投资协定》，开始在能源领域展开合作。

尽管俄罗斯提出要重视亚洲国家，但是这一阶段"转向东方"的行动和效果并不显著，俄罗斯的经济和外交重点仍然是欧洲地区。欧洲地区在俄罗斯进出口份额中占比最大，均占60%以上，亚洲地区所占份额与欧洲差距较大且有扩大化的趋势。1991—1995年间，俄中贸易主要以易货贸易为主，两国在1996—1999年间协调贸易政策，但并未在贸易额和贸易领域上取得突破性进展。这一时期俄日经贸关系也发展得十分缓慢，两国间的贸易额一直徘徊在30亿美元左右。[②] 俄朝关系处于冷淡期，在朝鲜问题的四国机制中，俄罗斯并未被纳入其中。俄韩也由于1997年和1998年的金融危机减少了经贸合作。在这一阶段，独联体国家和美西方国家在俄罗斯外交地区的次序仍优先于亚洲国家，"转向东方"在具体的实施过程中并未落到实处，欧洲仍是俄罗斯最大最重要的贸易伙伴，俄罗斯与东方国家的交往仅仅停留在加强政治互信、外交往来方面，缺乏务实的经济合作。

[①] 薛君度、陆南泉：《新俄罗斯：政治·经济·外交》，中国社会科学出版社1997年版，第309页。

[②] 刘清才主编：《俄罗斯东北亚政策研究——地缘政治与国家关系》，吉林人民出版社2006年版，第145页。

(二) 2000—2012 年：外交与经济方向的初步转向

2000—2012 年俄罗斯"转向东方"得到了一定发展，但亚洲地区仍未超越欧洲地区成为俄罗斯对外政策的重点。2000 年普京上台后提出了"全方位"外交，对外交政策进行了更加务实、理性的调整，强调外交为经济服务，将维护国家经济利益放在首位，希望通过加强与东方的经济合作振兴俄罗斯国内经济。普京在 2000 年版的《俄罗斯联邦对外政策构想》中明确指出，俄罗斯需要和西方国家在不发生冲突的前提下加强合作，强化同独联体及欧盟国家的合作伙伴关系，发展同亚洲国家的关系。

这一阶段俄罗斯与东方国家在经济和外交上较上一阶段有了更加广泛的交流与合作。在同中国的关系上，两国定期开展首脑会晤，在共同倡导成立的上海合作组织框架内加强发展。2003 年 5 月，中俄签署《关于"中俄原油管道原油长期购销合同"基本原则和共识的总协议》，加强了能源方面的合作。在同印度关系上，2000 年俄印签署了《战略伙伴关系联合宣言》，两国正式建立战略伙伴关系，俄印成为俄罗斯亚太安全战略中的重要一环；俄罗斯同印度在军工贸易上的合作不断扩大，两国领导人频繁互访。在同东盟关系上，2003 年俄罗斯与东盟签署了《亚太地区和平与安全、繁荣与发展伙伴关系宣言》。在同朝鲜半岛的关系上，2004 年开始俄罗斯同韩国与朝鲜先后进行友好往来，建立战略对话机制。在远东开发方面，2007 年，俄罗斯将远东地区的发展问题纳入国家议程。2010 年俄罗斯政府批准了《2020 年前西伯利亚社会经济发展战略》和《2025 年前远东和贝加尔湖地区经济社会发展战略》。在 2012 年的国情咨文中，普京称"转向东方"是 21 世纪俄罗斯的发展方向。

尽管"转向东方"政策有了一定的发展，但俄罗斯与亚洲国家的外交和经济关系仍不及俄欧关系。作为一个能源大国，俄罗斯的能源贸易情况明确反映出其外交重点仍在欧洲地区而非亚洲地区。这一时期，俄罗斯同欧盟组成了政治与能源联盟，一直是欧洲国家最大的能源出口国，在 2009 年的俄罗斯-欧盟哈巴罗夫斯克峰会上，双方就欧洲能源安全进行了广泛的交流，而后通过签署合作备忘录等举措确保双方之间的能源合作。总体来说，这一时期俄罗斯与欧盟的合作外交不断深入发展，旨在通过经贸能源的密切往来促进双方在外交上的互助与友好关系。美国能源信息署的数据显示，2012年俄罗斯79%的原油出口客户是欧洲国家，亚洲客户只占约18%的份额。在天然气贸易中，西欧占了约76%的出口份额，其中德国、土耳其、意大利、法国和英国占大部分。① 并且，在俄罗斯的远东规划中，几乎所有的战略规划方案和纲要都没有达到预期目标。2008年远东地区在俄罗斯的国内生产总值占比从1995年的6.11%降至4.28%，远东规划中形式化的内容居多，大多停留在政策层面，执行效率低。

这一时期的"转向东方"政策在俄罗斯的远东规划中有了更多具体的政策，但从效果上看，远东规划的落实并没有达到理想效果，远东开发的动力不足。俄罗斯的经济重心仍然在欧洲部分，俄欧能源关系平稳发展，俄欧传统关系仍是俄罗斯的外交重点。

（三）2013—2021年：深化合作领域的积极转向

在经历乌克兰危机和一系列与欧洲的战争后，"转向东方"演变成普京应对俄罗斯危机局势的主要思想。2014年，西方对俄罗斯实施了一系列制裁：欧盟中止俄欧免签证和新基本条约的谈判；七国集团拒绝参加索契峰会；北约中止与俄罗斯的理事会会议，暂停与俄罗斯之间的所有合作。面对美欧的全面施压和持续制裁，俄罗斯卢布贬值、资本外逃、资源收入大幅减少。俄罗斯央行数据显示，2014年共有1515亿美元撤出俄罗斯，造成了卢布汇率和股市大幅下跌。俄罗斯30多年来渴望融入西方的努力宣告失败，俄欧关系前景黯淡，俄罗斯不得不紧急加速"转向东方"政策，提升其在亚洲的地位以避免地缘政治上"腹背受敌"。

基于复杂严峻的内外部环境与条件，俄罗斯延续并强化了从地缘安全出发，用务实作风处理国际关系来保证切身利益的外交思想，与亚洲国家在能源、经贸等方面开展了更为务实的经济和外交合作。

---

① "2013 Russia Energy Data and Analysis," US Energy Information Administration, Nov. 26, 2013, https：//www.eia.gov/international/content/analysis/countries_long/russia/archive/pdf/russia_2013.pdf.

在能源合作方面，俄罗斯将寻找能源出口替代国的目光投向了亚洲地区，主动扩大了能源合作规模。2014年中俄签订了30年的中俄东线供气购销合同，自2018年起中国通过中俄天然气管道东线接受俄罗斯的供气，输气量逐年增长至380亿立方米。2015年俄罗斯与印度签署协议，约定俄罗斯将在10年内向印度提供1亿吨原油。2018年12月，中国核工业集团有限公司田湾核电3号、4号机组全面投产，俄罗斯和中国之间最大的核能合作项目成功落地。同年俄罗斯主持建设的亚马尔液化天然气项目第三条生产线正式投产，为其能源进入亚洲市场奠定了坚实的基础。[1] 2019年印度政府正式提出"远东行动政策"，社会各界均加强了与俄罗斯的交往和合作。[2] 2019年俄印签订了为期20年、每年250万吨的液化天然气合同，深化了两国之间的能源合作。

在经贸合作方面，俄罗斯与亚洲国家的经贸合作得到了纵深发展。2013—2021年亚洲地区在俄罗斯进出口总额中的占比不断提升且逐渐与欧洲地区缩小差距，俄罗斯的经济伙伴关系加速转向东方。2021年，尽管遭遇新冠疫情，俄罗斯与中国的贸易额仍居高位，共达1468.7亿美元，较上一年增长了35.9%，中国稳居俄罗斯最大贸易伙伴长达12年。[3]

这一时期俄罗斯"转向东方"的行动和效果较之前更加显著，但呈现出紧急性、被迫性的特点。乌克兰危机后俄欧关系陷入低谷，双方在经济、军事等领域实施制裁和反制裁，俄罗斯不得不选择在外交和经济上"转向东方"，以此来减缓和抵消与西方关系僵化带来的严重冲击，为国内经济增长寻找替代性的合作伙伴，维护自身的生存和安全所需要的经济基础和外交活动空间。由于亚洲并非俄罗斯最主要的传统经济伙伴，在经济转向上的紧急性也体现在俄罗斯与亚洲国家经济合作上的不充分及缺乏准备。在中俄科技合作方面，两国存在着"战略不对称"的情况，中方对于科技合作和发展有着明确的目标和战略，在合作领域和形式上有首要和次要之分，但俄方并没

---

[1] 《中俄能源合作30年大事盘点》，搜狐网，2023年3月22日，https://www.sohu.com/a/657804004_314909。

[2] 曹亮主编：《地缘政治视角下的俄罗斯对外关系研究（第一辑）》，时事出版社2022年版，第116页。

[3] 《中国连续12年稳居俄罗斯第一大贸易伙伴国——中俄经贸合作成果丰硕》，中国政府网，2022年2月9日，http://www.gov.cn/xinwen/2022-02/09/content_5672647.htm。

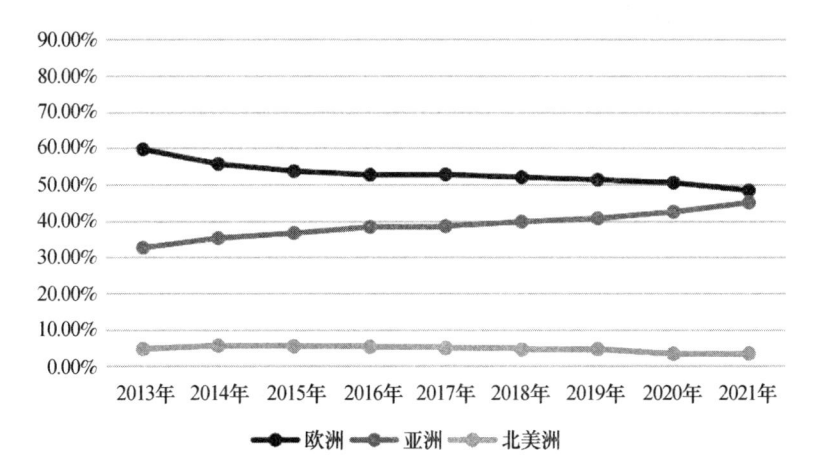

图1　2013—2021年不同地区在俄罗斯进口中的占比情况

资料来源：The Observatory of Economic Complexity，https：//oec. world/。

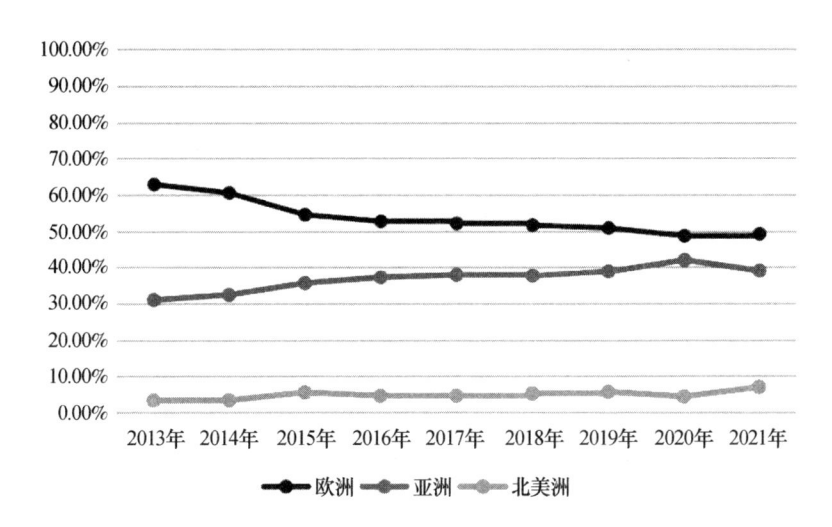

图2　2013—2021年不同地区在俄罗斯出口中的占比情况

资料来源：The Observatory of Economic Complexity，https：//oec. world/。

有采取类似中方的系统性的方法，在协调利益方面缺乏整体眼光，中俄科技活动的开展缺乏同步性。① 印度工商业联合会曾在《发现印度与俄罗斯的新

---

① 冯玉军、赵华胜主编：《俄罗斯欧亚研究》，时事出版社2020年版，第63页。

机会》全面报告中提到，俄罗斯与印度在农业、能源、开采矿物、旅游等方面有较大的合作空间，但大部分的合作也处于初期阶段。① 同时，这一阶段俄罗斯与欧洲关系并非完全破裂，在能源关系上双方的合作仍在持续和深化，俄欧从 2018 年起开始建设"北溪 - 2"天然气输送管道，并于 2021 年成功向第一条支线注气。2021 年俄罗斯的液化天然气和管道天然气出口量达 8.9 万亿立方英尺（约 2520 亿立方米），欧盟接收了其中的 60%以上。在欧盟内部，德国是最大的天然气进口国，接收了 1.7 万亿立方英尺（约合 48.1 立方千米）天然气。② 俄罗斯并未切断与欧洲的能源关系，俄欧传统能源关系成为俄欧之间最重要的纽带。

（四）2022 年至今：务实合作的主动转向

2022 年的俄乌冲突使得俄罗斯与亚洲国家发展经济关系的重要性迅速上升。美西方对俄罗斯的制裁升级演变为一场范围更大、程度更深的金融战，俄罗斯被排除在了西方货币的金融交易体系之外，失去了进入西方市场的机会。同时，俄罗斯苦心经营的俄欧能源关系也在俄乌冲突中破裂，俄罗斯与欧洲最重要的物质纽带被人为地中止了。俄乌冲突的实质是俄罗斯与西方关系的彻底破裂，是俄罗斯与美欧之间地缘政治矛盾和国家利益冲突的爆发。

俄乌冲突客观上将俄罗斯推向了东方，"转向东方"政策真正意义上成为俄罗斯对外政策重点。俄乌冲突下，西方国家试图联合世界各国共同谴责和制裁俄罗斯，但亚洲、非洲、南美洲的大多数国家仍保持着与俄罗斯的合作，恪守中立态度，并未如西方国家所愿选边站队。③ 例如，印度一直拒绝公开谴责俄罗斯，并致力于拓展与俄罗斯的贸易关系。2022 年第一季度，俄罗斯向印度出口了 1300 万桶石油，几乎同 2021 年印

---

① 曹亮主编：《地缘政治视角下的俄罗斯对外关系研究（第一辑）》，时事出版社 2022 年版，第 101 页。
② "Russia Energy Data and Analysis," US Energy Information Administration, Jan. 17, 2023, https://www.eia.gov/international/analysis/country/RUS.
③ 李凤芹：《美报文章说并非全世界都在对抗俄罗斯》，《参考消息》2022 年 4 月 7 日。

度全年的进口量持平。① 2022年1月至10月，俄罗斯的海运和管道原油及凝析油的出口总量约为500万桶/天，中国成为最大进口国，占36%的份额。② 在"转向东方"战略思想的指引下，俄罗斯主张与中国建立全面战略协作伙伴关系，同印度建立特殊与特惠战略伙伴关系，加强与朝鲜、蒙古和越南等传统亚洲伙伴的战略联系，提升与东盟国家的战略互信，并在不结盟基础上，在亚太地区建立安全可靠的机制。③ 2023年1月，俄罗斯总理米舒斯京签署了关于扩大四个超前发展区边界的法令，为启动新的投资项目和创造新就业岗位创造条件。④ 2023年4月，俄罗斯副总理亚历山大·诺瓦克表示，俄罗斯已将供应欧洲的石油和石油产品约20%调往亚洲市场，并计划在2023年将超过对欧出口总量60%的石油和石油产品调往亚洲。⑤ 2023年3月底，新版《俄罗斯联邦对外政策构想》颁布，俄罗斯外交地区优先次序发生了重大变化，与2016年版本相比，独联体仍居于首位，北极地区从原来的第四位上升为第二位，第三位是从亚洲剥离出来的中国和印度，第四位是亚太地区，欧洲和美国则位于拉丁美洲和加勒比之后，在俄罗斯外交地区优先次序中居于靠后位置。

俄乌冲突以来，西方与俄罗斯中断经济关系使得俄罗斯"转向东方"成为一种紧急态势下的务实选择，亚洲地区的外交重要性迅速上升，发展与亚洲国家的经济伙伴关系比发展与欧洲国家的经济伙伴关系更加急迫。从恢复国力的角度来看，俄罗斯与东方关系的前景是令人期待且富有成效的。在远东和北极发展部部长阿列克谢·切昆科夫看来，俄罗斯并非简单地将出口路线转到东方，而是希望重振经济模式，为俄罗斯带来每年8%

---

① 钟思睿、王自强：《德智库认为西方孤立俄罗斯的做法并未取得成效》，《参考消息》2022年4月7日。
② "Russia Energy Data and Analysis," US Energy Information Administration, Jan. 17, 2023, https://www.eia.gov/international/analysis/country/RUS.
③ 李旻、李琰：《俄罗斯亚太外交：近期成果、课题与展望》，《欧亚人文研究（中俄文）》2022年第3期。
④ 《俄罗斯政府扩大远东四个超前发展区的边界》，俄罗斯卫星通讯社，2023年1月24日，https://sputniknews.cn/20230124/1047344426.html。
⑤ 《俄副总理：2023年对欧出口的1.4亿吨石油和石油产品调往亚洲》，俄罗斯卫星通讯社，2023年4月27日，https://sputniknews.cn/20230427/1049904779.html。

的经济增长。① 在 2023 年版《俄罗斯联邦对外政策构想》中，俄罗斯指出俄欧关系复杂化的主要因素是"美国及其个别盟友在欧洲地区划定和加深分界线，削弱和破坏俄罗斯和欧洲国家的经济竞争力，限制欧洲国家的主权，并确保美国的全球主导地位"。对于欧洲，俄罗斯仍寄予期望，希望欧洲能够提高外交政策独立性，停止不友好行为，加快过渡到与俄罗斯的长期睦邻友好合作上。目前俄罗斯"转向东方"的重点在于发展与亚洲国家的经济和外交关系以维护国家利益，缓解俄欧经济关系破裂的负面影响。但不可否认，从历史和文化的角度来看，俄罗斯的欧洲文化认同使得俄罗斯对于回归欧洲具有路径依赖，俄罗斯"转向东方"是一种长期的重返欧洲的迂回策略。

三、俄罗斯"转向东方"的动因分析

俄罗斯的外交始终贯穿着不规则的摇摆性，具体是指在东西方国家之间不规则地摇摆。② 面对复杂的国内和国际局势，俄罗斯需要更加灵活和务实的外交政策，在适当的时候"转向东方"能够帮助俄罗斯获得更大的选择权和发展自主权，突破西方的制衡和封锁，避免陷入孤立，切实维护国家利益。作为一个有着强烈不安全感的国家，俄罗斯最重要的国家利益是地缘政治安全，俄乌冲突使得俄罗斯的安全缓冲区产生了被北约突破的危险，而维护这一重大利益需要强大的国内经济和军事资源的支持，在西方对俄罗斯全面的经济和军事制裁下，经济伙伴关系"转向东方"成为俄罗斯振兴国力的必选项。在国家利益至上这一根本原则指导下，结合国际权力地位的变化、国家实力的此消彼长、俄罗斯政府的理性抉择、普京的务实外交等国内外因素的综合影响，俄罗斯的"转向东方"从一开始的形式性政策转变为务实的国家重点战略。

---

① 《俄远东发展部部长："转向东方"是指重启俄罗斯经济模式》，俄罗斯卫星通讯社，2022年8月31日，https://sputniknews.cn/20220831/1043516270.html。
② 王树春、王学锋：《论俄国对外政策的摇摆性》，《广东外语外贸大学学报》2008年第2期。

在国际体系的层次上，俄罗斯东转的动力离不开近年来国际权力格局发生的深刻变革。冷战结束后，世界从两极格局变成了由美国主导的单极格局，冷战思维的延续使得美西方同盟将俄罗斯视为一个潜在的安全和政治威胁，俄罗斯倒向西方的外交政策和实践并未取得理想成效。但俄罗斯作为欧洲能源的主要供给方，仍然可以依赖能源贸易精心维系着与欧洲国家的关系。21世纪以来，以中国、印度、日本等为代表的亚洲国家强势崛起，世界呈现多极化趋势，世界经济重心、政治重心也向亚太地区转移。根据国际货币基金组织的统计数据，2013年到2022年亚洲地区的国内生产总值增长率普遍高于其他地区。[①] 一方面，国际权力格局"东升西降"的趋势使得融入亚太经济圈对俄罗斯产生了巨大的吸引力。俄罗斯的历史基因中存在着深深的不安全感，这使得其国家政策总是更倾向于维护自身的安全利益，甚至可以牺牲经济利益来维护安全利益。但是西方对俄罗斯的顾忌以及乌克兰危机后西方的制裁使得俄罗斯认识到发展自身经济、减少对欧洲经济依赖的重要性。俄罗斯经济结构不合理，轻工业发展较为落后，东西部发展不平衡，西伯利亚和远东地区的滞后发展严重影响了整个国家经济的发展，不利于其维护国家利益。作为全球经济新星以及权力逐渐上升的亚洲地区无疑对俄罗斯产生了巨大的吸引力，俄罗斯若要在国际体系中成长为一个独立而强大的全球治理中心就必须要寻找新的经济发展道路来实现复兴。另一方面，乌克兰危机后美西方结成了共同制裁俄罗斯的坚定同盟，俄罗斯在美国主导的单极格局中处于劣势地位。尤其是2022年俄乌冲突以来，俄罗斯不仅受到了主导全球的金融体系的排斥，还被迫与欧洲切断了精心维持的能源关系，俄罗斯急需开拓新的经济与能源合作伙伴，拓展自身在国际体系中的活动空间。俄罗斯面临着西方世界的全方位排挤，在国际体系中处处受制，恢复国家经济以维护国家利益成为俄罗斯"转向东方"的内生动力，突破封锁、抵消外界发展阻力成为俄罗斯"转向东方"的外部推动力。

在国家关系层面，俄罗斯增强与非西方国家的经济联系，能够从相对

---

① "Real GDP growth," IMF, Jan. 1, 2023, https：//www.imf.org/external/datamapper/NGDP_RPCH@ WEO/OEMDC/ADVEC/WEOWORLD.

收益的累积效应中将收益转化成自身权力和财富,更好地维护和实现其国家利益。苏联解体以来,俄罗斯的目标就是要实现俄罗斯复兴,成为多极化中重要的一极,发挥世界性的影响力。重振俄罗斯的大国地位离不开自身实力的增长和影响力的提升,受西方制裁以来,俄罗斯的国家实力被进一步削弱,为了遏制这种衰弱态势,"转向东方"成为一种更好的选择。用东方外交来平衡西方外交,不仅可以提高俄罗斯在亚洲地区的影响力,也可以增加和西方谈判的筹码,有利于恢复大国地位和实现国家复兴。

在政府组织层面,俄罗斯"转向东方"决策是建立在理性选择模式的基础之上的。理性选择模式是指决策者在决策过程中以人类理性为前提,通过利益最大化原则做出合理的政策决策。从俄罗斯独立到2014年乌克兰危机这段时期,俄罗斯始终向西方靠拢,将西方外交作为核心,重视与欧洲传统的经济联系,这一时期西方并没有联合起来对俄罗斯施加集体制裁,俄罗斯的经济活动空间相对较大,在理性选择模式下,加强与西方的经济联系更符合俄罗斯的身份认同和现实利益,因此这一时期俄罗斯在经济上"转向东方"的动力不足,相关的实践缺乏成效。由于2014年的乌克兰危机,西方对俄罗斯实行长期经济制裁,俄欧经济关系的发展受到一定阻碍。同时,国际货币基金组织的数据显示,按购买力平价法计算,发展中国家国内生产总值的全球占比在2013年已经超越了发达国家。[①] 这其中的发展中国家大多位于亚洲地区,而欧元区却出现负增长。一方面,与逐渐成为世界经济重心的亚洲地区开展更加广泛而深刻的合作有利于俄罗斯获取经济利益,抵消西方制裁的负面影响。另一方面,俄罗斯与欧洲传统的经济联系使得俄罗斯过度依赖欧洲来促进自身经济的发展,这一现实增加了俄罗斯经济的脆弱性和敏感性。在西方联合对俄罗斯实行制裁的情况下,俄罗斯经济的脆弱性和敏感性将给俄罗斯的经济带来更加严厉的打击。基于理性,俄罗斯需要重新寻找经济增长点,把目光转向东方,借亚洲地区经济崛起之势来增强自身的经济实力和经济独立性显然是更好的选择。同时,亚洲国家正值快速发展期,对能源需求旺盛,俄罗斯作为能源

[①] 《地区格局悄然变化 增长动力略有增强——2013年世界经济回顾及2014年展望》,国家统计局官网,2014年2月27日,http://www.stats.gov.cn/tjsj/zxfb/201402/t20140227_516899.html。

大国，与俄罗斯的合作对于亚洲国家来说也是具有吸引力的。

从领导人特质的角度来看，普京务实、理性、铁腕、果敢的特质也是俄罗斯"转向东方"的重要推动力。在普京本人的执政过程中，寻求务实合作、增强俄罗斯经济实力是俄罗斯经济现代化的主要做法。在与西方关系恶化的情况下，尽管普京对于俄罗斯是一个欧洲国家持坚定不移的态度，但是也不得不考虑与非西方国家增强务实合作，尤其是正在成为世界政治经济重心的亚洲地区。

综上所述，俄罗斯"转向东方"政策实施的核心推动力是俄罗斯对国家安全和经济利益的维护和追求，国际格局的"东升西降"和俄罗斯实力的衰退使得俄罗斯紧紧围绕着维护国家利益这一根本原则综合性、全方位地推动着"转向东方"的进程。历史上的俄罗斯将西伯利亚和远东地区视为前哨，注重其安全价值而忽略其经济发展潜力，造成了国内经济发展严重失衡、综合国力下降的局面。俄罗斯要恢复传统大国地位，离不开自立自强的自我发展，过度依赖外部经济只会限制自身在国际社会的活动空间。俄罗斯"转向东方"也并非放弃与西方改善关系的可能，而是为自身的发展多谋一条出路，在经济上借助亚洲地区的崛起之势"搭便车"以增强自身的综合国力，在外交上建立良好的国家间关系而非一味树敌。

结　语

通过对俄罗斯"转向东方"政策的分析，不难看出俄罗斯"转向东方"的实质并非文明的转向，更多的是经济意义和外交意义上的转向，转向的重要原因是自身发展内生动力不足、同西方关系恶化造成的国家利益受损。但"转向东方"并不意味着彻底放弃与西方的外交和经济关系，"转向东方"只是俄罗斯在与西方关系紧张时的无奈转向，只要时机成熟，俄罗斯的欧洲文化属性会使其重新转回西方，重新修复与巩固和西方的外交和经济联系。即使在经济意义上，俄罗斯目前与亚洲国家的关系也不足以说明俄罗斯已经完全"转向东方"了，俄罗斯与亚洲还有较大的经济合作空间。不同于俄欧成熟的管道建设、经贸往来传统，亚洲国家缺少与俄罗斯进行能源交易的基础设施建设，加上地缘政治冲突带来的政治风险、金融风险，俄罗斯与亚洲地区的经贸合作面临巨大挑战，俄罗斯在经济上"转向东方"的实践仍不够深入。

现阶段俄罗斯加强与东方的合作交流主要是在欧亚经济联盟、上海合作组织等一体化框架下的经贸合作，中国的共建"一带一路"倡议也为俄罗斯的远东合作提供了更加便捷的通道，俄罗斯与中国等东方国家在各自的优势产业，如能源矿产、航运、数字经济等方面交往甚好，未来合作前景也欣欣向荣。长远来看，在良好的合作伙伴氛围下，合作不会因为重重考验而停滞，俄罗斯会更倾向于利用优势互补及友好交流来解决合作中的问题，从而达到共赢的局面。

俄罗斯与独联体国家的关系

新形势下俄白联盟发展现状及前景分析

孔钰棠　卢人琳[*]

【摘　要】 2022年2月爆发的俄乌冲突使世界形势发生新的变化，在这种新形势下，俄白联盟的双边合作依然在政治、经济、军事、科技等多个领域取得突出成果，联盟关系进一步增强，并呈现出新的特点：一是合作意愿增强，战略互信提高；二是复合相互依赖程度上升；三是双边互动拓展，多边合作增强。本文认为上述特点形成的原因主要有：俄白两国捍卫各自国家核心利益的需要，破除制裁困境的需要以及两国地缘政治环境的剧变。在未来可预测的时间阶段内，在排除"黑天鹅"事件变量的干扰下，可以得出以下合理推断：短期内联盟国家一体化进程呈加速趋势，一体化进程良好态势不会改变；中长期内白俄罗斯国家主权地位相对下降，俄白联盟不对称性日益凸显。

【关键词】 俄白联盟　俄乌冲突　一体化

自1997年俄罗斯和白俄罗斯签订《俄罗斯和白俄罗斯联盟条约》至今，俄白联盟已走过20多年的历程。在此期间，俄白联盟取得了令人瞩目的成就：建立起了稳固、协调、紧密的联盟关系；建立起了共同的政治、经济、军事、海关、法律、社会、人文和文化空间；建立起了有效的合作

---

[*] 孔钰棠，广东外语外贸大学国际关系学院外交学专业2020级本科生；卢人琳，广东外语外贸大学国际关系学院国际关系专业2022级硕士研究生。

机制，设立了共同合作规划，取得了显著的经济和社会效益。① 毋庸置疑，俄白联盟以其成功的一体化结构与突出的建设成就在欧亚地区备受关注。然而，不可否认的是，俄白联盟的发展并非一帆风顺，在一体化的建设过程中也存在着诸如经济利益分配、联盟模式建构、国家主权让渡等诸多问题，这些问题在一定程度上掣肘了俄白联盟的发展，使得俄白联盟的建设难以取得突破性的进展。但总体而言，20多年来俄白联盟在波折起伏的建设轨道上努力平稳发展，逐步推进。

近期，随着国际形势和欧亚大陆地缘政治格局的深刻调整变化，俄白关系发展及联盟建设在近期受到巨大影响，尤其是在2022年2月后。截至2023年4月，俄白两国互动与联盟实践呈现出了新的特点与趋势。本文将尝试在事实基础上总结俄乌冲突的新形势下俄白联盟取得的新进展，提炼俄白联盟发展的新特点。同时，本文通过解析其背后的内在逻辑，挖掘双方利益诉求及影响因素，推断联盟的发展趋势及其影响。

一、新形势下俄白联盟取得的新成果

随着俄乌冲突的爆发、升级与持续，大国斗争与地缘博弈之势愈演愈烈，国际秩序及欧亚大陆地缘政治迎来大变局。在此背景下，俄白联盟在多个领域的双边合作取得突出成果，俄白联盟关系进一步增强，一体化进程显著提速，两国的新成果集中体现在政治、经济、军事和科技四个方面。

（一）政治上进一步发展联盟关系

2021年11月4日，在俄乌冲突爆发前夕，俄罗斯和白俄罗斯联盟国家最高国务委员会举行视频会议，签署了2021—2023年间成立联盟国

---

① 刘丹：《"俄白联盟国家"20年历史嬗变与发展趋势》，《俄罗斯学刊》2019年第6期。

家的条约。条约内容规定了俄罗斯和白俄罗斯之间推进国家一体化的相关法令，包括统一宏观经济政策，货币体系一体化，政府采购互通，反恐，天然气、石油、电力和运输服务市场进行统一协调，统一的签证和移民政策等28个项目一体化计划。在地缘对抗风险剧增、乌克兰危机愈演愈烈之际，俄白两国加强高层互动、强化联盟国家的顶层设计似乎早有预兆。

俄乌冲突爆发一年多以来，俄罗斯总统普京与白俄罗斯总统卢卡申科保持高频互动，两国政治首脑相继在布拉戈维申斯克、索契、圣彼得堡、明斯克等地开展双边会谈，沟通和互动频率创造了俄白联盟成立以来的历史新高。两国元首多次重申两国对重大核心议题的共同关切，对外释放出俄白两国将加强协作共同应对重大挑战的意志与决心。

在政治表态方面，俄白两国高层在多个场合以多种方式强调，将发展与强化两国关系置于优先地位，并对盟友立场表示高度关切与坚定支持。2022年7月11日，俄罗斯总统普京与白俄罗斯总统卢卡申科商定保持密切联系，重申双方将持续加强俄白关系的意愿；对于俄罗斯在乌克兰"缓冲地带"的战略考量，卢卡申科在与普京的通话中表示支持俄罗斯在乌克兰的行动。对于白俄罗斯的地缘与国家安全关切，俄罗斯总统新闻秘书佩斯科夫表示，对集体安全条约组织任何成员国的攻击，尤其是对白俄罗斯的攻击，都等同于对俄罗斯的攻击；对于白俄罗斯寻求加入上海合作组织以拓展外交与战略空间的需求，俄罗斯联邦总统上海合作组织事务特别代表巴赫季约尔·哈基莫夫明确表示，明斯克有意寻求加快加入上海合作组织的进程，俄罗斯与其他国家一样支持明斯克的这一努力，接纳白俄罗斯的进程也已经启动；对于两国关系发展的重要时间标志，俄罗斯联邦委员会主席瓦莲京娜·马特维延科在2022年4月2日庆祝俄罗斯和白俄罗斯人民团结日（俄白团结日）时称，该节日是历史上的里程碑，理应与俄罗斯日和人民团结日相提并论，并将其上升到与两个节日同等重要的地位，如此之高的表态在历史上还是首次。

在顶层设计方面，两国为发展一体化协作和建设性双边合作做了大量工作。两国高层批准了一系列重要文件，包括部门联盟计划、更新的军事学说、联盟国家移民政策构想和联盟国家2023年预算的主要指标等，并在 2022 年 12 月 29 日签署了建立联盟国家共同规划系统的政府间协议。此外，白俄罗斯还通过修宪在国家法律层面确立了对俄罗斯的"一边倒"。白俄罗斯中央选举委员会于 2022 年 2 月 27 日发起关于在宪法修正案中删除"无核"和"中立"条款的修宪公投，结果 65.16% 的公民投了赞成票，该决定获得通过。

（二）经济上加速建设独立的统一市场

俄罗斯是白俄罗斯的第一大贸易伙伴国，俄乌冲突爆发后两国继续加强经济往来与贸易联系。据白俄罗斯总理戈洛夫琴科称，2022 年前 10 个月白俄罗斯对俄罗斯出口总额达 180 亿美元，高于往年 120 亿至 130 亿美元的水平，2022 年白俄罗斯对俄罗斯出口可能达到破纪录的 220 亿至 230 亿美元。此外，两国在涉及国计民生的重点经济领域开展了密切的合作，力图对冲西方制裁压力，摆脱西方的经济施压及其影响。在西方制裁背景下，双方将关注重点落在能源、工业、交通基础设施等重要领域的联合项目上，并确定了一些进口替代投资项目与业务计划。白俄罗斯和俄罗斯成立了进口替代工作组，在其框架内运行有汽车、农业机械、轻工业、微电子、机床等关键工业行业的分组。同时，俄白两国与欧亚经济联盟的其他成员国也在相互结算中努力摆脱美元。在西方国家针对俄罗斯金融和银行系统实施前所未有的限制措施前，欧亚经济联盟国家间使用本币结算的比例已超过 70%。

两国还将经济合作重心放在各重点经济领域统一市场的建设上，并通过高层会谈、签订协议的方式加速重点经济领域统一市场的建设。2022 年 3 月 18 日起，俄白两国取消两国之间公民旅行的所有限制，两国之间统一的旅游业市场投入运行；5 月 5 日，俄罗斯总理米舒斯京与白俄罗斯总理戈洛夫琴科讨论了西方制裁及落实燃料和能源综合体领域的协议，双方重点关注了燃料和能源综合体、工业等领域协议的落实；9 月 9 日，俄罗斯总统普京表示，俄罗斯和白俄罗斯将在 2023 年 12 月 1 日前签署有关建立天然气统一市场的协议。此外，普京指出，莫斯科和明斯克还计划建立石油和石油产品统一市场，并商定建立电力统一市场。

（三）军事上提升联动联防能力

面对俄乌冲突带来的区域安全威胁，俄白双方进一步加强在军事上的联动协作水平与区域联防能力，其中最主要的是联盟部队建设。

作为俄白两国共同关注的核心议题，联盟部队建设与区域安全维护受到两国高度重视。2022年12月3日，白俄罗斯国防部和俄罗斯国防部签署了《联合保障地区军事安全协议》（1997年）的补充议定书，以补充协议的形式重申了强化两国军事合作的重要性与必要性。对此，俄白两国将重点放在了提升联盟军队的联合行动与联合防御能力上，两国开展的军事行动也主要以提高这两方面的能力为基本目标。俄乌冲突爆发后，俄白联盟高频地在多个框架内开展了多场军事演练，如："联盟决心-2022"联合演习、"东方-2022"战略演习、第八届国际军事比赛等。两国军演在参演人数、参演装备、参演频次、参演能力等方面均创历史新高；两国还组建了联合区域防卫部队，目前已转入部署并开始执行联盟国家武装保卫任务。联合区域防卫部队是由多兵种组成的复杂有机体，其组成包括各级指挥机构和各兵种，以及白俄罗斯和俄罗斯两国各类支援体系。这标志着俄白军事联动的体系化与综合化水平再上一个台阶。同时，两国加紧先进军备的移交与部署，俄罗斯向白俄罗斯交付了一定数量的"伊斯坎德尔-M"战术导弹以及S-400防空导弹系统，借此加强统一区域防空系统的战备联合，提高直面北约前沿地带的防御能力。

（四）科技上不断深化合作层次和水平

科学技术是第一生产力，是衡量国家现代化水平的重要指标，对于一国的重要性不言而喻。在高新科技领域，俄白两国也加速了深化合作的步伐。俄乌冲突爆发后，两国拓展了科研合作领域，并大力发展空间技术。

在能源领域，俄罗斯和白俄罗斯创造出替代能源的新技术。俄罗斯国立研究型大学莫斯科电子技术学院的科研人员与白俄罗斯的同事们共同研发出一种简单而安全的硅锗薄膜制造方法，这种薄膜可以将工业设施的废热转化为电；在生物医学领域，两国正在医疗产品研发领域开展合作，同时两国计划继续在联盟国家计划的框架内深化健康保护领域的合作与研究；在微电子制造领域，该领域的前景性得到两国高层的一致认可，目前两国正在开展工作制定合作规划。

在空间领域，目前两国正在实施一项计划（2019—2023年），目的是为联合使用空间遥感系统的开发规范、方法和软件提供支持。两国将在2024—2027年间开展三个联合空间计划，旨在研制小型地球遥感卫星、火灾预测系统和制造更耐用的卫星配件。同时，俄罗斯和白俄罗斯将共同参与生产和发射地球遥感专用航天器的大型项目，并将俄罗斯的科学和产业潜力与白俄罗斯企业的优势整合起来。俄罗斯航天国家集团公司总裁德米特里·罗戈津表示，俄罗斯和白俄罗斯还将签署有关白俄罗斯参与俄罗斯"东方"航天发射场设施建设的政府间协议，并力争尽快完成对白俄罗斯宇航员的培训。

二、新形势下俄白联盟发展的特点

俄乌冲突爆发以来，俄白双边关系日益紧密，俄白联盟在多个领域的合作取得突出成果，其发展状态也呈现出新特点：合作意愿增强、战略互信提高，复合相互依赖程度上升，以及双边互动拓展、多边合作增强。

（一）合作意愿增强、战略互信提高

基于国际格局的深刻变化和两国相近的战略利益考量，俄白双方深化协同一体化合作的战略诉求愈发强烈，在双边对话与互动中显示出强烈的合作意愿。俄乌冲突爆发以来，俄白两国高层在频繁的对话与互动中释放了两国拓宽合作广度、深化合作深度、加速一体化进程的战略信号。除了基本的外交部照会与元首电话通信之外，俄白两国总统还多次互访，在多个场合开展了多场元首级别的正式或非正式会晤。两国政治首脑在密切互

动中形成高度合作共识，共同引领顶层设计，拟定的合作项目几乎涵盖政治、经济、科技、军事、文化等全领域。

俄白两国在显示出强烈合作意愿的同时，亦进一步深化战略互信。目前俄白双方在双边合作上已达到高度战略互信水平，双方深度合作形成了较强的互动惯性。高度互信、密切协同是这一时期俄白联盟发展的突出特点。战略互信概念指的是国家与国家之间或国家与国际组织等主要非国家行为体间，为了减少因彼此战略意图、战略能力和重要行为产生的错误判断、降低双方在重大利益上的冲突风险，而在双边关系关键领域采取的共同持久努力，以及由此形成的关于对方的积极预期。[1] 俄白两国互信上不封顶，战略合作不设禁区，在各方面保持高度身份认同，以推动多元合作、强化联盟关系等形式分享和发展战略能力。两国在军事领域强化战略合作，是战略互信深化的突出体现。两国军队在短时间内能够组建联合区域防卫部队、强化区域联防合作、提升联合指挥与联合作战水平、发展联合区域防卫部队的体系化与综合化的战略协调能力，无不得益于两国战略互信的深化。综上所述，当前俄白两国的战略互动满足了高度战略互信的基本要求，两国在双边合作上已达到高度战略互信水平。

（二）复合相互依赖程度上升

在联盟国家的建设与发展期间，俄白两国在政治、经济、文化等领域的互动中逐渐形成了复合相互依赖的关系，体现出长期性与渐进性的特征。俄乌冲突爆发之后，两国对彼此的战略重视程度呈现明显提高的态势，双方复合相互依赖程度也在短期内得到显著提升。复合相互依赖理论由罗伯特·基欧汉和约瑟夫·奈提出，"一般而言，依赖是指受到外部力量支配或巨大影响的一种状态。在国际政治中，相互依赖是指国家之间或不同国家中的行为主体之间相互影响的情形"。[2] 广义上的相互依赖涵盖涉及国家利益的政治、经济、安全、军事等各个领域。俄乌冲突期间，俄白

---

[1] 刘庆：《"战略互信"概念辨析》，《国际论坛》2008年第1期。
[2] [美]罗伯特·基欧汉、[美]约瑟夫·奈著，门洪华译：《权力与相互依赖》，北京大学出版社2002年版，第12页。

两国复合相互依赖程度显著上升，主要体现在经济与安全两个方面：

一是经济上的相互依赖。自俄乌冲突爆发以来，美西方国家对俄罗斯发起了多轮力度大、范围广、程度高的联合制裁，实施了包括限制贸易往来、禁运工业产品、冻结金融资产、封锁支柱产业在内的数轮经济制裁，制裁范围几乎涵盖了经济领域的各个方面。在美欧强大的制裁压力下，经济结构上过于依赖对欧能源出口的俄罗斯不得不寻求替代市场。除了将战略重心从西方转向东方，通过"转向东方"战略加强与亚洲国家特别是与中国的合作来获得发展空间外，俄罗斯还加强了与传统盟友之间的经济联系以渡过经济难关。此时强化与白俄罗斯的经贸与投资往来，加速各重点经济领域的统一市场建设成为俄罗斯摆脱经济制裁困境手段中的重要一环。对于白俄罗斯而言，因为支持俄罗斯对乌克兰的特别军事行动，白俄罗斯及其部分官员同样遭受了来自美西方的多轮制裁。以化肥的生产和出口为例，尤其是钾肥的生产，约占白俄罗斯出口的10%。由于白俄罗斯提供了全球15%以上的钾肥出口，因此，即使卢卡申科在2020年对国内反对势力进行镇压，西方也迟迟没有对该产业实施全面制裁。然而，俄乌冲突促成了西方对钾肥的全面禁运。除了无法进入利润丰厚的欧洲市场之外，白俄罗斯化肥通过立陶宛和乌克兰海港的运输路线也被切断了，现在白俄罗斯剩余的所有出口都要通过俄罗斯，原本良好的出口状况被快速打破。[①] 由于白俄罗斯经济体量小且经济抗压能力弱，在经济上更加依赖其核心盟友及第一大贸易伙伴国——俄罗斯。

二是安全上的相互依赖。基于地缘政治形势的剧变与地区秩序的深刻调整，俄白两国国家安全形势恶化，国家安全受到重大挑战。双方在安全层面对彼此的需求与依赖程度有所上升。一方面，白俄罗斯已经成为当前俄罗斯抵御北约唯一的战略缓冲空间，其对俄罗斯的重要地缘意义不言而喻；另一方面，由于白俄罗斯国力羸弱、国土狭小，且目前同时承受着较强的内外压力，国家安全环境严重恶化，其国家生存与政权安全更加依赖于俄罗斯的保障。因此，俄白两国军队在2022年开展了密集的军演行动，

---

① Maxim Samorukov, "The Importance of Being Russian: Can Belarus Survive the Kremlin's War Against Ukraine?" Carnegie Endowment for International Peace, Nov. 3, 2022, https://carnegieendowment.org/politika/88317.

军演规模创历史新高；加强了军贸往来，俄罗斯向白俄罗斯交付了诸如"伊斯坎德尔－M"战术导弹以及S－400防空导弹系统等先进军备；俄军直接进驻白俄罗斯，两国加速区域防卫部队的组建与部署进程，强化区域联防能力的建设等等。此类举措都是俄白两国在安全上对彼此相互依赖程度上升的重要体现。

综上所述，俄白两国复合相互依赖程度与对彼此战略重视程度显著上升是俄乌冲突爆发以来两国关系发展的显著特点之一。虽然两国对彼此都具有高度的战略需求，但是由于国家体量与综合国力的差异，白俄罗斯明显呈现出更强的对俄依赖性，两者是一组非对称相互依赖关系。

（三）双边互动拓展、多边合作增强

特别军事行动开展以来，俄白两国的双边关系除了在双边互动中得到巩固之外，还在多边合作中得到发展。两国将双边互动融入与拓展至多边合作中，并在多边互动中保持话语与步伐的一致性。目前，俄白联盟在以俄罗斯为主导力量的国际组织框架内频率互动，合作成效呈现良好的态势。

在政治领域，俄白联盟除加强区域一体化顶层设计外，还高度重视独联体内部合作对维护欧亚地区安全稳定、经济繁荣的重要作用。2022年12月26日至27日，独联体国家领导人在俄罗斯圣彼得堡举行非正式会晤。普京在会上指出，虽然各成员国之间存在意见差异，但继续深化合作仍然是独联体的重要发展途径。在安全领域，俄白联盟除了在今年开展了多场双边军演之外，还重点关注了集体安全条约组织的军事能力建设。为了维护集体安全条约组织的团结一致与稳定运行，提高应对西方威胁的军事协作能力，包括俄罗斯与白俄罗斯军人在内的集体安全条约组织特种部队于2022年8月在吉尔吉斯斯坦开展了为期三天的"钴－2022"军事演习。在经济领域，为切实有效应对西方经济制裁，俄白联盟在欧亚经济联盟框架下深化一体化。欧亚经济委员会理事会于2022年4月通过了关于实施限制的决定草案，对小麦、大麦、玉米、葵花籽油，以及白糖和原蔗糖等实行了统一出口配额；欧亚经济联盟六国政府首脑还于2022年8月在欧亚政府

间理事会会议上重点关注了内部市场的运作、天然气和石油产品的共同市场的形成、运输问题、建立联盟成员国互相贸易和对外贸易保险支持机制的前景，并于会后签署了欧亚政府间理事会决议，对欧亚经济一体化的未来发展做出了规定。

除了在双方共同参与的国际组织中强化协作互动之外，俄白两国还积极寻求新多边合作平台的拓展。在世界秩序发生根本变化和西方发动制裁战的背景下，俄白联盟亟须寻求更多强有力合作伙伴的支持，破解国内和地区的现实困境。因此，两国将目光转向了上海合作组织。白俄罗斯意识到中国已成为本国重要的合作伙伴，加入上海合作组织将为明斯克提供国际合作的最佳平台。白俄罗斯已经向上海合作组织提交成为成员国的申请。

三、俄白联盟发展原因分析

相较以往较为缓慢曲折的一体化进程，在俄乌冲突的新形势下，俄白两国战略互动深化，联盟关系强化，一体化进程增速提质。短期内俄白双边关系发生显著变化，是因为地区局势经历深刻调整，俄白两国共同利益诉求发生变化，进而推动两国合作意愿提高。总体而言，俄白关系的发展由内因和外因共同驱动：维护国家安全和利益，破除美西方制裁困境的现实需要是两国强化联盟关系的内生动力，地缘政治环境的恶化则是促使两国提升战略协作能力的外部压力。

（一）俄白两国捍卫各自国家核心利益的需要

当前俄白两国的国家利益，尤其是其中的核心部分——安全利益，面临着主要来自美西方的严峻外部挑战，两国在各自的国家利益维护上受到多重困境制约。俄白两国深化多元合作、强化同盟关系出自捍卫各自国家利益的迫切共同需要。

对于俄罗斯而言，白俄罗斯具有不可替代的战略价值：战略上白俄罗斯属于俄罗斯的传统势力范围，地缘上白俄罗斯是俄罗斯面对北约的重要战略缓冲地带，军事上白俄罗斯对俄罗斯的领土防卫具有重要屏障作用。从战略角度来看，自苏联解体后，俄罗斯视"后苏联空间"为其追求全球大国地位、掌控地区秩序的重要战略抓手。[1] 身处"后苏联空间"的白俄罗斯是俄罗斯的传统势力范围，俄罗斯在该地区享有传统利益，绝不会容忍美西方国家对其染指。不仅如此，白俄罗斯更是俄罗斯面对北约的重要战略缓冲地带，对于俄罗斯而言具有不可替代的战略意义。从地缘角度来看，当前俄罗斯已经失去了乌克兰，面临着极其严峻的地缘压力与安全挑战。此时的白俄罗斯地缘重要性激增，如若在此关键时期白俄罗斯抵御不住外部压力导致国家崩溃或是政权易帜，届时莫斯科将完全承担直面北约部队的压力。从军事角度来看，失去白俄罗斯，可能使俄罗斯在西部方向上与敌人的接触线向东移动650公里，届时北约先头部队与莫斯科的位置距离将大幅缩短。仅仅是北约空中力量在白俄罗斯领空上巡逻执勤，就足以对俄罗斯产生直接的有效威慑。在这种情况下，莫斯科将处于敌方战术飞行武器的攻击半径范围之内。敌人可在任何时候使用战术飞行武器攻击莫斯科，甚至不用进入俄罗斯领空。[2] 至此俄罗斯将彻底失去战略缓冲空间，地缘局势将会对俄罗斯极为不利，国家安全也将陷入极其危险的境地。总体而言，白俄罗斯是俄罗斯核心国家利益的重要组成部分，俄罗斯绝不可能允许白俄罗斯的脱离，也无法承受失去白俄罗斯的后果。因此俄罗斯不得不动用大量的资源支持白俄罗斯的政权、经济和军事安全，并利用卢卡申科政权对俄罗斯支持的迫切需求，建立两国之间最为稳固和难以分割的联系。

对于白俄罗斯而言，俄罗斯是其缓解内外压力与捍卫国家安全及利益的重要支柱。当前来自内部与外部的双重压力让白俄罗斯陷入困境，其国

---

[1] 郑洁岚：《俄乌冲突对"后苏联空间"地缘政治格局产生深远影响》，《世界知识》2022年第14期。

[2] Василий Кашини, Какое значение Белоруссия имеет для стратегической безопасности России, https：//russiancouncil.ru/analytics-and-comments/comments/kakoe-znachenie-belorussiya-imeet-dlya-strategicheskoy-bezopasnosti-rossii/.

家安全与利益面临重大风险挑战。通过强化与俄罗斯的同盟关系，白俄罗斯能够引入外部力量支持，缓解安全困境和维护国家利益。由于国家体量与综合国力的限制，白俄罗斯本身具有较高的脆弱性与较弱的抗压性。在安全上，当前白俄罗斯的地缘安全与政权安全状况不容乐观，面临着来自内部外部的多重挑战。在外部，白俄罗斯位于与北约对抗的前沿地带，需要直面北约军事威胁，承受着来自北、西、南三方面包围的压力；同时白俄罗斯面临着来自美西方的严厉制裁与"颜色革命"的压力。在内部，白俄罗斯军事力量弱小，国土面积狭小、缺乏战略纵深，自我保护能力不足，同时，西方带来的压力易在国内引发恐慌情绪，在此特殊时期，国内反对派以及西方暗中支持的势力更是蠢蠢欲动，国内暗流涌动。在经济上，白俄罗斯经济体量小，产业结构较为单一，生产能力较为薄弱，风险抵御能力明显不足。在美西方的严厉制裁下，白俄罗斯的出口途径严重受阻，经贸收益大打折扣，国民经济因此受到重创。在国家利益遭受重大风险挑战之际，卢卡申科政权迫切需要寻求外部力量的支持，而俄罗斯无疑是最佳的外部支持者。政治上俄白两国互为传统盟友，战略互信基础稳固；经济上俄罗斯具备相当的体量和抗压性，能够为白俄罗斯提供一定的替代市场；军事上俄罗斯拥有较强的武装和核威慑力量，能够保护白俄罗斯国家与政权安全；地缘上两国毗邻，互为邻国，白俄罗斯能够高质高效地引入俄罗斯的支持力量。卢卡申科政权深知俄罗斯是保障白俄罗斯国家安全、政权安全与经济安全的核心力量，因此在战略倾向上更加依赖俄罗斯，显示出强烈的对俄罗斯"一边倒"的战略偏好。基于严峻的地缘形势与共同的利益诉求，俄白两国互为依靠、紧密相依，因此，切实加强联盟国家的一体化建设，以此保障两国共同的安全关切与核心利益尤为重要。

（二）破除制裁困境的需要

俄乌冲突爆发后，以美国和欧盟为首的主要西方国家已对俄罗斯发动了多达十轮的大规模制裁，制裁内容涵盖经济、社会、体育、文化等几乎各个领域。最突出的是对俄罗斯实施的包括金融限制、贸易禁运、资产冻结、技术脱钩在内的数轮经济制裁。①

作为俄罗斯核心盟友之一的白俄罗斯自然也无法摆脱被制裁的命运。欧盟对白俄罗斯实施了多项单边制裁，制裁措施主要是禁止白俄罗斯的木材、钢材和钾肥等产品出口至欧盟。除了俄罗斯的实体外，美国商务部还将多个白俄罗斯实体列入其制裁实体名单中，以此打击俄白联盟国防、航空航天和海事部门的实力。白俄罗斯总理戈洛夫琴科接受采访时表示，因为受西方制裁，白俄罗斯对欧盟和北美地区的出口几乎全部受阻，这一数额约为每年160亿至180亿美元。除了对俄白联盟单边发起制裁攻势外，美西方还在多个国际组织内对俄白联盟施加压力。如：在联合国大会第十一届紧急特别会议上通过了题为"对乌克兰的侵略"的决议草案②；在联合国大会通过决议暂停俄罗斯人权理事会成员资格，在人权理事会上以人权为借口干涉白俄罗斯内政；在二十国集团宣言中谴责了俄罗斯对乌克兰的"侵略"③等。

俄罗斯与西方国家的关系已经跌到了谷底。俄罗斯政府于2022年3月7日批准了"不友好国家和地区"的名单，包括美国、欧盟成员国、英国、乌克兰、日本和其他一些国家和地区，共计48个。面对如此多的"不友好国家"和"不友好行为"，俄罗斯与白俄罗斯的战略回旋空间被极大压缩，俄白联盟大有"四面楚歌""孤掌难鸣"之势。因此，基于打破美西方的封锁包围，避免陷入外交孤立之势，同时破除制裁困境，寻求经济发展新路径的现实需要，俄白联盟必须寻求友好国家集团的支持帮助，巩固与拓展其战略回旋空间。对此，俄白联盟巩固与传统盟国的密切关系，加强在诸如集体安全条约组织、欧亚经济联盟等以俄罗斯为主导的既有组织框架内的协同互动，根据各组织的特定功能设计深化在各个领域的互动合

---

① 李双双：《美欧对俄经济制裁影响下的中俄经贸关系》，《俄罗斯东欧中亚研究》2022年第5期。

② "General Assembly Overwhelmingly Adopts Resolution Demanding Russian Federation Immediately End Illegal Use of Force in Ukraine, Withdraw All Troops," United Nations, Mar. 2, 2022, https://press.un.org/en/2022/ga12407.doc.htm.

③ Stanley Widianto, "Most G20 members condemn Russia´s war in Ukraine – draft declaration," Reuters, Nov. 15, 2022, https://www.reuters.com/world/most-g20-members-strongly-condemn-war-ukraine-draft-declaration-says-2022-11-15/.

作。虽然强化与传统盟友在各领域的合作有助于缓解俄白联盟的现实困境，但需要注意的是，俄白联盟的传统盟国（哈萨克斯坦、吉尔吉斯斯坦等）都是综合国力相对较小、经济水平相对落后、国际影响力相对欠缺的国家，仅依靠该类国家集团，俄白联盟无法与西方发达国家抗衡，亦无法真正破除现实困境。因此，俄白联盟寻求战略空间的拓展，并将战略目光转向了东方。两国重点提升了与具有构建新型国际关系战略偏好的世界第二大经济体——中国的战略合作伙伴关系，加强了与中国在各领域的多方位合作，双边的互信与合作水平达到了新的高度。不仅如此，俄白联盟更加重视具有强大经济基础与发展潜力的上海合作组织，意图在此框架内寻求替代市场、破除制裁困境，并联合志同道合的国家共同抵制个别国家和集团维护单极世界的企图，打造解决国际和地区现实问题的新型有效路径。

（三）地缘政治环境的变化

地缘政治环境作为影响国家政治行为的基本因素之一，其变化对国家的战略认知与政治决策具有相当程度的影响。冷战后北约东扩带来的欧亚地缘政治变化给俄白两国施加了战略压力，北约东扩至乌克兰则进一步加剧了俄白两国的统一威胁认知，俄白两国迫切需要强化联盟关系以应对新的重大地缘政治挑战。为了实现削弱俄罗斯的威胁能力与控制欧洲的战略目标，冷战后美国违背其在两德统一"2+4"谈判期间关于北约不东扩的政治诺言，先后推动五轮东扩，吸纳大部分中东欧国家进入北约，不断侵吞和挤压俄罗斯西部战略缓冲空间，极大程度破坏了莫斯科的防御纵深，对俄罗斯国防安全和政治安全造成巨大的直接威胁。现今北约东扩至乌克兰，相当于将一个大国逼到墙角，践踏了俄罗斯战略安全底线和国家利益红线，这是俄罗斯所无法容忍的。

2014年的乌克兰危机直接激化了俄罗斯与美西方的矛盾，俄罗斯与西方国家的关系急转直下，双方之间的战略互信逐渐消磨殆尽。2022年爆发的俄乌冲突更是带来了欧亚大陆地缘形势的剧变与地区秩序的重组，世界主要大国和力量在这场持久的危机中展开了更为激烈的地缘政治博弈。当前，各方势力角逐激烈，斗争日趋白热化。虽然战事走势仍扑朔迷离，停战及战后安排事宜似乎遥遥无期，但俄乌冲突对欧洲地区安全乃至国际秩序的冲击和影响已充分显现。俄乌冲突不仅是一场地区冲突，更是冷战时期阵营对抗的延续，使得地缘政治和地区秩序发生突变，加速了欧亚地区地缘政治力量的分化与重组。[1] 俄乌两国短兵相接，是俄罗斯与北约的地缘政治对抗日益激化的体现，是俄罗斯与美西方关系积重难返的重要反映，凸显俄罗斯与美西方之间结构性矛盾的日趋白热化。

在此地缘政治环境剧变之际，俄罗斯与欧洲深陷安全困境之中，作为核心冲突方的俄罗斯和其处于核心地缘政治对抗前沿的盟友白俄罗斯深刻感受到了危机的外溢，两国的共同敌人定位更加清晰深刻，威胁认知在外部压力下愈发强化。强大的外部压力促使俄白两国增进战略互信、强化同盟关系、提升协同能力，共同应对重大挑战。

四、俄白联盟的发展趋势

新形势下的俄白联盟关系取得了较为突出的成果，短期内联盟国家一体化进程将呈现加速趋势，一体化进程的良好态势不会改变；中长期内白俄罗斯国家主权地位相对下降，俄白联盟不对称性将日益凸显。

（一）短期内一体化进程加速

在俄乌冲突下，俄白联盟的一体化进程显著提速，联盟在政治、经济、国防、科技等领域的一体化建设成果丰硕，俄白两国的互信与紧密程度得到前所未有的增进，当前两国的关系达到了苏联解体以来的峰值。总体而言，在2022年联盟国家的一体化建设进程呈现良好态势。在可以预测

---

[1] 胡伟星：《俄乌冲突、大国竞争与世界地缘政治格局的演变——以地缘政治学为研究视角》，《亚太安全与海洋研究》2022年第4期。

的一段时间内，在排除"黑天鹅"事件的干扰下，笔者做出该合理推断：短期内联盟国家一体化进程将继续呈现加速趋势，一体化进程良好势头不会改变。

正如前文所述，俄白两国有着统一的威胁认知与共同的利益诉求，出于维护国家核心利益、抵御地缘政治挑战以及破除制裁困境的需要，两国迫切需要加速一体化进程以提高全方位的战略能力。究其根本，来自美西方的外部压力是促使俄白两国进行深度捆绑的主要原因。在一定程度上，俄白联盟一体化建设进度与美西方的施压力度呈正相关关系。现今俄白两国与美西方之间已然丧失了战略信任，加之冲突双方近乎无法修补的关系预期，决定了俄白两国的外部压力与对外威胁认知在短时间内不会得到消除。因此，短期内联盟国家的一体化进程将继续加速，一体化进程良好态势将会持续。

（二）中长期内联盟不对称性凸显

如上文所述，俄乌冲突爆发后俄白两国复合相互依赖程度与对彼此战略意义重视程度显著上升。虽然两国对彼此在多方面都显现出高度的战略需求，但是由于国家体量与综合国力的差异，白俄罗斯明显呈现出更强的对俄依赖性，两者是一组非对称性相互依赖关系。从同盟理论的视角来看，基于较大的国家力量差距，强国与弱国之间的同盟往往呈现出非对称性的特征，两者之间的义务关系是不平等的。白俄罗斯与俄罗斯在国家体量与综合国力上差距显著，前者的国家安全与政权安全高度依赖于后者的军事保障，两者的同盟关系也是一组非对称性同盟关系。两国同盟关系的非对称性在俄乌冲突爆发后日益凸显，白俄罗斯对俄罗斯安全保障的依赖程度显著提升。

非对称性的凸显主要体现在以下三个方面：一是白俄罗斯的修宪行动。在俄乌冲突爆发的背景下，白俄罗斯以全民公投的方式对宪法进行了修正，删除"无核"和"中立"条款意味着白俄罗斯将更坚定地融入俄罗斯的安全保障体系。二是白俄罗斯对俄罗斯军备的需求度提升。为了能在短时间内提升国防能力，白俄罗斯短期内购置与接收了来自俄罗斯的相当数量的军用无人系统、"伊斯坎德尔-M"战术导弹以及S-400防空导弹系统等军事装备。三是俄军入驻白俄罗斯以及俄白联军的组建。值得注意的是，俄军的入驻与联合区域防卫部队的组建在俄白联盟发展进程上属于历史首次，具有重要的标志性意义。俄乌冲突爆发之前，虽然白俄罗斯在安全保障上高度依赖俄罗斯，但是为了维持国家的主权与独立性，卢卡申科并没有表露组建区域防卫部队的意愿，更不会主动邀请俄军进入白俄罗斯境内进行驻军。俄乌冲突爆发之后，白俄罗斯态度的转变凸显了其对外部威胁认知的加剧与对俄安全依赖性的上升。

同盟理论认为，强国会向弱国提供军事援助，在弱国驻扎军队，一方面为弱国的安全提供了保障，另一方面对同盟关系中处于弱势地位一方的自主性形成一种制约。这种非对称性的同盟关系不仅影响弱国的外交、军事政策，而且还会在经济决策中产生影响力。

俄乌冲突爆发之前，俄白两国对于联盟国家的目标有较大的差异①，这是联盟国家建立20多年来一体化进程缓慢的重要原因。卢卡申科政权对维持白俄罗斯主权地位一直持强硬态度，因此两国在联盟模式建构、国家主权让渡等议题上难以达成共识。总的来说，在前20年间俄白联盟的一体化进程徘徊前进，关键性的提速也是由于2020年白俄罗斯发生的内部政治危机才得以发生。而俄乌冲突作为重大政治事件，突破性地扭转了白俄罗斯的政治认知，使维护国家主权的政治优先性被维护国家安全所取代。在新的现实中，克里姆林宫不再需要费心向白俄罗斯施压，迫使其进一步融合。在外部压力剧增、内部执政危机显现的情况下，白俄罗斯政治高层不得不在一定程度上牺牲其主权，以此实现国家的安全与发展的需要。

结　语

自俄白联盟建立20多年来，两国在波折起伏的建设轨道上努力平稳发

---

① 李瑞琴：《俄白联盟发展的历程与现实意义》，《人民论坛》2022年第18期。

展，逐步推进。而2022年爆发的俄乌冲突突出地影响了国家关系及国际格局，在这种新形势下，俄白关系及联盟建设受到了巨大影响，发生了显著且深刻的变化。截至2023年4月，在已历时一年多且未来仍将持续相当时间的俄乌冲突背景下，俄白两国互动与联盟实践呈现出了新的特点与趋势。

俄乌冲突爆发以来，俄白联盟在多个领域的双边合作取得突出成果，联盟关系进一步增强，一体化进程显著提速。两国关系发展取得的新成果集中体现在政治、经济、军事和科技四个方面：政治上联盟关系进一步发展，俄白两国加强高层互动、强化联盟国家的顶层设计。两国高层互动频率创造了历史新高，并在顶层引领下推进一体化协作和建设性双边合作，包括部门联盟计划、更新的军事学说、联盟国家移民政策构想等。经济上努力摆脱西方影响，加速建设统一市场。两国继续加强经贸往来，在相互结算中努力摆脱美元，并推动各重点经济领域统一市场的建设。军事上联动联防能力提升。两国重点推进联盟军队的联动联防能力建设，具体包括：签订军事合作补充协议、高频地开展军事演练、组建联合区域防卫部队，以及加紧先进军备的移交部署等。科技上合作领域不断拓展，空间技术受到重视。两国在能源、生物医学、微电子制造等领域加快合作步伐，并重点支持空间领域的联合计划实施。

俄白两国双边关系日益紧密，联盟发展状态也呈现出了新的特点：一是合作意愿增强，战略互信提高。目前俄白双方在双边合作上已达到较高的战略互信水平，双方深度合作形成了较强的互动惯性。二是复合相互依赖程度上升。俄白两国在经济与安全上的复合相互依赖程度显著上升，两国对彼此都具有很高的战略需求。三是双边互动拓展，多边合作增强。两国将双边互动融入与拓展至集体安全条约组织、欧亚经济联盟、上海合作组织等多边框架合作中，并在多边互动中保持话语与步伐的一致性。

本文认为，上述特点形成的原因主要有：一是俄白两国捍卫各自国家核心利益的需要。来自美西方的外部压力对俄白两国的国家利益尤其是安全利益构成了严峻挑战，两国亟须深化多元合作、强化同盟关系以捍卫各自国家利益。对于俄罗斯而言，白俄罗斯在战略、地缘以及军事上具有不可替代的战略价值；对于白俄罗斯而言，俄罗斯是其缓解内外压力与捍卫国家安全及利益的重要支柱，两国具有共同的利益关切与合作需求。二是破除制裁困境的需要。来自美西方的多轮大规模制裁与外交孤立使俄白两国陷入多重困境，两国亟须寻求友好国家集团的支持帮助，以巩固与拓展其战略回旋空间。三是地缘政治环境的变化。北约持续的东扩改变了欧亚大陆地缘政治格局，强化了俄白两国的威胁认知与危机意识。强大的外部压力促使俄白强化同盟关系、提升抗压能力，共同应对重大挑战。

基于以上论述，本文合理预测：在可以预见的将来，短期内联盟国家一体化进程将呈现加速趋势，一体化进程的良好态势不会改变。在一定程度上，俄白联盟一体化建设进度与美西方的施压力度呈正相关关系，而美西方的施压力度与俄白两国的共同威胁认知程度在短期内不会下降，因此一体化进程良好态势将会持续；中长期内白俄罗斯国家主权地位相对下降，俄白联盟不对称性将日益凸显。由于国家体量与综合国力的差异，白俄罗斯明显呈现出对俄更强的依赖性，两者是一组非对称性相互依赖关系。这种非对称性的同盟关系会对弱国的外交、军事、经济等政策产生影响。

独立后哈萨克斯坦对俄政策的演变、特点及原因

陈圣锋　钟棋晓　卢人琳[*]

【摘　要】 本文从三个阶段对独立后哈萨克斯坦的对俄政策进行了梳理，认为哈萨克斯坦对俄采取的是友好合作的政策，寻求扩大和发展与俄罗斯的合作关系，具有合作与多元平衡并存的特点。两国合作的现实需要是哈萨克斯坦对俄政策的主要驱动，两国在主权和经济发展问题上的意见差异是哈萨克斯坦对俄政策的不稳定因素，大国力量的广泛介入是哈萨克斯坦对俄政策的重要背景，国内政治的稳定则为哈萨克斯坦对俄政策保持稳定提供了保障。在此基础上，本文结合影响因素的未来变化，认为哈萨克斯坦对俄政策未来很大程度上仍将保持友好合作，但将加强与其他大国势力的合作以降低对俄罗斯的过度依赖，并一定程度上满足自己的独立和发展需求。

【关键词】 哈萨克斯坦　对俄政策　哈俄关系

2022 年 2 月 24 日，俄乌冲突给俄罗斯与独联体国家的关系带来新的不确定性。在俄罗斯与西方对抗加剧，再一次"转向东方"的形势下，独联体国家如何选择成为需要研究的重要课题。哈萨克斯坦是俄罗斯传统的

---

[*] 陈圣锋，广东外语外贸大学国际关系学院国际政治专业 2020 级本科生；钟棋晓，广东外语外贸大学国际关系学院外交学 2020 级本科生；卢人琳，广东外语外贸大学国际关系学院国际关系专业 2022 级硕士研究生。

盟友和战略伙伴，但在俄乌冲突发生后却与俄罗斯的矛盾公开化，俄哈关系出现新的不确定性。在这一背景下，笔者重新梳理独立后哈萨克斯坦对俄政策的脉络，总结政策的特点，并分析驱动哈萨克斯坦对俄政策的现实需要和影响因素，将有助于分析哈萨克斯坦与俄罗斯产生分歧的原因，并对哈萨克斯坦对俄政策的走向进行适当展望。

一、哈萨克斯坦对俄政策的演变

哈萨克斯坦在独立之后对俄政策的演变可以分为巩固动荡中的盟友关系、多领域合作的初步建立、全方位扩大和深化合作三个阶段。作为合作中的优势一方，俄罗斯的态度和政策是决定哈萨克斯坦对俄政策不同时期内容侧重和成效的关键，但贯穿始终的是，哈萨克斯坦持续推行对俄的友好合作态度，积极发展与俄罗斯的盟友关系和战略伙伴关系的宽度与深度。

（一）巩固动荡中的盟友关系（1992—1994年）

这一时期，哈萨克斯坦对于俄罗斯的政策可以理解为，在维持和调整苏联时期传统的安全同盟关系基础上，寻求在两国间建立新的经济和外交双边合作关系。1991年12月16日，哈萨克斯坦宣布独立。独立之初，俄罗斯奉行亲西方的大西洋主义政策，而将独联体国家视为拖累俄罗斯的"包袱"，使得俄哈关系出现了较大的波动。但是，尽管俄哈关系的发展在这一时期较为迟缓，哈萨克斯坦仍然把对俄政策放在优先地位。最有力的证明是在1992年，哈萨克斯坦和俄罗斯签订了《俄罗斯和哈萨克斯坦友好合作互助条约》，这是哈萨克斯坦独立后与外国签订的第一个反映双边密切关系的条约。[①] 除了积极地延续与俄罗斯的盟友关

---

① 常庆:《苏联解体后的哈俄关系》,《今日前苏联东欧》1994年第5期。

系，在动荡和混乱的后苏联时代，哈萨克斯坦还寻求延续苏联时期与俄的合作关系，在经济和外交领域探索合作的可能。在这一时期，哈萨克斯坦的对俄政策在成就上表现为确定双方的友好合作，也在各个合作领域形成了初步的条约文件，如《俄罗斯和哈萨克斯坦军事合作条约》《关于进一步加强经济合作和一体化条约》等。因此，可以说，哈萨克斯坦在这一时期的对俄政策是在迫切地确定与俄罗斯的盟友关系不变，在后苏联时期的新背景下探寻与俄罗斯开展盟友间合作的路径，巩固与发展盟友关系。

（二）多领域合作的初步建立（1995—1999年）

从1995年到1999年，哈萨克斯坦对俄的政策表现为扩大和巩固与俄罗斯在不同领域的合作关系，并以条约、协议等法律形式确定下来，奠定与俄罗斯在21世纪全方位扩大合作的法律基础。俄罗斯的亲西方政策并没有为俄罗斯带来预想中的效果，北约的东扩使得俄罗斯战略压力骤增。俄罗斯不得不调整中亚政策，重新重视中亚地区以作为自己提升大国地位的战略依托，并于1995年出台《俄罗斯对独联体国家的战略方针》。哈萨克斯坦抓住这一契机，寻求在多个领域开拓和巩固与俄罗斯的合作关系。这一阶段是双方签订合作协议和法律文件的高峰时期。在1997年这一年中，双方就签订了22个协议。[①] 其中标志性的协议主要有，作为未来双边关系基础的《俄罗斯和哈萨克斯坦面向21世纪的永久友好和联盟宣言》，安排跨境民族问题的《哈俄关于简化办理到对方国家居住手续协议》，经贸合作上的《1998—2007年经济合作协议》等。

（三）全方位扩大和深化合作（2000年至今）

从2000年开始，哈萨克斯坦的对俄政策是全方位地扩大和深化与俄罗

[①] 江秋丽：《苏联解体后俄罗斯与哈萨克斯坦的合作研究》，北京外国语大学2015年博士学位论文。

斯在政治、经济、安全和人文交流等领域的合作。由于2008年世界金融危机、2014年乌克兰危机和2022年俄乌冲突等国际热点事件给俄哈关系的发展带来一定的波折，但哈萨克斯坦的对俄友好合作政策在方向上总体保持不变。

在经济领域，哈萨克斯坦积极参加俄罗斯主导的欧亚经济一体化进程，作为主要成员参与了俄白哈关税同盟、欧亚经济联盟的建立和运作。在政治领域，哈萨克斯坦继续坚持和巩固与俄罗斯的战略伙伴关系和同盟关系，始终将俄罗斯置于对外政策中的最优先地位，与俄罗斯领导层建立了频繁、密切的对话和磋商机制。在军事领域，哈萨克斯坦进一步加强了和俄罗斯在集体安全条约组织和上海合作组织机制下的安全合作，扩大了双边军事人员交流和军备贸易、军事技术的合作。

因此，自独立以来，哈萨克斯坦对俄罗斯坚持了友好合作的政策，始终把俄罗斯放在对外政策中的最优先地位，寻求在各个领域推进与俄罗斯的战略伙伴关系和同盟关系。截至2019年，哈萨克斯坦与俄罗斯共签署450多个奠定两国关系法律基础的国家和政府间文件，为未来哈俄关系进一步发展建立了牢固的基础。[①]

二、哈萨克斯坦对俄政策的特点

（一）对俄合作稳定地保持优先地位

在哈萨克斯坦的对俄政策中，哈萨克斯坦始终稳定地保持与俄罗斯在各个领域的合作关系，尤其是经济和军事领域。

在经济领域，哈萨克斯坦积极支持和参与俄罗斯主导的欧亚经济一体化进程。1995年，哈萨克斯坦与俄罗斯、白俄罗斯签订了《关税同盟协

---

① 《俄哈"再确认"战略伙伴关系》，《光明日报》2019年4月6日。

定》。2000年，哈俄白吉塔五国签署《关于建立欧亚经济共同体条约》，成立欧亚经济共同体。2007年，俄白哈三国签订新的《关税同盟条约》。2012年，俄白哈三国启动了统一经济空间。2014年，哈萨克斯坦和俄罗斯、白俄罗斯签订了《欧亚经济联盟条约》，共同建立了欧亚经济联盟。欧亚经济联盟计划于2025年在哈萨克斯坦的阿拉木图市建立负责调解联盟金融市场的超国家机构。① 2020年6月，哈萨克斯坦总统托卡耶夫在谈论哈俄关系时表示，哈萨克斯坦支持欧亚经济联盟进一步开发自身潜力，将欧亚经济联盟打造成为具有国际影响力的高效组织。② 由此可见，哈萨克斯坦参与了欧亚经济一体化的全过程，是俄罗斯在推进欧亚一体化过程中的"左膀右臂"。哈萨克斯坦在经济领域寻求与俄罗斯开展合作以推进欧亚经济一体化的政策是一贯的、稳定的，并未因外界经济动荡、两国贸易波动和政治风波而发生改变。

在军事领域，哈萨克斯坦和俄罗斯同样保持了稳定的合作关系。1994年，俄哈签署了《俄罗斯和哈萨克斯坦军事合作条约》。2020年，俄哈签订了新版军事合作协议以取代1994年的旧版军事合作条约，两国的军事合作在领域和形式上较之前的条约有新的发展。③ 在多边安全机制方面，哈萨克斯坦参与了集体安全条约组织。在集体安全条约组织框架下，俄哈两国定期参加系列军事演习。2021年，哈萨克斯坦还与俄罗斯、吉尔吉斯斯坦、塔吉克斯坦共同参加了"边界－2021"联合演习。④ 2013年俄哈两国总统和防长多次举行会晤，就深化两国军事技术合作等方面达成了一系列共识。2022年6月，两国防长会面，强调两国将考虑在指挥机构、相互交流信息以及人员培训等方面深化合作。⑤

---

① 《俄罗斯：欧亚经济联盟》，中国一带一路网，2016年9月29日，https://www.yidaiyilu.gov.cn/zchj/gjjj/1062.htm。
② 《托卡耶夫谈哈俄关系及欧亚经济联盟发展前景》，中华人民共和国商务部官网，2020年6月4日，http://www.mofcom.gov.cn/article/i/jyjl/e/202006/20200602970638.shtml。
③ 《俄哈军事合作迈向新阶段》，人民网，2020年10月26日，http://military.people.com.cn/n1/2020/1026/c1011-31906105.html。
④ 《集安组织"边界－2021"演习在吉尔吉斯斯坦境内举行》，央视网，2021年9月7日，http://m.news.cctv.com/2021/09/07/ARTI4zsAruaHn2exznB1hhDW210907.shtml。
⑤ 《俄哈两国防长讨论军事领域合作问题》，俄罗斯卫星通讯社，2022年6月24日，https://sputniknews.cn/20220624/1042114296.html。

（二）坚持合作与多元平衡并存

虽然开展和俄罗斯的合作始终居于哈萨克斯坦对外战略的最优先地位，但是这种对俄合作优先的政策是处于哈萨克斯坦的多元平衡外交政策框架下的。哈萨克斯坦有意将对俄合作与其他大国的合作进行平衡，使得自己能够在大国的竞争中获利，同时保持相对独立的主权地位。

哈萨克斯坦和俄罗斯的合作在政治、经济和军事领域都面临着来自其他大国的竞争。在双边关系层面，除和俄罗斯建立了同盟和战略伙伴关系外，哈萨克斯坦还分别与中国、美国建立了中哈永久全面战略伙伴关系和美哈战略伙伴关系。哈萨克斯坦还是中亚地区首个和欧洲签订《伙伴关系扩大与合作协议》的国家。[①] 在军事领域，哈萨克斯坦加入了北约的"和平伙伴关系"计划，并与北约开展了"中亚维和营"和"草原之鹰"等联合军演。哈萨克斯坦也积极参与在上海合作组织框架下开展的联合军演，例如"天山1号""和平使命"联合军演等。在经济领域，中国在哈萨克斯坦首次提出共建"一带一路"倡议，并与哈萨克斯坦的"光明之路"新经济政策对接。中国已经成为仅次于俄罗斯的哈萨克斯坦第二大贸易伙伴。而美国则是哈萨克斯坦的第二大投资来源国。[②]

在能源合作上，目前哈萨克斯坦绝大部分石油出口仍要经过在俄罗斯境内的里海石油管道，但哈萨克斯坦一直在寻求与中国和美国开展合作，以推进石油出口多元化，减少对俄罗斯过境管道的依赖。在2006年国情咨文中，哈萨克斯坦就已经表示要"致力于建设多元化和稳定的能将国家能源资源输送至国际市场的渠道"。[③] 2005年，中哈石油管道全线投产，这是哈萨克斯坦第一条不经过第三国直接与市场连接的管道，对哈萨克斯坦

[①]《欧洲议会批准欧盟-哈萨克斯坦〈伙伴关系扩大与合作协议〉》，中华人民共和国商务部官网，http://trb.mofcom.gov.cn/article/zuixindt/201712/20171202688895.shtml。

[②]《中国为哈萨克斯坦第五大投资来源国》，中华人民共和国商务部官网，2021年4月20日，http://kz.mofcom.gov.cn/article/jmxw/202104/20210403053697.shtml。

[③]《2006年哈萨克斯坦总统国情咨文》，"走出去"导航网，2006年3月22日，https://www.investgo.cn/article/gb/fxbg/200603/20060301728495.html。

的石油出口多元化意义重大。①

（三）追求主权独立限制对俄合作

哈萨克斯坦出于主权独立受损的担忧，有意地限制欧亚经济联盟合作的广度和深度。纳扎尔巴耶夫明确表示，经济是一体化发展的唯一原因。哈萨克斯坦外交部副部长也撰文称："政治一体化的不可接受性是不容谈判的。"② 2014 年纳扎尔巴耶夫表示："哈萨克斯坦不会加入任何威胁本国独立性的组织……哈萨克斯坦有权力退出欧亚经济联盟。"③ 在关于欧亚联盟发展的程度上，哈萨克斯坦经济部副部长表达了对欧亚经济联盟引入统一货币的反对立场。2018 年，哈萨克斯坦国民经济部部长反对欧亚经济联盟发行统一的电子货币，表示"货币是一个国家主权的象征，哈方不会允许用其他货币来代替本国货币"。④ 2020 年，哈萨克斯坦还拒绝了俄罗斯进一步扩展欧亚联盟合作范围的建议。⑤

除了有意限制欧亚经济联盟发展的程度。哈萨克斯坦还在 2014 年乌克兰危机和 2022 年俄乌冲突中采取了与俄罗斯不一致的立场。在 2014 年 3 月在对"是否支持克里米亚独立"的联合国投票中，哈萨克斯坦投了反对票。⑥ 在 2022 年 6 月的圣彼得堡论坛上，托卡耶夫明确表示，不会承认卢

---

① 《中哈原油管道建成投产》，国务院国有资产监督管理委员会官网，2005 年 12 月 16 日，http：//www.sasac.gov.cn/n2588025/n2588124/c4011731/content.html。
② Samat Ordabayev,"Building Eurasian Economic Union on Consensus, Mutual Respect and Benefit," May 20, 2014, https：//astanatimes.com/2014/05/building-eurasian-economic-union-consensus-mutual-respect-benefit/.
③ 《哈总统强硬表态被疑回应普京：哈国有 1500 年历史》，环球网，2014 年 9 月 1 日，https：//world.huanqiu.com/article/9CaKrnJFuKf。
④ 《哈萨克斯坦官员反对欧亚经济联盟发行统一电子货币》，新华网，2018 年 12 月 20 日，http：//www.xinhuanet.com/world/2018-12/20/c_1123881463.htm。
⑤ Karr, A,"Kazakhstan rejects Russian proposal to expand EEU co-operation. Caravanserai," February 7, 2020. 转引自，Malikbayeva, S., Gabdullin, G,"The Rise of Anti-Eurasian Sentiment in Kazakhstan," In Mihr, A., Sorbello, P., Weiffen, B. (eds) Securitization and Democracy in Eurasia, https：//doi.org/10.1007/978-3-031-16659-4_4.
⑥ 江秋丽：《苏联解体后俄罗斯与哈萨克斯坦的合作研究》，北京外国语大学 2015 年博士学位论文。

甘斯克和顿涅茨克的共和国地位，并强调了尊重国家领土完整、主权平等和和平共处的重要性。

这说明，哈萨克斯坦在对俄政策中，出于对俄罗斯过分干涉其主权的担忧，十分重视捍卫本国的独立自主性，有意限制哈萨克斯坦与俄罗斯经济一体化的深度，并影响其与俄罗斯在政治立场上的一致性。

三、哈萨克斯坦对俄政策的深层次原因

（一）哈萨克斯坦的利益诉求

哈萨克斯坦在政治、军事和经济上都存在着与俄罗斯开展合作的现实需要。

在政治上，俄罗斯在地区机制中的主导地位和深度介入带来的地缘政治压力，以及俄哈之间的民族问题使得哈萨克斯坦必须与俄罗斯开展合作。俄罗斯是介入中亚地区程度最深的地缘政治力量，多年来一直视中亚地区为其后院和大国竞争的战略依托，致力于推进对该地区的整合。该地区大部分机制都由俄罗斯主导或者有俄罗斯介入，哈萨克斯坦想要完全避开与俄罗斯的合作是不现实的。此外，俄罗斯的深度介入给哈萨克斯坦带来了极大的地缘政治压力。哈萨克斯坦北部直接与俄罗斯接壤，居住着大量的俄罗斯族人。因此，哈萨克斯坦在政治上与俄罗斯发展合作并寻求建立稳定、和睦、互信的关系是不可避免的。

在军事上，哈萨克斯坦需要开展对俄合作以共同维护边界安全并与俄罗斯共享公共安全产品。由于地缘因素，俄罗斯是区域内最大的军事力量，也是中亚最大的公共安全产品提供者。首先，俄哈之间拥有着超过7500公里的漫长边境线，且两者在地理上非常邻近，这使得俄罗斯对中亚的安全和稳定十分敏感，两者拥有开展安全合作、共享公共安全产品的现实需要。其次，中亚地区也是"三股势力"、毒品问题和跨境犯罪十分猖獗的地区。早在2005年的国情咨文中，纳扎尔巴耶夫就明确表示随时准备

和本地区国家及有关国家一道打击恐怖主义和毒品走私。① 而俄罗斯和俄罗斯主导的集体安全条约组织无疑是地区内最有力的力量。最后，在长期的军事合作过程中，哈萨克斯坦已经在军事上形成了对俄罗斯的依赖。在军事人才培养、武器装备购买和军事技术合作上，哈萨克斯坦对俄罗斯有着强烈的依赖。1994年到2006年间，在俄罗斯军事院校学习的哈萨克斯坦军人数量占到了独联体国家军人在俄学习数量的1/3。② 在2021年1月至8月，俄罗斯向哈萨克斯坦提供了价值3560万美元的武器，其中包括苏－30SM飞机、米－35M直升机、防空导弹系统、装甲运兵车和无人机等武器装备。③ 2019年俄哈政府间合作委员会军事技术合作小组委员会第十七届会议举行，双方同意继续建立合资企业，以提供高科技武器和军事装备的生产、修理和服务。④

在经济上，哈萨克斯坦与俄罗斯在生产分工、经贸合作上存在着广泛的联系，俄罗斯掌握了哈萨克斯坦石油出口的必经之道，这使得哈萨克斯坦不得不开展与俄罗斯的经贸合作。在独立初期，由于苏联时期分工体系的延续，哈萨克斯坦与俄罗斯有着紧密的经济联系。独立初期哈萨克斯坦使用的67%的石油、29%的石油制品、2/3的木材、90%的机器制造产品和60%的日用消费品均来自俄罗斯。⑤ 这使得哈萨克斯坦不得不考虑与独立后的俄罗斯推进一体化以重建经贸合作关系。从2000年到2008年，俄哈贸易额从42亿美元快速增长至199亿美元。⑥ 2019年，俄罗斯在哈外贸

---

① 《哈萨克斯坦2005年国情咨文》，中华人民共和国商务部官网，http://kz.mofcom.gov.cn/article/ztdy/200503/20050300023649.shtml。
② 江秋丽：《苏联解体后俄罗斯与哈萨克斯坦的合作研究》，北京外国语大学2015年博士学位论文。
③ 《俄联邦军事技术合作局：俄加快向阿富汗邻国供应武器》，俄罗斯卫星通讯社，2021年11月2日，https://sputniknews.cn/20211102/1034739655.html。
④ "Kazakhstan, Russia to discuss cooperation in military - technical sphere", TASS, Sep. 25, 2019, https://tass.com/defense/1079796.
⑤ 《哈萨克斯坦真理报》1993年8月7日和《哈萨克斯坦苏维埃报》1993年3月16日。转引自：常庆：《苏联解体后的哈俄关系》，《今日前苏联东欧》1994年第5期。
⑥ 武迪：《中、俄对哈萨克斯坦贸易与直接投资合作研究》，新疆师范大学2017年硕士学位论文。

总额中占比20.5%，是哈萨克斯坦第一大贸易伙伴。① 除了经贸关系，在关乎哈萨克斯坦经济命脉的石油出口上，绝大部分的石油要通过俄罗斯境内的里海输油管道出口至欧洲。因此，经济上哈萨克斯坦对俄罗斯有着相当强的依赖，这使得开展与俄罗斯的经济合作是非常必要的。

政治、军事和经济上的现实需要，使得哈萨克斯坦的对俄政策以友好合作为主流，但俄哈两国之间也存在利益矛盾。

第一对矛盾是哈萨克斯坦维持独立主权的要求与俄罗斯加强对中亚控制的矛盾。作为苏联解体后独立的国家，哈萨克斯坦对本国的独立非常珍视。纳扎尔巴耶夫一再表示"独立不可逆转"，这展现出哈萨克斯坦领导人维护国家独立的决心。② 而俄罗斯将独联体地区视为自己的战略后花园，寻求推进一体化的经济和政治联合体。在1995年《俄罗斯对独联体国家的战略方针》中甚至明确表示"同第三国和国际组织协作时，必须使对方意识到这一地区首先是俄罗斯利益的所在地"，③ 表现出明显的排他性和霸权色彩。这使得哈萨克斯坦在推行与俄罗斯合作政策的过程中，对自身自主性的受损非常敏感，于是在参与欧亚经济联盟进程中有意限制一体化的步伐，并在乌克兰问题上与俄罗斯持不同立场。

第二对矛盾是哈萨克斯坦经济发展、转型的需要同俄罗斯经济疲弱的矛盾。俄罗斯作为欧亚经济联盟的主导国，经济增速有限，又屡屡遭受西方制裁，大大增加了欧亚经济联盟发展前景的不确定性。俄哈两国又都为初级产品出口导向的经济结构，使得欧亚经济联盟内部的贸易增长受到限制，在外部市场存在着同质竞争的风险。2009年，哈萨克斯坦向俄罗斯借贷100亿美元以缓解国内危机，但是俄罗斯没有能力提供援助。④ 这说明仅仅依靠与俄罗斯的经贸关系是无法满足哈萨克斯坦的发展需求的。

在2016年的国情咨文中，纳扎尔巴耶夫判断"当前石油已无法带来

---

① 《2019年俄罗斯仍为哈第一大贸易伙伴》，中华人民共和国商务部官网，2020年2月18日，http://www.mofcom.gov.cn/article/i/jyjl/e/202002/20200202937035.shtml。
② 常庆：《苏联解体后的哈俄关系》，《今日前苏联东欧》1994年第5期。
③ Указ Президента Российской Федерации от 14.09.1995 г. No 940 // Официальный сайт Кремля, http://www.kremlin.ru/acts/bank/8307.
④ 江秋丽：《苏联解体后俄罗斯与哈萨克斯坦的合作研究》，北京外国语大学2015年博士学位论文。

巨额收入",要着手建设"不依赖自然资源的经济模式"。① 这表示,哈萨克斯坦已经在有意降低经济发展对能源出口的依赖。而以俄罗斯目前的经济能力和技术水平,未必能满足哈萨克斯坦国内基础设施建设和工业技术创新发展的要求。例如,由于缺乏资金和技术,俄罗斯的油气企业在哈萨克斯坦的油气开采行业占比远远低于美欧和中国企业,截至2015年仅占8%。② 近年来,哈萨克斯坦和俄罗斯积极推进欧亚经济联盟和中国的共建"一带一路"倡议对接,希冀借助中国的经济发展机遇推动欧亚经济联盟内部的发展。

(二)大国力量的广泛介入

大国力量在中亚地区的广泛介入是中亚地区的明显特征。除了将该地区视为传统势力范围的俄罗斯,美国通过经济援助、军事合作和多边机制等多种手段增加在中亚地区的存在。这一方面为哈萨克斯坦将对俄优先合作纳入多元平衡的外交政策框架提供了条件,另一方面也使得俄罗斯更加重视哈萨克斯坦的战略地位,为哈萨克斯坦推行对俄友好合作的政策提供了可能。

对于美国来说,哈萨克斯坦具有重要的战略价值。哈萨克斯坦处于欧亚结合地带,东部与北部分别与中国和俄罗斯接壤,又是中亚地区国土面积最大、经济发展水平最高、政治比较稳定的国家。发展和哈萨克斯坦的关系有助于进一步降低俄罗斯在中亚地区的影响力,同时平衡中国在中亚的影响力。"9·11"事件发生后,美国借反恐的理由直接军事进入中亚地区,并通过"新丝绸之路计划"、"C5+1"对话机制和北约的"伙伴关系计划"等方式加强与中亚国家的联系。哈萨克斯坦是美国在中亚地区重要的战略伙伴之一。2018年1月纳扎尔巴耶夫访问美国,双方签署了20多个协议,意向合作总额高达75亿美元。③ 美国介入的加深,在为哈萨克斯

---

① 《纳扎尔巴耶夫总统2016年度国情咨文》,上海外国语大学俄罗斯研究中心官网,https://crs.shisu.edu.cn/1b/95/c4117a72597/page.htm。
② 王海燕:《俄罗斯与哈萨克斯坦油气合作评析》,《国际石油经济》2015年第7期。
③ 杨育才、袁毅:《美国中亚战略调整及地区政策走向》,《俄罗斯东欧中亚研究》2020年第2期。

坦带来实际的经济、军事获益的同时，也使哈萨克斯坦获得了俄罗斯的重视，这是哈萨克斯坦实行对俄优先合作政策和获得更好政策成效的基本条件。美国在中亚地区影响力的扩大增加了俄罗斯的地缘政治压力，促使俄罗斯重新审视中亚地区的重要性。在俄美两个大国争相拉拢中亚国家的过程中，哈萨克斯坦可以在两国的竞争中获得更多的资源投入。

四、哈萨克斯坦对俄政策展望

由于俄罗斯对哈萨克斯坦具有重要的政治、经济和军事意义，哈萨克斯坦保持与俄罗斯的友好合作毋庸置疑。然而，随着大国力量的介入、欧美制裁带来的影响和俄哈在国家主权方面分歧的逐渐显现，无论是短期还是中长期内，哈萨克斯坦未来的对俄政策都将保持友好合作但有调整的趋势。

近期，美俄都增加了在中亚的介入，使得哈萨克斯坦在大国间失衡的风险和成本剧增。2020年特朗普政府发布了《美国的中亚战略（2019—2025）》，提出将为中亚地区提供90亿美元的直接援助，并寻求"传播美国的价值观、平衡地区邻国对中亚各国的影响"。[①] 2022年俄乌冲突爆发后，美国政府代表团访问中亚四国，并与哈萨克斯坦举行了"区域合作-22"联合军演，拉拢中亚国家的意图展露无遗。在大国力量介入加深且复杂交织的情况下，哈萨克斯坦的对俄政策需要更加谨慎，在保持与俄罗斯现有合作关系不受严重冲击的情况下，于各方力量间适当调整、保持总体平衡很大程度上依然是哈萨克斯坦的选择。此外，在欧美对俄制裁持续加码的情况下，俄罗斯是否能提供哈萨克斯坦经济发展和转型的需求值得斟酌。哈萨克斯坦由于欧洲的能源危机获得了新的商机。然而，哈萨克斯坦外长承认，对俄制裁已经给哈萨克斯坦的经济造成了负面影响[②]，在更长

---

① 《〈美国的中亚战略（2019—2025）〉译文》，兰州大学中亚研究所官网，http://icas.lzu.edu.cn/f/202002/732.html。
② 《哈萨克斯坦外长：哈方未加入对俄制裁》，俄罗斯卫星通讯社，2022年12月26日，https://sputniknews.cn/20221226/1046674207.html。

的时期内，俄罗斯也很难满足哈萨克斯坦经济转型发展的需求。因此，哈萨克斯坦可能会借这次机会调整对俄合作政策中对自身不利或者效果不佳的部分，寻求能源出口多元化，减少对俄罗斯的经济依赖，以务实的态度扩大与其他各国的经贸合作，并在一定程度上加强自身的政策自主性和在合作中的议价能力。

结　语

独立后哈萨克斯坦采取了对俄友好合作的政策，将发展与俄罗斯的合作关系放在优先地位。30多年间，这一政策长期保持稳定。但是，哈萨克斯坦与俄罗斯合作的政策是在多元平衡外交政策的框架下运作的，哈萨克斯坦在扩大和深化对俄合作的过程中也注重将与其他大国的合作关系纳入到竞争当中，同时十分注重维护自身的独立自主性。经济、政治和军事上的现实需要是驱动哈萨克斯坦对俄政策中合作占据主流的主要因素，而哈萨克斯坦在维护主权独立和经济转型、发展的需要是其深化对俄合作政策的限制因素。

未来，由于哈萨克斯坦对俄罗斯的政治、经济、军事需求长期存在，哈萨克斯坦对俄的友好合作政策将持续。但哈萨克斯坦对于主权独立和经济转型的需要依然是对俄政策中的分歧因素，哈萨克斯坦有调整与其他大国亲疏远近以平衡对俄罗斯过度依赖的可能。

俄罗斯与西方国家的关系

冷战后俄德能源合作分析

冯颖　卢人琳[*]

【摘　要】 冷战后，俄罗斯与德国之间的能源合作关系十分紧密，总体呈现出稳定发展的良好合作态势。俄德能源合作主要涉及石油、天然气和煤炭领域，以天然气合作占主导、相互依赖呈现非对称性、长期稳定中有小幅波动为主要特点。俄罗斯的经济发展需求与德国的能源安全需求是推动两国开展能源合作的关键动因，而美、俄、欧三方的战略博弈以及地缘政治事件的冲击则是影响俄德能源关系稳定发展的重要因素。2022年俄乌冲突爆发后，俄德能源合作关系在短期内将会维持在较低限度的合作水平，而在中长期内则有可能出现逐渐减弱的趋势。

【关键词】 俄德关系　能源合作　天然气

引　言

冷战结束以来，俄罗斯与德国的关系总体维持良好发展水平，其间也伴随着一定程度的"冷淡期"。冷战结束后，出于对国内经济恢复的需求，俄罗斯奉行"亲西方"的外交政策，以期获得经济援助，德国对俄罗斯的

---

[*] 冯颖，广东外语外贸大学国际关系学院外交学专业2020级本科生；卢人琳，广东外语外贸大学国际关系学院国际关系专业2022级硕士研究生。

大力援助促进了两国政治经济关系的快速发展。随着北约东扩的提出和德国对此的积极主张，俄罗斯的外交政策愈加强硬，俄罗斯与德国的关系因此蒙上阴影。"9·11"事件以后，俄罗斯对恐怖主义的回应促进了俄美关系的发展，同时也使得俄德关系得到提升。[①] 2008 年俄格武装冲突以及 2014 年乌克兰危机以后，德国与其他西方国家对俄罗斯发起制裁，俄德关系逐渐走低，但两国的能源合作仍在不断发展。

2000 年，俄罗斯总统普京和德国总理施罗德共同发出倡议，成立了关于经济与金融合作战略问题的高级工作组，其中能源合作是两国的优先合作方向。[②] 2002 年，俄德两国相关部门在德国举行能源合作会议，商定一系列具体的能源合作计划。2004 年，俄德宣布两国将建立战略能源伙伴关系，同年签订了《俄罗斯联邦和德意志联邦共和国关于扩大能源领域务实关系的声明》。2005 年 4 月，德国和俄罗斯签署了一项能源合作协议，共同合作开采西伯利亚天然气田，推动两国能源合作向纵深发展。[③] 俄德的能源合作不断机制化，除了签署多项能源领域的联合声明与合作协议，还创建了在整个能源产业价值链上的合作项目，包括油气开发、运输、销售、储存等。[④] 两国间的能源合作对双边的政治经济关系起到了稳定和促进作用。

2022 年 2 月 24 日俄乌冲突后，俄德之间的能源合作受到了较大冲击，双方的能源合作进程几近中断。在俄乌冲突日渐白热化、西方加紧对俄制裁的背景之下，俄德能源合作关系能否在地缘政治危机中得到维系是一个具有研究意义的课题。因此，本文将重新梳理自冷战后俄罗斯与德国的能源合作情况，总结两国能源合作的特点并分析合作的动因与影响因素，对俄乌冲突以后俄德能源合作关系的走向进行展望。

---

① 尤永令：《浅析冷战后俄德关系发展》，《商》2015 年第 33 期。
② 罗英杰、常思纯：《俄德经贸合作关系论析》，《俄罗斯中亚东欧市场》2007 年第 4 期。
③ 谭周航：《俄罗斯-德国能源合作研究——以"北溪-2"项目为例》，外交学院 2022 年硕士学位论文。
④ 熊炜：《失重的"压舱石"？经贸合作的"赫希曼效应"分析——以德俄关系与中德关系为比较案例》，《外交评论（外交学院学报）》2019 年第 5 期。

一、冷战后俄德能源合作情况

俄罗斯与德国在能源合作方面有着悠久的历史，主要集中在石油、天然气和硬煤领域。俄罗斯在向德国供应天然气和石油方面发挥着重要作用，此外德国也从俄罗斯进口硬煤。两国之间的能源合作除石油、天然气、硬煤贸易外，还涉及相关的基础设施建设。

（一）石油领域

在石油贸易方面，俄德在石油领域保持着密切合作，主要体现为两国较大的石油贸易额和石油管道的建设。冷战后，德国从俄罗斯进口的石油及石油产品数量逐渐增加，并维持在稳定水平。德国进口俄罗斯石油及石油产品的数额从1992年的1280.6万吨，逐渐增加至1994年的2443.2万吨，在2000年突破3000万吨，并在接下来的20年里稳定保持在3500万吨左右的水平，并且在2016年和2017年达到4000万吨以上。2020年，在德国的石油进口总量中有3490.2万吨来自俄罗斯，占德国石油需求总量的29.7%，位居第一。位居第二的荷兰仅占德国石油进口总量的13.1%[1]，可见从俄罗斯进口的石油及石油产品在德国石油市场中占据优势地位。2013年至2020年期间，俄罗斯向德国出口的矿产品数额保持稳定增长，出口总额共1061亿美元，总重量约3亿吨。其中，俄罗斯向德国出口最多的矿产品是石油和石油产品，2013年至2020年期间共占矿产品出口额的99.2%。[2] 因此，石油贸易在两国的经济与能源合作中扮演着重要地位。

---

[1] "Energy Trade visualisation tool, 2020," Eurostat, https://ec.europa.eu/eurostat/cache/infographs/energy_trade/entrade.html.
[2] Экспорт и импорт России по товарам и странам, 2013 – 2020, Ru – Stat, https://ru-stat.com/date-Y2013-2022/RU/export/DE/05.

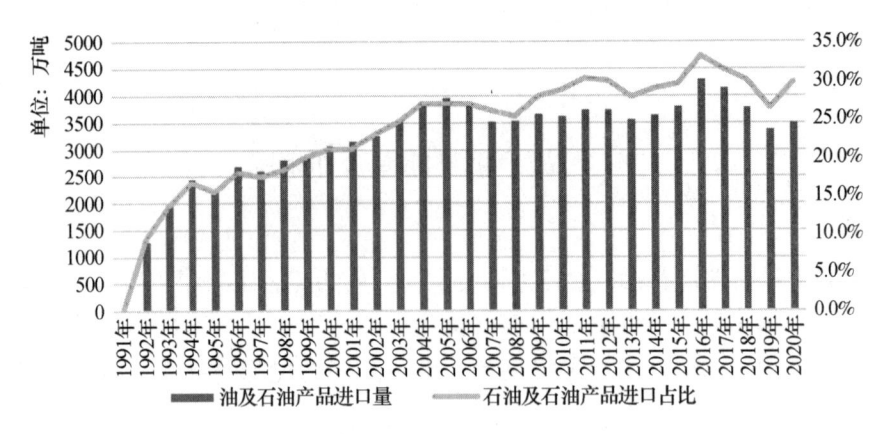

图3　冷战后德国从俄罗斯进口石油及石油产品的数量及占比变化①

在石油管道建设上，两国合建多条管道，促进石油运输和技术合作。"友谊"输油管道，是俄罗斯向中欧和东欧国家输送原油的大型输油管道系统，俄德在石油领域的合作主要通过该管道进行。该管道建成于苏联时期，1964年建成一号线，1974年建成复线，从俄罗斯中部出发途径北线到达德国。管道线路总长度近5500公里，日均输油量最高可达200万桶，②是目前世界上长度最长、输油能力最强的干线石油管道。通过"友谊"输油管道，德国每天进口约7万吨石油，约占其日石油消费量的20%。③2004年，俄罗斯通过该管道共向德国出口了3100多万吨石油和约200万吨的石油产品。④作为德国获得原油供应的为数不多的输油管道之一，"友谊"输油管道的建成为德国提供了较为稳定和多样化的石油及石油产品，同时也为俄罗斯的石油开采和外运提供了市场，促进了两国经济和政治伙伴关系的发展。

俄罗斯还是德国什维特市和洛伊纳市两家大型石油加工厂唯一的石油供应方。按照双方签至2010年的合同，俄罗斯通过"友谊"输油管道每

---

①　"Energy Trade visualisation tool, 1991 - 2020", Eurostat, https://ec.europa.eu/eurostat/cache/infographs/energy_trade/entrade.html.
②　《俄方："友谊"输油管道波兰段泄漏未影响俄对外供油》，环球网，2022年10月13日，https://world.huanqiu.com/article/4A2XAlDcBay。
③　严伟：《俄罗斯能源战略与中俄能源合作研究》，东北大学出版社2013年版，第63页。
④　罗英杰、常思纯：《俄德经贸合作关系论析》，《俄罗斯中亚东欧市场》2007年第4期。

年向这两家石油加工厂各提供 1000 万吨石油。另外，2002 年至 2003 年，卢克石油公司、鞑靼斯坦石油公司和尤科斯石油公司等俄罗斯大型石油公司对于进入德国石油市场，以及德国加油站网和一些石油管道运输基础设施的建设与运营表现出了一定的意向。① 2015 年以后，卢克石油公司与德国戴姆勒公司逐渐展开合作，为德国的高档汽车汽油和柴油发动机制造厂供应发动机油。② 2016 年 9 月 12 日，鞑靼斯坦石油公司投资发展署署长塔利亚·米努汉娜参加了与德国工程联合会高层管理人员举行的会议，双方讨论了发展能源和石化领域的合作伙伴关系。③

（二）天然气领域

在天然气贸易方面，俄德在天然气领域的合作日益紧密，主要体现为两国不断上升的天然气贸易数额和天然气公司的合作。自 1995 年起，德国从俄罗斯进口的天然气总量突破 300 亿立方米，并在接下来的 20 年里，每年稳定进口 350 亿立方米左右，平均占德国天然气进口总量的 41%。特别是连接俄罗斯与德国的"北溪－1"天然气管道在 2011 年正式投入运营后，俄罗斯出口至德国的天然气总量持续上升。2020 年德国从俄罗斯进口的天然气达到 524.64 亿立方米，在德国天然气的进口总量中占 65.2%，可见德国对俄罗斯天然气的依赖程度之高。

俄德在天然气领域的合作除了天然气贸易外，两国的天然气公司也开展了相应的合作。俄罗斯天然气工业股份公司和德国鲁尔天然气公司结成了战略伙伴关系，根据两个公司 1998 年 5 月签订的协议，2008—2020 年俄罗斯每年增加对德天然气出口 130 亿立方米。同时，德国鲁尔天然气公司还控制着俄罗斯天然气工业股份公司 6.5% 以上的股份，并派本公司管

---

① [俄] C. З. 日兹宁著，王海运、石泽译：《俄罗斯能源外交》，人民出版社 2006 年版，第 293—294 页。

② "Lukoil and German corporation Daimler expand cooperation," Neftegazru, Sep. 14, 2021, https://neftegazru.com/news/autos/696947 - lukoil - and - german - corporation - daimler - expand - cooperation/.

③ "Tatarstan and Germany: strategic partnership," Invest Tatarstan, Sep. 13, 2016, https://invest.tatarstan.ru/news/tatarstan - and - germany - strategic - partnership/.

理委员会主席担任公司的董事。此外，俄罗斯天然气工业股份公司和德国温戴勒斯哈尔公司自 1990 年起便展开了天然气领域的合作，使俄罗斯天然气工业股份公司能够向德国市场的终端用户供应天然气，并且两个公司曾在德国共同建设管道运输网以及在德国雷登建设西欧最大的天然气库。①

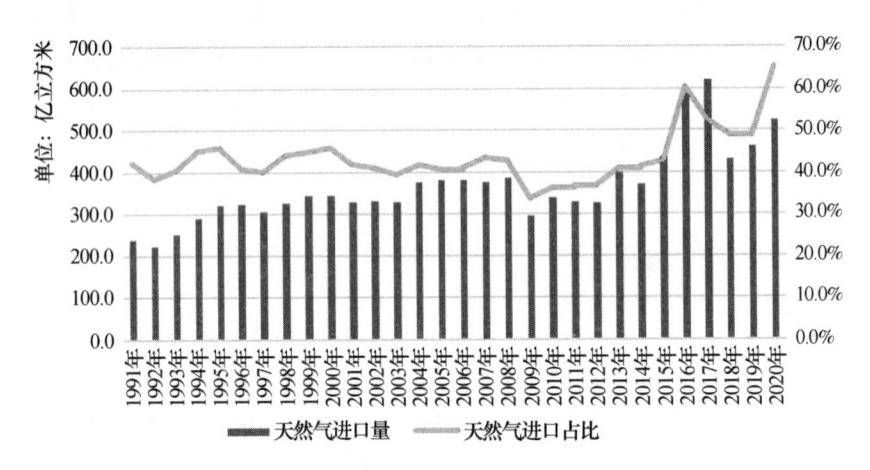

图 4 冷战后德国每年从俄罗斯进口天然气的数量及占比变化②

在天然气管道建设上，两国主要通过亚马尔－欧洲管道、"北溪－1"管道和"北溪－2"管道开展天然气领域的合作，天然气管道是俄罗斯与德国开展天然气合作的重要载体。

亚马尔－欧洲天然气管道于 1994 年开始建设，2006 年全面投入使用，是一条连接俄罗斯、白俄罗斯、波兰和德国四个国家的天然气运输管道。③其中，亚马尔－欧洲管道的德国部分于 1999 年全部建成，支线全长 338 公里，每年可向波兰和德国输送 330 亿立方米的天然气。亚马尔－欧洲管道的运营不仅使俄罗斯扩大了天然气出口的重要途径，而且有助于德国确保天然气的稳定供应，提高德国作为向欧洲其他国家供应天然气主要枢纽的地位。

---

① ［俄］C. З. 日兹宁著，王海运、石泽译：《俄罗斯能源外交》，人民出版社 2006 年版，第 293—294 页。

② "Energy Trade visualisation tool, 1991－2020", Eurostat, https: // ec. europa. eu/eurostat/cache/infographs/energy_trade/entrade. html.

③ 严伟：《俄罗斯能源战略与中俄能源合作研究》，东北大学出版社 2013 年版，第 65 页。

"北溪－1"天然气管道一线于2011年11月8日竣工投产运营，二线于2012年10月正式开通。管道从俄罗斯列宁格勒州维堡港出发，最终到达德国格赖夫斯瓦尔德，全长1224公里，总输气能力可达每年550亿立方米。2013年以来，"北溪－1"管道的利用率稳步上升。2021年，通过"北溪－1"管道从俄罗斯输往德国的天然气量达到592亿立方米。[①] 对于俄罗斯而言，"北溪－1"天然气管道的建成使其降低了对乌克兰等东欧国家的过境依赖，有利于提高能源供应的稳定性，扩大对欧洲的天然气出口份额并增加能源出口的经济效益。对于德国而言，"北溪－1"管道的投产运营使其加大了对俄罗斯天然气的进口，能够有效满足国内因放弃核电计划而逐渐上升的天然气需求，有利于保障德国的能源安全。因此，"北溪－1"管道对于俄德在天然气领域的合作起着至关重要的作用，是两国进行天然气合作的主要途径。

"北溪－2"天然气管道的建设项目于2015年9月提出，计划于2019年年底竣工，旨在铺设一条与"北溪－1"管道相平行的天然气管道，以此增加俄罗斯对欧洲的天然气出口。根据项目规划，"北溪－2"管道投产运营后能够与"北溪－1"管道一起每年向欧洲输送1100亿立方米的天然气，足以满足整个欧盟近1/4的天然气总需求。[②] 但是，"北溪－2"管道在建设与资格审查过程中都遇到了较大阻碍，"北溪－2"管道在2021年9月建成后并未通过资格认证，2022年2月22日，在普京承认卢甘斯克和顿涅斯克独立之后，德国立刻表示停止"北溪－2"天然气管道项目，后续多家参与融资的欧洲公司也终止了对"北溪－2"项目的参与。同年9月26日，"北溪"管道发生了一系列的爆炸和气体泄漏事件，被认为是"前所未有"的事件。[③]

---

① "Volume of natural gas transported through Nord Stream pipeline from 2013 to 2021," Statista, Jun. 15, 2022, https：//www.statista.com/statistics/1117148/natural－gas－transported－through－nord－stream－pipeline/#statisticContainer.

② "How Russiagas becam Europe's most divisive commodity," Financial Times, July 7, 2018, https：//www.ft.com/content/e9a49e8c－852c－11e8－a29d－73e3d454535d.

③ "Poland, Denmark fear 'sabotage' over Russian gas pipeline leaks," Aljazeera, Sep. 27, 2022, https：//web.archive.org/web/20220930132540/https：//www.aljazeera.com/news/2022/9/27/sweden－issues－warning－of－two－gas－leaks－on－nord－stream－1－pipeline.

(三) 硬煤领域

俄罗斯与德国在硬煤领域的合作主要集中在双边贸易层面,但相比于石油领域和天然气领域的合作,两国在硬煤领域的合作程度较低,呈现出先增长后下降的合作态势。

21世纪以前,德国从俄罗斯进口硬煤的数量极少,仅占德国硬煤进口总量的1%左右。进入21世纪以后,德国对俄罗斯硬煤的进口逐渐上升,从2001年的221.6万吨逐渐增加到2019年的1913.9万吨,相应占德国硬煤总进口的比重也从6.6%上升至46.7%。

根据图中数据,虽然2020年德国从俄罗斯进口的硬煤占德国硬煤总进口的48.1%,仍居进口高位,但德国对俄罗斯硬煤的进口数额相较于前几年出现了较大幅度的下降,2020年仅为1422.7万吨,未来几年有可能出现进一步减少的情况。出现这一现象,一方面是由于俄罗斯硬煤运输费用过高,另一方面是由于德国宣布将在2038年前关闭国内所有煤电厂,因此俄德在硬煤领域的合作会进一步萎缩。

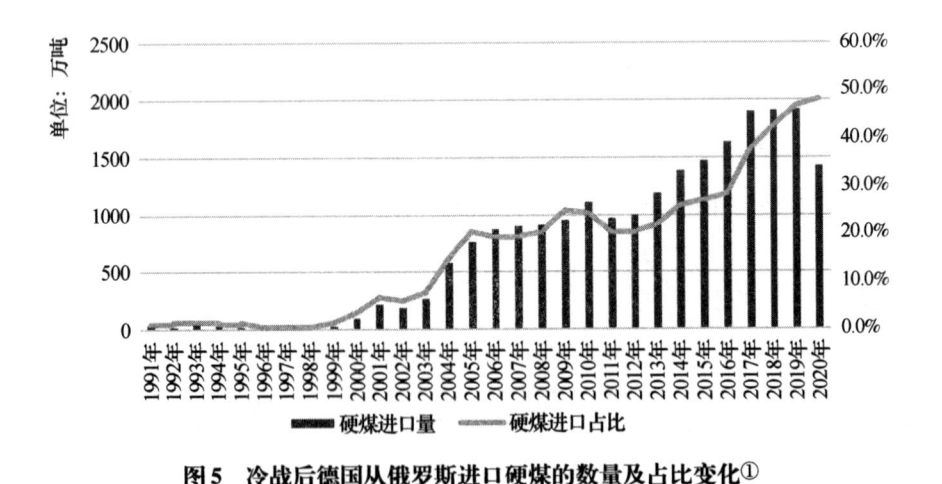

图5　冷战后德国从俄罗斯进口硬煤的数量及占比变化[①]

---

① "Energy Trade visualisation tool, 1991 – 2020", Eurostat, https://ec.europa.eu/eurostat/cache/infographs/energy_trade/entrade.html.

总体来看，自冷战以来，德国与俄罗斯在石油、天然气领域长期保持着紧密合作，在硬煤领域的合作程度则相对较低。德国从俄罗斯大量进口石油、天然气及硬煤等能源产品，俄罗斯成为德国最大的能源贸易伙伴。2013年至2020年，对德国的矿产品出口在俄罗斯的矿产品出口份额中占据6.2%，德国是俄罗斯的第三大贸易合作伙伴。[1]

二、俄德能源合作的特点

冷战结束以后，俄罗斯与德国的经贸关系日益紧密，能源合作水平不断提升，两国能源合作关系呈现天然气合作占主导、相互依赖非对称性、长期稳定中有小幅波动的特点。

（一）天然气合作占主导

在俄德能源合作的三大领域中，天然气领域的合作是最优先和最重要的，在俄德能源合作中占据主导地位，是俄德关系的"压舱石"。

冷战后，俄德之间的天然气贸易处于稳中向好的发展水平。首先，俄罗斯一直稳居德国的第一大天然气进口来源国，德国与俄罗斯的天然气贸易额明显高于石油和硬煤的贸易额。根据德国联邦统计局数据，2021年德国从俄罗斯进口了价值约为109亿欧元的天然气，而石油和煤炭的进口价值分别约为85亿欧元和22亿欧元。[2] 此外，德国从俄罗斯进口的天然气占其天然气总进口量的比重也远远大于从俄罗斯进口的石油、硬煤占比。同时，德国也是俄罗斯出口天然气最多的国家，2020年俄罗斯向德国出口

---

[1] Экспорт и импорт России по товарам и странам, 2013 - 2020, Ru - Stat, https://ru-stat.com/date-Y2013-2022/RU/export/DE/05.

[2] "Facts on trade with Russia," Destatis, Feb. 24, 2022, https://www.destatis.de/EN/Press/2022/02/PE22_N010_51.html; OEC, "Germany - Russia," 2021, https://oec.world/en/profile/bilateral-country/deu/partner/rus#historical-data.

了56.3亿立方米的天然气，占俄罗斯天然气出口总量的28.5%，[①]足见两国在天然气合作领域的紧密程度。其次，俄罗斯与德国在天然气方面的合作机制比石油和硬煤方面的合作机制更加成熟和稳固。俄德参与建设的三条天然气管道是两国开展天然气合作的重大基础设施项目，对于两国具有十分重要的战略意义，相比之下，石油和硬煤领域的合作主要限于能源公司之间的贸易与投资协定。

综上所述，天然气合作主导了俄德之间的能源合作，与石油和硬煤合作相比，天然气合作的主导地位体现在更高的贸易额和更稳固的合作机制层面。

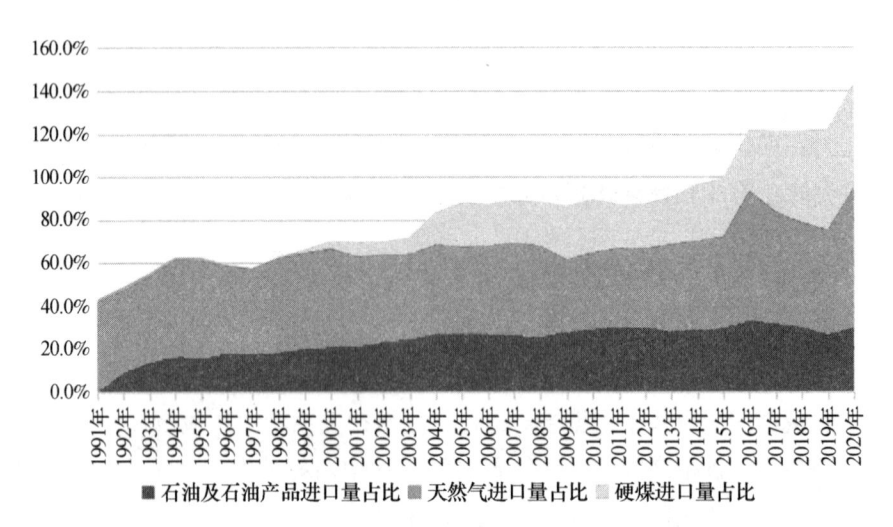

图6 俄罗斯石油、天然气、硬煤分别在德国石油、
天然气、硬煤总进口量中的占比[②]

（二）相互依赖呈现非对称性

俄德能源合作呈现出非对称性相互依赖的特点。罗伯特·基欧汉与约

[①] "Statistical Review of World Energy 2021," BP, https://www.bp.com/content/dam/bp/business-sites/en/global/corporate/pdfs/energy-economics/statistical-review/bp-stats-review-2021-full-report.pdf.

[②] "Energy Trade visualisation tool, 1991-2020," Eurostat, https://ec.europa.eu/eurostat/cache/infographs/energy_trade/entrade.html.

瑟夫·奈在《权力与相互依赖》一书中指出，世界政治中的相互依赖是以国家之间或不同国家的行为体之间相互影响为特征的情形，其中非对称性相互依赖是指相បា但又不平等的依附关系。① 德国离不开俄罗斯巨大且稳定的能源供给，俄罗斯也需要来自德国的资金与先进技术以支持俄罗斯的经济发展。1995—2001 年，俄罗斯对德国的出口额以平均每年 4.56%的增长率稳定增长，对俄罗斯的经济发展起到了促进作用。② 能源结构和经济需求的互补性决定了两国在能源领域的合作程度和相互依赖会越来越深。

敏感性相互依赖指的是一国变化导致另一国家做出反应的程度。③ 就敏感性相互依赖而言，德国具有更高的敏感性。德国与俄罗斯开展能源合作的战略目标是为了获取本国工业生产及社会生活所必需的能源，以实现经济发展，属于安全问题；俄罗斯与德国开展能源合作的战略目标则是为了扩大能源出口，以获取资金和技术，并提高其在德国甚至欧洲能源市场的地位，属于经济问题。④ 而且从近几年德国对俄罗斯天然气和石油的进口依存度看，德国对俄罗斯的能源依存度处于较高水平。2020 年，德国对俄罗斯的石油、硬煤和天然气的进口依存度分别达到了 33.6%、57% 和 68.7%。⑤ 针对以上三种化石能源，俄罗斯在德国的能源进口市场中占据着主导地位，是德国最重要的能源进口国。如果两国的能源合作受到阻碍，德国将会比俄罗斯更容易受到能源合作受挫所带来的消极影响。因此，德国对于俄罗斯的能源供给变化更为敏感。

---

① ［美］罗伯特·基欧汉、［美］约瑟夫·奈著，门洪华译：《权力与相互依赖》，北京大学出版社 2012 年版，第 9 页。
② "Germany – Russia," OEC, 2021, https：//oec.world/en/profile/bilateral – country/deu/partner/rus.
③ ［美］罗伯特·基欧汉、［美］约瑟夫·奈著，门洪华译：《权力与相互依赖》，北京大学出版社 2012 年版，第 12 页。
④ 王树春、陈梓源、林尚沅：《俄乌冲突视角下的俄欧天然气博弈》，《俄罗斯东欧中亚研究》2022 年第 5 期。
⑤ "Energiesicherheit und Klimaschutz vereinen," Agora Energiewende, June 2022, https：//www.agora – energiewende.de/veroeffentlichungen/energiesicherheit – und – klimaschutz – vereinen/; "Natural gas import dependency by country of origin, 2015 – 2020", Eurostat, https：//ec.europa.eu/eurostat/databrowser/explore/all/envir? lang = en&subtheme = nrg.nrg_quant.nrg_quanta.nrg_ind&display = list&sort = category&extractionId = TEN00123.

脆弱性相互依赖取决于各行为体获得替代选择的相对能力及其付出的代价。① 就脆弱性相互依赖而言，德国的脆弱性更高。由于德国极度依赖能源进口，且俄罗斯是德国第一大能源进口国，特别是在"北溪－1"管道建成以后，来自俄罗斯的天然气对于德国的经济稳定发展具有重要意义。但是除了德国以外，其他欧洲国家也是俄罗斯的能源出口市场。相比而言，德国寻求替代能源的主要挑战之一是替代能源供应方有限。德国没有大量的石油和天然气储量，因此不得不从俄罗斯等其他国家进口石油和天然气等化石燃料，极大增加了其能源生产成本。另外，俄罗斯天然气的替代品如来自美国的液化天然气或来自挪威等其他国家的管道天然气，其价格自然高于俄罗斯天然气，这也会提高德国的能源进口成本。由此可见，德国对俄罗斯的天然气存在较为严重的依赖，并且其寻找能源进口替代方案的难度更大，成本更高，表现出较强的脆弱性。

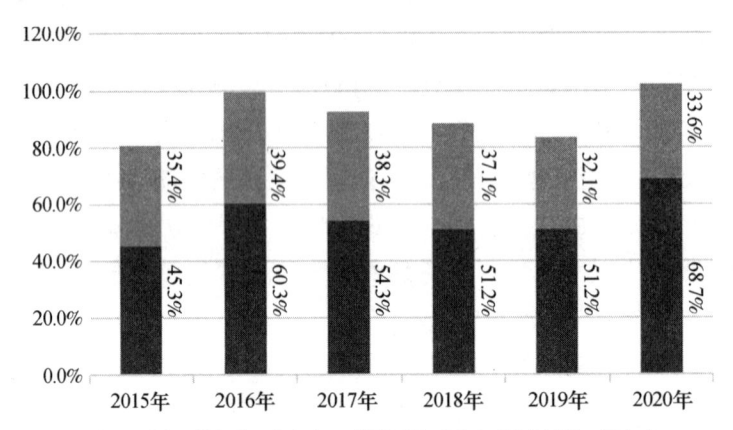

图7　德国对俄罗斯部分化石能源的进口依存度②

---

① ［美］罗伯特·基欧汉、［美］约瑟夫·奈著，门洪华译：《权力与相互依赖》，北京大学出版社2012年版，第13页。

② "Energy imports dependency, 2015 – 2020," Eurostat, https://ec.europa.eu/eurostat/databrowser/view/NRG_IND_ID/default/table?lang=en&category=nrg.nrg_quant.nrg_quanta.nrg_ind.nrg_ind_.

（三）长期稳定中有小幅波动

冷战后，俄罗斯与德国的能源合作关系较为稳定。从前文的能源合作情况可知，俄德之间的能源贸易一直维持在相对稳定的水平，即使俄德关系因默克尔政府上台后相对走低，并因乌克兰危机受损，也没有影响俄德在随后几年的天然气合作。[①] 德国对俄罗斯天然气的进口量反而稳步上升，2020年德国从俄罗斯进口了524.64亿立方米的天然气，在德国天然气的总进口量中占65.2%，体现出"政冷经热"的特征。

然而，在2022年俄乌冲突爆发以后，两国的天然气合作受到了一定程度的影响。德国在2022年2月22日表示暂停对"北溪-2"天然气管道项目的认证，俄罗斯天然气工业股份公司也在2022年6月中旬以技术故障为由，逐步减少"北溪-1"管道的输气量，并在9月2日以"主涡轮机泄露"为由，宣布完全停止"北溪-1"管道天然气的运输。

三、俄德能源合作特点的原因分析

针对俄德能源合作关系所体现出的三个特点，下文将从两国的利益诉求、大国竞争的影响以及地缘政治事件的冲击这三个层面进行分析。

（一）俄德两国的利益诉求

1. 俄罗斯的利益诉求

俄罗斯出于弥补乌克兰危机后经济损失、摆脱过境依赖，以及对影响俄德关系的经济诉求与战略考量，不断深化与德国的天然气合作。

---

① 贾丽超：《普京第三任期以来的俄德关系研究》，黑龙江大学2022年硕士学位论文。

首先，俄罗斯希望通过加强与德国的天然气合作以弥补乌克兰危机后的经济损失。2014年乌克兰危机爆发以后，俄罗斯遭到了美西方国家发起的严厉制裁，其制裁力度之大、数量之多、持续时间之久对俄罗斯的经济发展及国际影响力都造成了严重的冲击与损害。2014年11月，俄罗斯财政部部长西卢安诺夫宣布制裁使俄罗斯在一年内损失了约400亿美元，且由于当时国际石油价格低迷，油价下跌又导致俄罗斯的石油出口收入损失了900亿至1000亿美元，[①] 俄罗斯经济陷入严峻危机。因此，作为严重依赖能源出口以获取外汇收入的国家，俄罗斯迫切需要稳定与德国传统的能源关系，并进一步加强与德国的天然气合作，如修建"北溪-2"管道来增加天然气对欧出口，以此寻求缓和俄欧关系，改善受制裁的局面，弥补因西方制裁和石油价格下跌带来的经济损失，稳定国内经济发展。

其次，俄罗斯谋求摆脱对乌克兰的天然气过境依赖。乌克兰是俄欧天然气运输管道的传统过境国，俄罗斯输往欧盟国家的天然气中有80%需要途经乌克兰，可见乌克兰在俄欧天然气合作中的战略特殊性。然而，俄罗斯与乌克兰曾多次发生能源冲突，成为影响俄欧天然气稳定合作的一大障碍。2006年1月和2009年1月，俄罗斯与乌克兰发生了两次大规模的天然气过境危机。危机期间，乌克兰以关闭输往欧洲的天然气管道阀门作为威胁，切断了俄罗斯向中西欧国家的天然气运输，对欧洲国家正常的天然气供应造成较大影响。[②] 乌克兰危机爆发和俄罗斯输欧天然气管道在乌克兰发生爆炸等事件也进一步加速了俄罗斯计划修建一条绕过乌克兰天然气管道的行动。另外，乌克兰在长期享受俄罗斯低价天然气的同时，从未停止过加入欧盟和北约的步伐，这一举动更是引起了俄罗斯的愤怒和不满。因此，摆脱对乌克兰的过境依赖，减少天然气过境的风险和成本，是推动俄罗斯不断寻求深化与德国天然气合作的重要动因，也有利于提高天然气出口所带来的经济效益。

最后，俄罗斯试图将天然气作为影响俄德关系的手段与杠杆。除了经济利益的考量，俄罗斯不断推动与德国的天然气合作也包含政治目的。发

---

① 《俄罗斯经济：财长称因制裁和油价下跌，一年损失最多1400亿美元》，路透社，2014年11月24日，https://www.reuters.com/article/idCNL3S0TE25Q20141124。
② 严伟：《俄罗斯能源战略与中俄能源合作研究》，东北大学出版社2013年版，第58页。

展对欧关系是俄罗斯对外政策的第二个优先方向,其中俄德关系是俄欧关系中很重要的一对双边关系。如果俄德天然气合作能够持续深化,俄德关系也会随之强化,同时俄罗斯也将有可能进一步凭借其在俄德天然气合作关系中的优势地位来影响德国的对俄政策。因此,尽管俄罗斯仍面临西方国家的制裁,但其还是加紧推动"北溪-2"管道的建设,试图在"北溪-1"管道的基础上新增一条天然气管道,进一步捆绑德国和欧洲的天然气市场。

2. 德国的利益诉求

为了更好地保障能源补给的稳定性与安全性,推动国内能源结构转型升级,德国也不断加强与俄罗斯的天然气合作,以此满足本国的经济与安全诉求。

首先,德国加强与俄罗斯天然气合作的一个重要动机是保障国内能源供给的安全与稳定。天然气是德国工业和家庭的主要能源。2019年,德国41.2%的天然气用于满足德国家庭的住房能源需求;2020年,天然气占德国工业生产能源消耗的31.2%,[1] 保证充足且稳定的天然气供应对于德国经济利益的提升和社会的持续稳定发展具有十分重要的意义。随着天然气消费量的不断提高,德国对天然气的需求逐渐加大,其国内天然气消费量从2011年的809亿立方米提升至2021年的905亿立方米,平均每年增长1.1%。但德国的天然气产量却逐年萎缩,从2011年的105亿立方米下降至2021年的45亿立方米,平均每年降幅达8%之多。[2] 德国的天然气供需缺口较大,为其寻求加强与俄罗斯的天然气合作提供了契机。因此,当俄罗斯提出修建"北溪-2"管道时,德国对此表示支持态度,以进一步深化与俄罗斯的天然气合作。如若"北溪-2"管道顺利投产运营,俄罗斯每年将通过"北溪-1"和"北溪-2"管道共同向德国输送约1100亿立

---

[1] "Facts on gas supply: natural gas is major energy source for industry and households," Destatis, July 21, 2022, https://www.destatis.de/EN/Press/2022/07/PE22_N044_43.html.

[2] "Statistical Review of World Energy 2022," BP, https://www.bp.com/content/dam/bp/business-sites/en/global/corporate/pdfs/energy-economics/statistical-review/bp-stats-review-2022-full-report.pdf.

方米的天然气，从而扩大德国的天然气进口量，并能够确保稳定、可持续的天然气供应，以此实现德国提高经济利益与保障能源安全的利益诉求。

其次，德国希望通过深化与俄罗斯的天然气合作来助推国内的能源结构转型与升级。德国是节能减排与气候保护的积极推动者，自20世纪90年代开始便推广从石油、煤、天然气、核能向可再生能源的转型。2016年11月，德国在《气候保护规划2050》中确定了气候保护政策的基本原则和目标，即要在2050年以前将温室气体排放量与1990年相比降低80%—95%。① 2019年11月，德国联邦议院通过了更加严格的《联邦气候保护法》，争取在2045年提前实现碳中和的目标。② 天然气作为相对低碳清洁的过渡能源，对德国实现能源转型具有关键意义，处于转型期的德国仍难以在较短时间内摆脱对俄罗斯天然气的依赖。③

综上所述，俄德各自的利益诉求共同促进了两国在天然气领域的合作，并决定了天然气合作在两国的能源合作中占据主导地位。为了保障能源出口的稳定性与安全性，提升能源出口的经济效益，并通过天然气合作来影响德国的对外政策，俄罗斯不断加深与德国在天然气领域的合作，并在这种非对称性相互依赖的合作进程中不断强化其占据优势的主导地位。

（二）大国竞争的影响

俄罗斯与德国的天然气合作进程长期保持着稳定性，但会在一定程度上受到大国力量竞争的影响而导致合作受阻。欧盟内部的分歧、美国的介入与俄罗斯的战略考量相互交织，使得俄德能源关系，尤其是两国之间的天然气合作关系受到了美俄欧三方战略博弈的影响。

---

① 《气候保护规划2050》，2016年11月14日，https://unfccc.int/sites/default/files/resource/klimaschutzplan_2050_ch_bf_0.pdf。
② 《德国联邦政府内阁通过新〈气候保护法〉（草案）》，中华人民共和国商务部官网，2021年5月12日，http://de.mofcom.gov.cn/article/jmxw/202105/20210503065890.shtml。
③ 张帅：《德国天然气外交的现状与前景——兼谈"北溪-2"天然气管道项目》，《国际石油经济》2018年第11期。

1. 欧盟内部存在利益分歧

欧盟内部对于俄德不断加强天然气合作的做法存在不同的利益分歧，俄德的天然气合作进程也因此受到了一定的阻碍。对于德国而言，不断深化与俄罗斯的天然气合作有利于促进其经济发展。但对大部分欧盟国家而言，俄德天然气合作关系的加深则可能会对欧洲的能源供应安全产生消极影响。德国作为俄欧天然气运输之间的重要枢纽，俄德天然气合作深化意味着从俄罗斯运至欧洲的天然气将会进一步增加，不仅会加深欧盟国家对俄罗斯天然气的依赖，使得欧盟在对俄战略中处于更加被动的地位，而且也与欧盟长期以来的能源进口多元化政策目标相背离，不利于欧盟提升在遭遇能源危机时的抗风险能力。[①]

以是否支持修建"北溪－2"天然气管道为例，欧盟成员国均有各自的战略考量，存在较大的利益分歧，导致欧盟内部无法形成统一的力量推动天然气管道建设。以德国、法国为代表的传统欧洲大国希望加快管道建设，从而扩大天然气过境量和进口量，提高经济利益，保障本国能源安全；而以波兰、乌克兰、立陶宛为代表的中东欧国家则强烈抵制管道建设，担心修建"北溪－2"管道会减少其天然气过境收益，并强化本国对俄罗斯天然气的依赖，从而失去与俄罗斯讨价还价的政治筹码，因此它们多次阻挠"北溪－2"管道的正常建设。2015年，俄罗斯天然气工业股份公司与法国天然气苏伊士集团、奥地利石油天然气集团、荷兰皇家壳牌集团、德国尤尼珀能源公司和德国温戴勒斯哈尔公司共同出资组建"北溪－2"管道合资公司，但由于受到波兰的阻挠，俄罗斯天然气工业股份公司成为了"北溪－2"项目的唯一股东，直到2017年才与这几家公司签署融资协议，规定各公司为项目建设提供9.5亿欧元（即项目造价的10%）的融资，[②] 导致"北溪－2"管道未能及时获得投资资金和技术支持，阻碍"北溪－2"管道按时建成。2020年10月，波兰反垄断机构竞争与消费者

---

① 谭周航：《俄罗斯－德国能源合作研究》，外交学院2022年硕士学位论文。
② 童册、苟利武：《"北溪－2"管道建设与俄美欧能源博弈》，《现代国际关系》2020年第5期。

保护办公室对俄罗斯天然气工业股份公司处以75.8亿美元罚款,并表示该处罚与"北溪-2"天然气管道建设有关。① 2021年7月,乌克兰和波兰外长就美德达成"北溪-2"天然气管道协议的做法发表联合公报,认为这一协议在政治、军事和能源方面对乌克兰和中欧造成了威胁,因此极力阻止"北溪-2"天然气管道的顺利建成。

由此可见,俄德深化天然气合作关系所产生的影响为欧盟各成员国带来的收益与成本存在差别,从而导致"北溪-2"项目进展缓慢,在一定程度上阻碍了俄德之间的天然气合作进程。

2. 美国的介入与干预

美国对俄欧天然气合作特别是俄德天然气合作的介入,是影响俄德天然气合作关系稳定发展的重要因素。

首先,美国担心俄德天然气合作加深会促使俄欧关系进一步深化,因而多次介入并阻碍俄德的天然气合作进程。美国认为"北溪-2"管道是俄罗斯提升对欧洲国家影响力的手段,② 如果"北溪-2"管道投入运营,则会使欧洲更加依赖俄罗斯的天然气,从而增强俄罗斯对欧洲的话语权和影响力。根据下图数据显示,2011—2020年,欧盟从俄罗斯进口的天然气在其天然气总进口量中一直占据着较大的比重,且该比重呈现稳定上升的趋势。2021年,来自俄罗斯的天然气甚至占据了欧盟天然气进口总量的45.3%。③ 如果"北溪-2"管道得以建成,俄欧之间的天然气合作会更加紧密,美国担心俄欧关系会因更加密切的能源合作而进一步深化,使欧洲成为俄罗斯更容易对其加以控制的棋子,进而制约美国在欧洲与俄罗斯进

---

① 《俄气被波兰处以75.8亿美元罚款,与北溪2号项目有关》,华尔街日报网,2020年10月8日,https://cn.wsj.com/articles/%E4%BF%84%E6%B0%94%E8%A2%AB%E6%B3%A2%E5%85%B0%E5%A4%84%E4%BB%A575-8%E4%BA%BF%E7%BE%8E%E5%85%83%E7%BD%9A%E6%AC%BE%EF%BC%8C%E4%B8%8E%E5%8C%97%E6%BA%AA2%E5%8F%B7%E9%A1%B9%E7%9B%AE%E6%9C%89%E5%85%B3-11602114308。

② 童珊、苟利武:《"北溪-2"管道建设与俄美欧能源博弈》,《现代国际关系》2020年第5期。

③ "REPowerEU: Joint European Action for more affordable, secure and sustainable energy," European Commission, Aug. 3, 2022, https://energy.ec.europa.eu/system/files/2022-03/REPowerEU_Communication_with_Annexes_EN.pdf.

行地缘政治竞争与对抗的力量。因此，美国多次向"北溪-2"管道施加严厉制裁，以减少此管道对乌克兰和欧盟国家构成的地缘政治风险，并试图削弱俄罗斯在欧洲能源供应中的重要地位。

图8　俄罗斯天然气进口量占欧盟天然气总进口量中的比重变化①

表1　美国对"北溪-2"项目施加的主要制裁措施

时间	制裁措施
2019年6月	美国国会出台《保护欧洲能源安全法案》，授权总统对任何故意提供铺管船以建造俄罗斯能源出口管道并登陆德国或土耳其的外国人实施签证和资产封锁制裁
2019年12月	美国国会通过《2020财年国防授权法案》，其中包括一系列针对"北溪-2"项目的限制性措施，提出将对30天清盘期后仍参与"北溪-2"项目的公司和个人进行制裁，包括吊销其赴美签证及冻结其在美资产
2020年7月	美国众议院批准了2021年度国防预算，进一步深化对"北溪-2"项目的制裁，垄断性限制扩展至"协助销售、租赁或者提供建设天然气管道所需铺管船"的公司

---

① "Statistics Explained," Eurostat, Jan. 2022, https://ec.europa.eu/eurostat/statistics-explained/index.php?title=Energy_production_and_imports#More_than_half_of_EU_energy_needs_are_covered_by_imports.

续表

时间	制裁措施
2020年7月	美国发布针对在2017年通过的《通过制裁反击美国对手法案》第232条的更新公共指南，将"北溪-2"和"土耳其溪"归入《通过制裁反击美国对手法案》下的制裁项目
2021年1月	美国国务院对2019年实施的《保护欧洲能源安全法案》第7503节进行修订，对铺设"北溪-2"管道的相关作业活动施加更多限制，并对符合标准的外国人实施制裁
2021年11月	美国国务院向国会提交了一份报告，对与俄罗斯有关联的一家实体公司跨亚德里亚公司进行制裁，并将参与"北溪-2"管道的两艘船只确定为被封锁财产

资料来源：根据美国国务院官网、俄罗斯卫星通讯社、中国新闻网消息整理而成。

其次，美国为了与俄罗斯抢占欧洲天然气市场，多次打击俄德的天然气合作。近几年来，美国的天然气产量逐年攀升，其液化天然气的出口量从2017年的171亿立方米跃升到2021年的950亿立方米[①]，国际能源署称美国有望在2022年前成为全球第二大液化天然气出口国。[②] 天然气产量的飙升使得美国逐渐从能源进口国转变为能源出口国，深刻改变着世界能源格局。特别是2018年7月美国与欧盟达成液化天然气的贸易协议后，欧盟对美国的液化天然气进口量大幅增加。但是，美国液化天然气在欧洲的市场份额与俄罗斯天然气相比仍有较大差距。2019年，欧盟从美国进口的液化天然气占其进口总量的16%，而从俄罗斯进口的天然气则占其进口总量的38%。因此，为了与俄罗斯天然气抢占欧洲市场，争夺液化天然气在欧洲市场的优势地位，美国通过干涉"北溪-2"管道建设和打击俄德能源合作挤压俄罗斯天然气在欧洲能源市场的地位，从而更好地实现对欧洲的能源出口计划，提高美国天然气出口的经济利益。

[①] "Statistical Review of World Energy 2022," BP, https://www.bp.com/content/dam/bp/business-sites/en/global/corporate/pdfs/energy-economics/statistical-review/bp-stats-review-2022-full-report.pdf.

[②] 《美国有望在2022年底前成为全球第二大LNG出口国——IEA》，路透社，2017年7月13日，https://www.reuters.com/article/us-2022-lng-exporter-iea-idCNKBS19Y0NC。

所以，基于对欧洲战略以及经济利益的考量，美国在俄德天然气的合作进程中不断通过项目法案以及经济制裁等手段阻止俄德之间的天然气合作，使得俄德天然气合作在近年屡受挫折。

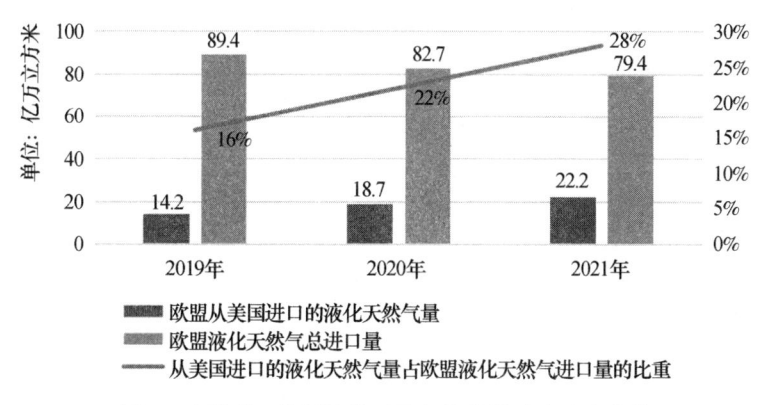

图9　欧盟进口美国液化天然气的数量及占比变化①

3. 美俄欧之间的战略博弈

俄罗斯与德国的天然气合作进程实质上受到美俄欧三方战略博弈的影响。俄罗斯与欧盟在能源领域的相互依赖，使得俄欧在天然气合作上形成了十分紧密的关系。在俄欧能源贸易往来中，德国又是俄罗斯天然气的最大出口目的地，俄德之间的能源供需依赖程度比俄欧之间更深②，两国"一拍即合"的利益诉求极大提高了俄德不断深化能源合作的意愿，并将天然气作为两国能源合作的重点领域大力推进。

然而，美国遏制俄罗斯、离间俄欧关系的政治意图，以及与俄罗斯争夺欧洲能源市场的经济意图促使美国三番五次地阻挠俄德之间的能源合作，美俄之间的战略竞争导致俄德能源合作关系受到影响。同时，欧盟内部成员国之间的利益矛盾也为俄欧之间的能源合作增添了障碍，在一定程

---

① "EU – US LNG TRADE," European Commission, Feb. 2, 2022, https：//energy. europa. eu/system/files/2022 – 02/EU – US_LNG_2022_2. pdf；BP, https：//www. bp. com/en/global/corporate/energy – economics/statistical – review – of – world – energy/oil – gas – and – coal – trade. html.

② 董一凡：《欧俄能源合作中的大国博弈》，《国际问题研究》2020 年第 1 期。

度上阻碍了俄德天然气合作的顺利开展。而德国作为欧盟的核心成员国与美国的重要盟友，需要在平衡好地缘政治利益与国家经济利益的关系问题上做出妥协。

（三）地缘政治事件的冲击

地缘政治事件的冲击也是影响俄德能源关系稳定发展的一个重要外部因素。受2022年2月俄乌冲突的影响，俄罗斯与德国的能源合作尤其是天然气领域的合作逐渐减少，甚至可能在一段时间内中断。

俄乌冲突爆发以后，出于地缘安全与意识形态的考量，德国宣布暂停了对已建成的"北溪-2"管道的认证程序，随后与其他西方国家一起对俄罗斯发起制裁，通过石油限价、SWIFT制裁等方式限制俄罗斯的能源出口，打击其经济发展，同时德国也在努力寻求其他进口替代能源。面对西方国家的制裁，俄罗斯将天然气管道作为反制西方的地缘政治武器，逐渐减少对欧天然气出口，并在2022年9月宣布完全停运"北溪-1"管道，通过停供的手段对欧洲国家进行极限施压，试图减少西方对俄罗斯的制裁。根据德国联邦统计局数据，在俄乌冲突爆发的一年时间内，德国从俄罗斯进口的石油和天然气贸易额下降了99.8%，从22亿欧元降至420万欧元，煤炭进口也下降了92.5%，从3.47亿欧元降至2600万欧元。[1] 由此可见，地缘政治事件的冲击给俄德能源合作造成了较大打击，使得能源合作带有政治色彩，阻碍了两国能源合作的进一步实施，不利于两国能源合作关系的稳定发展。

总体而言，俄罗斯与德国高度契合的利益诉求促进了两国在天然气领域的合作不断深化，而美俄欧三方的战略竞争以及地缘政治事件的冲击则给俄德能源合作关系的发展带来了一定阻碍。

---

[1] "German imports from Russia down over 90% in war's 1st year," AP News, Apr. 13, 2023, https://apnews.com/article/germany-russia-trade-economy-sanctions-gas-energy-378b061e50829fb37591db4a475e536c.

四、俄德能源合作的前景展望

由于俄罗斯与德国在能源合作领域存在互补的利益需求，两国具有较高程度的相互依赖关系，即使在2022年俄乌冲突后，"北溪-1"管道停运且"北溪-2"管道也未能通过认证的背景之下，双方的能源合作仍然存在一定空间。

从短期来看，欧盟与德国因俄乌冲突对俄罗斯采取的一系列制裁措施和俄罗斯的反制行为加强了俄德能源关系中的对抗性，导致俄德能源合作受到较大冲击，以往"斗而不破"的双边关系发生破裂，双方紧密的能源关系较以往出现大幅下降。2022年11月，德国联邦议院经济事务和能源委员会主席克劳斯·恩斯特表示，即使与卡塔尔签署液化天然气供应协议后，德国至今仍然没有俄罗斯天然气供应的真正替代方案。[①] 而俄罗斯此前也有意愿恢复与德国的能源合作，普京曾于2022年10月提出通过"北溪-2"管道未受损坏的部分恢复对欧洲的天然气供应。2022年12月13日，德国总理朔尔茨在柏林向德国东欧经济关系委员会发表的讲话中主张在俄乌冲突结束后与俄罗斯恢复经济合作。[②] 由此可见，俄德两国的能源关系虽然因俄乌冲突而受损严重，但在短期内还会维持在低限度的合作水平。

从中长期来看，俄乌冲突的爆发改变了俄罗斯与德国的不对称性相互依赖，[③] 俄德两国将各自努力寻求新的能源替代方案，以降低对彼此的依赖程度，未来俄德的能源合作关系可能会出现逐渐减弱的趋势。由于受到西方的数轮严厉制裁，天然气成为俄罗斯为数不多仍能够赚取外汇的产

---

① 《德国总理：德国在2021年没有准备好应对俄可能停止输气之举》，俄罗斯卫星通讯社，2022年12月5日，https://sputniknews.cn/20221205/1046089511.html。

② 《德国总理主张在乌克兰冲突结束后与俄罗斯进行合作》，俄罗斯卫星通讯社，2022年12月13日，https://sputniknews.cn/20221213/1046320396.html。

③ 王树春、陈梓源、林尚沅：《俄乌冲突视角下的俄欧天然气博弈》，《俄罗斯东欧中亚研究》2022年第5期。

业，并且西方的长期制裁也会对俄能源的设备维修、后续开采以及能源外运产生消极影响，导致俄罗斯的敏感性和脆弱性有所提高，使得俄罗斯不能再把能源作为影响和控制德国的有力手段，推动俄罗斯将其能源出口转向亚太市场。而德国为了降低对俄罗斯长期的能源依赖，提高自身的战略自主性，也会不断寻找新的能源进口替代方案，实现能源进口多元化目标。2022年11月，德国已完成了首个液化天然气进口终端的建设，标志着其为与俄罗斯天然气脱钩迈出了重要的一步。[①]

结　语

总体来看，冷战后的俄德能源关系十分紧密，呈现稳定向好的合作发展态势。俄德之间的能源合作主要涉及石油、天然气和硬煤方面的贸易往来与能源管道建设，两国能源贸易往来的数额庞大，且俄罗斯常年稳居德国能源进口国的首位，同时德国也是俄罗斯在欧洲最大的能源出口市场。俄德能源关系具有天然气合作占主导、相互依赖非对称性的特点。其中，天然气合作是俄德能源关系中最突出、最重要的方面，并以"北溪"天然气管道作为推动两国开展天然气合作的主要路径。

然而，俄德之间的能源关系受到美国介入的深刻影响，欧盟内部成员国的分歧与欧盟希望提高能源独立性的尝试也在一定程度上阻碍了俄德能源合作的步伐。由此可见，美俄欧的地缘政治博弈是左右俄德能源关系的关键，甚至起到决定性作用。2022年俄乌冲突爆发后，美俄欧的地缘政治冲突严重影响了俄德之间的能源关系，天然气管道成为大国博弈的竞争工具，使得俄德能源关系在短期内维持在较低限度的合作水平，而在中长期内则有可能出现逐渐减弱的趋势。

[①]《英媒：德国完成首个液化天然气进口终端建设》，搜狐网，2022年11月16日，https：//www.sohu.com/a/606665035_114911。

新形势下俄土关系的发展

侯思婷　陈梦煊　崔懿欣[*]

【摘　要】俄土关系是苏土关系的自然延伸，两国关系经历了几个阶段的渐进发展，从最初"政冷经热"的相互试探到积极务实的伙伴关系，从危机影响下的相互倚重到冲突外溢后的脆弱合作。总体来看，两国关系带有复杂性、非对称性且易受外部因素影响的特点。俄土关系除了受到国家利益、民族问题等本质因素和安全理念的影响外，还易受以美国为首的域外势力的干扰。受俄乌冲突影响，两国关系的非对称性特点有所改善。未来俄土关系仍将以合作为主，淡化分歧与冲突。

【关键词】俄土关系　冲突　合作　地缘政治

一、俄土关系发展回顾

（一）从合作走向对立的苏土关系

20世纪前，冲突是俄土关系的主旋律。1925年，两国签订了《苏土友好中立条约》，之后保持较紧密的友好关系，然而，《蒙特勒公约》使

---

[*] 侯思婷，广东外语外贸大学国际关系学院外交学专业2020级本科生；陈梦煊，广东外语外贸大学国际关系学院国际政治专业2020级本科生；崔懿欣，广东外语外贸大学西方语言文化学院俄语语言文学专业2022级博士研究生。

苏联和土耳其之间的不信任再次显现，格鲁吉亚边界的关闭更是标志着苏联和土耳其友好关系的破裂。随着美国在土耳其军事部署的加强，苏土关系进一步恶化，此前建立的经贸关系也几近中断，最终从合作走向对立。

（二）俄罗斯建国初期"政冷经热"的俄土关系

1991年苏联解体，冷战结束，维持了40多年的国际政治格局发生了重大转变，俄罗斯的外交政策变为积极的大国复兴外交，这与土耳其寻求的独立外交不谋而合，俄罗斯与土耳其的关系在波动中逐渐向好发展。

1992年5月25日，双方签署了《俄罗斯联邦与土耳其共和国关系基础条约》，表达了双方继续展开军事交流，开展在经贸、文化等领域的合作意向。该条约为两国关系的发展定下了主基调，并推动了政府间经贸合作联合委员会的成立，对两国不断扩大和深化经贸合作起到了非常重要的推动作用。

1997年，俄土双方签署了10项关于避免双重关税、鼓励和保护投资等促进两国经贸合作的协议，随后，双方又制定了"蓝溪计划"，通过该计划，俄罗斯每年为土耳其提供160亿立方米天然气。[①] 俄罗斯逐渐成为土耳其重要的经济伙伴，两国在1998年的官方贸易额达35亿美元。

在科技、文教、军事等领域，双方又先后签订了《科技合作协议》《军事技术合作备忘录》《军事技术和国防工业合作协议》等，但由于关税、签证等问题尚没有成型的体系，俄土经贸往来也存在一定摩擦。并且，由于土耳其始终希望加入欧盟，支持北约东扩，推行泛突厥主义，双方在库尔德问题、波黑问题等多个问题上也存在严重冲突与分歧。

俄罗斯建国初期，俄土双方积极进行接触，开展了多方面的战略合作，在经贸领域表现得尤为突出。但是历史遗留问题和地区利益冲突使两国之间缺乏政治互信，偶尔出现的分歧和冲突使两国关系发生波动。冷战

[①] 刘慧：《俄罗斯与土耳其关系的地缘战略思考》，《俄罗斯中亚东欧研究》2003年第6期。

结束初期，俄土关系在合作与冲突中缓慢发展，基本保持"政冷经热"的状况。

（三）新世纪务实合作的伙伴关系

20世纪90年代末期，随着俄土之间经贸往来的增多，两国日益认识到在经济方面双方存在一定的互补性，这使两国的合作意向越来越清晰、强烈，由此积极发展伙伴关系，俄土关系也随之进入了一个高速发展期。

2000年，普京表示土耳其是俄罗斯传统的、重要的伙伴，希望两国关系提升到战略伙伴关系水平。[1] 2001年，俄土两国外长在纽约签订了《欧亚大陆合作行动计划：从双边到多边伙伴关系》，组建了联合工作组并确立定期磋商机制，以拓展两国在经贸、旅游和文化等方面的合作。2004年，普京总统对土耳其进行正式访问并签署了《加强友谊和多方位伙伴关系的联合声明》，两国关系进一步发展。2009年，两国签署《关于步入新的关系阶段和进一步深化友谊的联合声明》，该文件涵盖了俄土双方几乎所有的互动领域，达到了双边政治关系发展的高潮。[2] 2010年，俄罗斯官方宣称"俄土关系正在达到全面战略伙伴关系的水平"，俄土双方还将成立一个全新的政府间磋商机制——高级别合作委员会，该机制旨在制定发展俄土关系的战略和主要方向，并且协调俄土间重要项目的实施，维持两国的经贸联系，为两国协调外交政策、维持关系的和平稳定奠定基础。[3]

经济上，俄土两国之间天然存在互补性。俄罗斯作为传统的重工业大国，在能源和原材料供应方面优于土耳其，而土耳其在服务市场和消费品生产等轻工业方面则具有优势，两国经济的依赖性使得双方看重经贸能源

---

[1] 詹馥榕：《后冷战时期俄罗斯与土耳其的关系》，上海外国语大学2020年博士学位论文。
[2] Встреча с Премьер-министром Турции Реджепом Тайипом Эрдоганом, Официальный сайт президента России, http://www.kremlin.ru/catalog/countries/TR/events/6628.
[3] Россия - Турция: не останавливаясь на достигнутом, Официальный сайт президента России, http://www.kremlin.ru/catalog/countries/TR/events/7693.

领域的务实合作。迈入21世纪，俄土双边贸易总额不断增长，连续7年处于上升趋势，2008年迅速增长到378亿美元。在2022年前7个月，俄土双边贸易额继续增长，达357.4亿美元，其中，土耳其自俄罗斯进口总额高达321亿美元，较2021年同期增加了113%。

另外，俄土两国在能源领域也保持密切合作。2008年，土耳其天然气需求总量的63%由俄罗斯提供，这些天然气大部分是由"蓝溪"管道进行输送。为进一步满足运输需求，两国又于2017年修建"土耳其溪"管道。俄罗斯是土耳其的第二大石油供应国，约占土耳其石油供应总量的20%。2010年，两国政府签署了关于建设和运营土耳其阿库尤核电站的合作协议，项目建成后预计可以满足土耳其10%的电力需求。

在领导人层面，双方的沟通交流不断增加。据俄罗斯官方网站的数据统计，2004年到2010年，俄土间最高领导人的电话交流仅有约10次，且通话内容多是出于礼节性的问候、祝福等，并没有实质性的沟通。而2011年到2013年，领导人通话的次数超过了2004年到2010年的通话次数，2014年至2015年两年间共有14次电话交流，平均每两月就有一次。在政府层面，俄土依托2010年成立的高级别合作委员会不断推进各方面合作，至2014年共召开了五次高级别合作委员会会议，在此框架下达成了多项合作。

军事层面，两国于2001年5月建立了俄土政府间军事技术合作联合委员会，到2003年，俄土两国军事部门已签署9份合作协议。2017年以来，双方在扩大军事合作方面取得了较大进展，众多合作中，尤以达成S-400防空导弹系统购买协议最为突出。2021年9月29日，普京与埃尔多安在索契会晤，讨论了军事航空和核能领域的合作，包括合作制造军用飞机发动机、潜艇等。俄土双边关系突破旧的对立关系，合作领域不断拓宽，甚至超越双边范畴，两国关系持续升温。

两国围绕叙利亚危机出现了政治和外交上的对抗，土耳其支持叙利亚反政府武装，而俄罗斯支持巴沙尔政府。在埃尔多安就击落俄战机事件致信普京表示道歉后，两国关系开始复苏，土耳其政变未遂时，俄罗斯又主动施以援手，俄土关系在2017年基本全面恢复正常。

(四) 危机影响下的"相互倚重"

2014年之前，俄土双边关系基本保持持续向好的态势，但是乌克兰危机的出现在一定程度上影响了国际形势的发展。此次危机使土耳其的能源战略地位得到一定提升，并未对俄土间的关系造成较大阻碍。

2014年3月18日，普京签署法令，宣称"不管在过去还是现在，克里米亚都是俄罗斯的一部分，是不可分割的"。俄罗斯的行为导致美国与欧盟的联合制裁，使俄罗斯同西方的关系陷入低谷。而土耳其与克里米亚有着深厚的历史渊源，土耳其也多次明确表示不承认克里米亚公投的合法性。克里米亚汗国在历史上曾属于奥斯曼帝国，但后来为俄国人所兼并控制。[①] 此外，克里米亚生活着占半岛总人口近10%的鞑靼人，在土耳其国内还生活着数百万的克里米亚鞑靼人，土耳其政党希望与这一族群保持相对友好的关系。

乌克兰危机出现后，土耳其虽然对俄罗斯的行为表示谴责，但为了维护自身的经济利益，土耳其并未加入美欧对俄罗斯的经济制裁阵营。土耳其驻俄大使乌米特认为制裁并不能带来预期中的政治结果，土耳其的行为既遵循了联合国的决定，又符合俄土关系的内在特点，俄土关系仍将继续。土耳其此举彰显了两国经济合作的务实性，西方的制裁甚至可能使来自土耳其的货物在俄罗斯市场上占据更大份额，从而进一步加深双方的经贸往来。因此，土耳其虽对克里米亚回归俄罗斯持反对立场，但这一事件并未成为影响俄土关系的主要障碍。

另外，乌克兰的稳定与否也是影响俄罗斯与欧洲能源贸易稳定性的重要因素。乌克兰危机后，美国和欧盟的联合制裁使俄罗斯受到多重打击，由于油气资源的特殊物理特性和运输特点，乌克兰在俄欧能源运输链中扮演着重要角色，在促进能源贸易和保障能源安全方面发挥着积极作用。在俄欧能源供应链中，乌克兰与俄罗斯和欧洲国家相互依存，构建了一种独特的三方合作格局。2014年的乌克兰危机也给俄欧能源博弈带来了新的变

---

① 封帅：《悲剧的诞生：身份认同困境与克里米亚的命运》，《俄罗斯研究》2014年第3期。

数,这一局面进一步加剧了双方能源关系紧张的态势,战略互信迅速转化为战略互疑。同时,俄乌之间在债务和天然气价格等问题上出现了诸多分歧,俄罗斯对欧洲的能源供应也可能面临中断的风险。①

在这种情况下,为了摆脱乌克兰危机带来的困境,俄罗斯急需找到新的支点,以维持其地缘战略优势,促进经济增长,走出被孤立的阴影。②以俄罗斯的视角而言,土耳其具备得天独厚的地理位置,是沟通东西方的有利桥梁,且与俄罗斯有着良好的能源合作基础,同样作为重要的能源过境国,土耳其无疑是替代乌克兰的最佳选择。因此,俄罗斯积极推动土耳其加入由其主导的欧亚经济联盟,希望土耳其能够进入欧亚统一的经济大市场。俄罗斯不仅协助土耳其筑造能够提高其电力生产多样化水平的核电站,还协助其推进能源消费结构调整的进程。

俄罗斯希望依托"土耳其溪"管道获取更加充分的政治支持,而土耳其对此亦有所回应:不参与西方的对俄制裁,维持其在北约内的独立自主性,并对在叙利亚等相关事宜上的立场做出适度调整。土耳其的外交战略实质上是通过与俄罗斯的合作增加其对欧盟的战略优势,将修建"土耳其溪"管道作为一种讨价还价的工具,以增加其在土欧关系中的独立性,从而获得欧盟国家对土耳其加入欧盟的支持。③

(五)俄乌冲突后的脆弱合作

乌克兰危机的升级对国际格局与全球安全秩序造成了严重冲击,对俄土间的关系也有着较显著的外溢影响。尽管土耳其并不是俄乌冲突的直接参与方,但俄罗斯与乌克兰都是土耳其重要的战略伙伴,2022年的俄乌冲突为俄土关系增添了新的不确定性,双方合作展现出一定的脆弱性。

为了提高自身的国际地位,树立大国形象,土耳其在俄罗斯与西方之间开展平衡外交。自2019年开始,乌克兰就从土耳其购买了大量TB-2军用无人机用于打击顿巴斯武装力量,土耳其不顾俄罗斯的抗议,仍继续

---

① 苏春雨:《从乌克兰危机看土耳其能源战略地位》,《国际石油经济》2015年第8期。
② 程春华:《土耳其流管道:俄欧能源博弈新阶段》,《国际石油经济》2015年第8期。
③ 程春华:《土耳其流管道:俄欧能源博弈新阶段》,《国际石油经济》2015年第8期。

对乌克兰进行军售。2022年2月3日，土耳其总统埃尔多安访问乌克兰，签署了一系列贸易防卫协定。① 但土耳其并没有中止与俄罗斯方面的往来。双方领导人在多种场合进行双边会晤，并定期进行电话交流。土耳其出于其自身的经济、能源、军事和粮食安全考虑，选择不对俄罗斯进行制裁，使俄罗斯不至于完全陷入孤立，也有利于俄罗斯经济的稳定。2022年7月，俄土伊三方还在德黑兰举行了阿斯塔纳进程国家首脑会议，就叙利亚问题进行磋商。

土耳其不断游走在俄乌之间，致力于推动双方以和平谈判的方式解决冲突。2022年7月22日，在联合国与土耳其的联合斡旋下，俄乌分别与土耳其和联合国就从黑海港口外运农产品问题签署相关协议，允许乌克兰通过粮食走廊向世界各地出口粮食和化肥。这一协议有利于俄罗斯打开被西方孤立的不利局面，同时为俄乌进一步谈判奠定基础。

因此，尽管俄乌冲突为俄土关系带来了不确定性，但目前土耳其在乌克兰危机中的相对中立使俄土关系仍然能保持稳定发展。

二、俄土关系的特点

（一）合作为主，冲突次之

回顾历史，俄土关系显然带有复杂性。在俄土的互动中，冲突与合作并存，但总体上合作多于冲突。俄罗斯建国以来，俄土关系经历了波动向好、高速发展、巩固稳定等阶段，而其中仅有2015年11月至2016年6月大约半年的短暂停滞期。在20世纪90年代，即使处于过渡期，两国关系发展较缓，双方仍然达成了多项合作。在2022年俄乌冲突发生以后，土耳其也没有追随美国对俄罗斯进行制裁，而仍保持紧密的经济合作。俄土合作的领域涉及低级政治多、高级政治少，双方关系的发展实质上源于各自

---

① 杨晨：《土耳其在俄乌冲突中的平衡外交：表现、动因及影响》，《阿拉伯世界研究》2022年第5期。

经济利益的需要。

（二）非对称性特征

俄罗斯与土耳其之间战略合作的务实关系存在非对称性特征。

在能源方面，土耳其对俄罗斯高度依赖。国际能源署的统计显示，自20世纪末至2021年，土耳其对俄罗斯的天然气依赖程度未低于33.5%，最高达96.2%。以2021年为例，土耳其对俄罗斯的化石燃料、煤炭和总油量的依赖程度分别达到23.5%、21.5%和15.6%。[1] 在军事方面，俄土合作以俄罗斯为主导。一方面，土耳其需要向俄罗斯采购大量的军工产品，扩大武器贸易的种类和军事新技术合作；另一方面，土耳其需要俄罗斯的专业知识、设备和技术援助，以便对从俄罗斯进口的武器和军事装备进行定期维护和更新升级，同时，土耳其还需要俄罗斯对其参与建设的军事设施例如军工厂进行翻新、重建和扩建。

而随着俄乌冲突的爆发，土耳其积极开展平衡外交与调停，其在两国关系中的平等性、主动性正在加强。尽管两国在诸多地缘政治问题上仍存在分歧和冲突，但俄土两国为了保障在经济、能源、旅游业等方面的合作而选择了妥协，将矛盾和冲突控制在可接受范围内，不损害对方的国家利益，继续进行合作。

（三）易受外部因素影响

俄土两国与西方阵营，特别是与美国等主要国家的关系，对俄土两国关系的变化有着较大影响。冷战后俄土关系从对立走向缓和主要是因为当时的国际形势发生了剧烈变化，俄土双方都认识到单纯依靠西方阵营的道路走不通，因此转向追求独立自主，积极发展与周边国家的关系。

2015年的"苏-24"事件虽然是俄土关系短暂停滞的导火索，但其根

---

[1] "National Reliance on Russian Fossil Fuel Imports: How do countries rely on and consume Russian energy?" April 2023, https://www.iea.org/reports/national-reliance-on-russian-fossil-fuel-imports.

本原因在于俄土双方在叙利亚问题上的态度分歧。"苏-24"事件以土耳其向俄罗斯致歉收场，也是因为土耳其与美国、德国等西方阵营的国家关系冷淡，无法得到西方的支持，不得不寻求与俄罗斯的合作，同样，俄罗斯受美国制裁掣肘，也不得不缓和与土耳其的关系。2020年2月，伊德利卜再起战火，俄土战机发生近距离"模拟空战"。此次俄土冲突出现的部分原因在于美国从叙利亚撤军，俄土的"共同敌人"在叙利亚消亡，两国失去了合作动力，且土叙间发生了正面碰撞，激化了俄土在该问题上的矛盾。① 而在2022年的俄乌冲突中，土耳其为了平衡其在美国、乌克兰、欧盟与俄罗斯之间的关系，也承受了较大的压力。可见，两国关系极易受外部因素，尤其是俄土两国与西方阵营关系的影响。

三、影响两国关系发展的因素

（一）俄罗斯的国家利益考量

1. 国家政治利益

由于西方对俄罗斯的不断施压和围攻，俄罗斯与西方的对立日益升级，俄罗斯必须在外交上寻求突破，打破封锁和制裁，而土耳其则有着特殊的"多重身份"。首先，土耳其是地处中东的唯一北约成员国、欧盟候选国，它在与欧美国家的交往中具备成熟稳定的沟通机制；其次，土耳其与以色列和伊朗等非阿拉伯国家的关系没有核心利益的矛盾，有助于多边合作的开展；最后，土耳其作为当今仅有的与俄罗斯和伊朗关系密切的中东国家，在地区问题上成为欧美国家与俄罗斯和伊朗接触的最佳调解人。②

在中东战略中，俄罗斯采取的对策是机会主义与实用主义并存，积极参与地区热点问题，全面发展与各国关系，大力推进各国在政治、能源等

---

① 官小飞：《伊德利卜停火后，俄土关系将何去何从》，《军事文摘》2020年第11期。
② 沈钧、柳玉鹏：《俄乌冲突后，土耳其为何能左右逢源》，《环球时报》2022年7月28日。

领域的全方位合作，其在中东地区的影响力在一定程度上达到了后冷战时期的巅峰。① 同时，俄罗斯在该地区打击恐怖主义，既能够操练俄罗斯的现代军事力量，又能够防止相邻区域发生大规模动荡。

总的来说，俄罗斯对土耳其的政策主要在于深化两国之间的合作，同时分化土耳其与欧盟和北约之间的关系，力求达到削弱、打击北约的效果。

2. 国家安全利益

在安全方面，俄罗斯除了依靠海峡作为其传统战略通道外，还需要继续寻求南部的安全，因此，土耳其对俄罗斯有着重要意义。另外，针对北约东扩和北约积极推动部署的导弹防御体系，俄罗斯希望通过利用土耳其与西方的矛盾，在北约南翼打开缺口。同时，俄罗斯与土耳其进行合作将有助于解决欧盟和美国对俄罗斯的政治和经济孤立。

在地缘政治方面，俄罗斯与土耳其在多个地区问题上都有着不同的立场，而这些地区中，又以外高加索地区、黑海海域、叙利亚地区的矛盾最为突出，俄罗斯希望与土耳其在以上地区开展合作，限制泛突厥主义对俄罗斯传统势力范围的日益渗透，并弱化土耳其对车臣分裂分子的支持。

（1）外高加索地区

外高加索是俄罗斯与土耳其的共同边境中的一个关键区域，俄土两国都有在这个区域内继续保持和扩展自己影响力的意图，从而导致双方利益发生冲突，影响两国关系的发展。

对俄罗斯而言，外高加索的每一项活动都关系到俄罗斯的重大安全利益，该地区是维护俄罗斯传统地缘政治影响力、对抗西方的一个关键地带，也关系到俄罗斯能否重回世界大国地位。此外，外高加索的能源管道是俄罗斯能源出口网络中的一个关键环节，该地区的稳定与俄罗斯的能源安全紧密相连。外高加索地区的稳定是俄罗斯国家的主要利益，任何改变其在该地区主导地位的行为对俄罗斯来说都是不可接受的。维

---

① 唐志超：《从配角到主角：俄罗斯中东政策的转变》，《俄罗斯东欧中亚研究》2020年第2期。

护自身在该地区的传统影响力对俄罗斯的国家利益和外交战略至关重要。

虽然俄罗斯与土耳其在该地区存在一定利益冲突,但两国也能在小范围内实现一定程度的政策沟通和协调。该地区的安全与稳定关系到俄土两国的国家利益,也关系到两国在这一区域内的生存与发展。为了更好协调双方关系,俄罗斯倡议成立欧洲安全组织明斯克小组,将纳卡问题的所有谈判都放在该机制框架下进行,土耳其作为成员之一加入其中。在俄格矛盾愈演愈烈之时,埃尔多安提出建立一个外高加索稳定平台,该平台包括土耳其、俄罗斯、阿塞拜疆、亚美尼亚和格鲁吉亚,虽作用有限,但体现出各方协商的意愿,两国的利益分歧使区域机制展现的外部政治意义远超内部协调的实际作用。

(2) 黑海海域

在没有陆地边界的情况下,黑海构成了俄土关系中最直接的界面,"蓝溪"和"土耳其溪"这两条横跨黑海的天然气管道则为两国提供了一种物理连接。因此,黑海地区对俄土双方的经济发展、对外战略及主权安全都有极为重要的作用。

于俄罗斯而言,黑海是保护其西南边境安全的重要防线,是俄罗斯与周边各国进行交流的海上要道,提高黑海海域的影响力,是俄罗斯实现地缘政治影响力、实现民族复兴、重建国际政治强国形象的重要途径。为掌控黑海,俄罗斯与奥斯曼帝国进行了数十场战争,两国在黑海航行制度问题上的矛盾一直持续至今。

而随着非传统安全对国家的威胁加剧,俄土双方都认识到加强政府间合作对维护地区和平与稳定的重大意义。在打击黑海海上犯罪、恐怖主义势力、保护生态环境和阻止域外势力介入等方面,俄罗斯与土耳其有着一致的根本利益。两国共同组建了黑海经济合作组织和黑海联合部队。2000年,俄土共同签署了《保护黑海海域的合作协定》,确定了两国的黑海海上经济区范围与执行该协定的部门。2004年,俄土两国签署了《黑海海上搜救合作协定》,划定了两国的搜救范围,确立了多个救援协调中心的合作关系。

(3) 叙利亚问题

叙利亚对俄罗斯具有军事和政治上的双重战略价值。一方面,叙利亚是俄罗斯在中东地区最后的盟友，具有重要的战略价值；另一方面，俄罗斯在叙利亚的军事基地是其在地中海及中东地区唯一的军事基地，能够对北约构成一定的军事威慑，对俄罗斯在该地区的影响力和美俄在该地区博弈的平衡具有重要意义。因此，俄罗斯认为，与土耳其合作对于解决叙利亚问题和确保俄罗斯在叙利亚的政策目标至关重要。

此外，叙利亚危机中，俄土本未直接对抗，双方矛盾急剧升级的原因是俄罗斯直接军事介入了叙利亚战争。然而目前，由于俄罗斯支援巴沙尔政府耗费巨大，在俄罗斯面临西方制裁、国内经济形势持续下行以及土耳其对其仍具有利用价值的情况下，俄罗斯不太可能再次直接介入土叙冲突，俄土在此地区的矛盾渐趋和缓，冲突烈度有所降低。

(4) 车臣问题

车臣位于俄罗斯西南部，曾是苏联时期的重要工业基地。它的地理位置使它成为俄罗斯的重要门户，与阿塞拜疆、亚美尼亚和格鲁吉亚接壤。车臣地区拥有丰富的自然资源，是俄罗斯最大的石油生产区之一，也是俄罗斯重要的农业区域。同时，车臣是俄罗斯油气西输的必经之地，该地区出现任何问题都将使俄罗斯蒙受巨额损失。因此车臣对俄罗斯而言，不仅具有重要的地缘政治意义，还兼具经济意义。

尽管已发生过两次车臣战争，但车臣的分裂势力从未停止过活动，土耳其正是支持这股分裂势力的多方之一。车臣人的宗教和文化背景与土耳其人相似，土耳其支持其伊斯兰主义及突厥族团体，双方同为穆斯林，这种历史渊源使土耳其人对车臣人的独立运动产生同情心理。另外，土耳其政府希望利用车臣问题换取俄罗斯在库尔德问题上的合作。在此背景下，土耳其不仅在资金、武器上对车臣的分裂势力进行支援，在国际上也曾为车臣的分裂势力发声。而在适当时，土耳其也会向俄罗斯表示不支持车臣而支持统一的俄罗斯来缓和双方的关系。土耳其政府对俄罗斯统一问题上的摇摆态度无疑引起了俄方的强烈不满，成为影响两国关系的一大因素。

3. 国家经济利益

俄土两国的经济存在高度的相互依赖。一方面，土耳其在私营部门的发展方面有着充足经验，可以给俄罗斯提供所需的原材料、服务、建筑及食品；另一方面，土耳其也是俄罗斯出口石油、天然气等能源的重要市场，两国经济的互补性使得俄罗斯十分重视发展与土耳其在经贸领域的合作。

（二）土耳其的国家利益考量

1. 国家政治利益

土耳其埃尔多安政府的外交政策很大程度上受到前任外长艾哈迈德·达武特奥卢的影响，其发展出了一种"战略深度"的外交思维，这种思维以土耳其地缘政治深度和历史为基础，为土耳其的外交实践提供了参考。土耳其自认为身处中东、中亚、巴尔干等重要地区的交汇点，曾有过光辉的奥斯曼帝国历史，因此，其认为自己不应该安于现状，而是应该积极扩大所在地区的影响力，再扩大到邻近地区，甚至追求成为多极化格局的一极。[1] 同时，土耳其不满足于仅被视为沟通东西方的纽带，认为这种定位降低了其国际影响力。基于以上考虑，土耳其当前的政策是继续保持与美国、北约和欧盟的良好关系，同时加强与俄罗斯、中国和中东国家的关系。尽管埃尔多安对西方阵营略有失望，但并未表现出完全脱离该阵营的意愿。土耳其屡次提出希望加入欧亚经济联盟和上海合作组织，主要是为了在俄罗斯和西方阵营之间寻找平衡点，实现自身利益最大化。

此外，土耳其对俄罗斯有着强烈的能源需求，对俄有着极高的经济依赖，且俄罗斯是土耳其建立能源通道的关键环节。土耳其之所以选择与俄罗斯维持关系，一方面是为了满足其经济需求，另一方面则是为了增加与欧盟谈判的筹码。在埃尔多安上台之后，土耳其在内外政策上与西方的冲突和分歧逐渐加剧，美国的中东政策不断侵蚀着土耳其的主权及国家安全利益。[2] 同时，欧盟在吸收土耳其成为成员国的问题上持谨慎态度，使得土耳其的入盟前景仍然扑朔迷离。因此，土耳其对北约提供的安全保障信

---

[1] 郑东超：《论土耳其埃尔多安政府的外交政策》，《阿拉伯世界研究》2012年第5期。
[2] 唐志超：《俄罗斯与土耳其关系的内在逻辑与发展趋势》，《西亚非洲》2017年第2期。

心减弱。

2. 国家安全利益

（1）地缘政治利益

在地缘政治上，土耳其出于自身战略需要，积极参与外高加索、黑海等地区事务，加紧了对该地区的政治、经济、文化渗透，扩张自身影响力。然而，在高加索、中亚和中东等地区的问题上，俄罗斯一直拥有传统的影响力，土耳其必须与俄罗斯进行合作才能发挥作用。

对土耳其而言，与之毗邻的外高加索地区可以部分弥补其石油和天然气资源短缺且开发能力不足的"短板"。外高加索地区是土耳其对西部和北部的地缘政治影响的起点，如同横在俄罗斯与土耳其之间的障壁，在某种程度上能减少土耳其在北部边境面临俄罗斯直接军事压力的可能性。虽然土耳其通过在该地区积极确立地区问题解决机制提升自身话语权，让俄罗斯感受到了一定的地缘政治压力，但总体而言，土耳其在外高加索地区中的作用仍相对有限，目前并无能力挑战俄罗斯在该地区的主导地位，因此，在一些敏感问题上，土耳其仍会选择避俄锋芒，并在维护地区和平等共同利益问题上选择与俄罗斯合作。

在黑海地区，土耳其的地缘政治影响深刻而广泛。黑海对土耳其北部地区安全及与欧洲大陆保持密切关系至关重要，同时对维护与巴尔干及高加索地区国家的外交关系有着不可取代的地位，土耳其也希望通过黑海解决本国的能源需要。在黑海地区维持相对优势，不仅关系到土耳其作为欧亚大陆能源和交通枢纽的重要地位，也是土耳其在东西方之间实行平衡外交的一项重要手段。[①] 俄土在黑海海域的矛盾虽已存在较长时间，但两国在打击海上犯罪与制止域外势力（尤其是美国）插手黑海事务等方面立场一致，存在较大的合作空间。俄土两国始终对北约试图插手黑海不满，明确拒绝了美国将地中海反恐行动扩大到黑海的提议。各种机制的建立是俄土进行地区合作的积极尝试，一定程度上，其约束和规范作用可以避免俄罗斯与土耳其间的矛盾升级，使区域内安全风险有所降低。

---

① 詹馥榕：《后冷战时期俄罗斯与土耳其的关系》，上海外国语大学 2020 年博士学位论文。

正义与发展党上台以来，土耳其在中东地区坚持"零问题"的外交政策，着力改善周边地缘环境。在此过程中，与叙利亚的双边外交关系成为其外交政策的重点方向，土叙关系既关乎土耳其"零问题"外交的实践成果，也是土耳其维护国家安全的现实需要。作为俄土关系中的一个重要影响因子，叙利亚问题的不断复杂化使得双方关系更加敏感。俄罗斯与土耳其在叙利亚问题上存在多方面分歧。但是，两国爆发直接军事冲突的可能性仍较低。对土耳其而言，在俄罗斯强势军事介入叙利亚危机后，其便认识到了俄罗斯在叙利亚问题上的主导性，同时，在没有外部援助时，土耳其政府也必须审慎考虑与俄罗斯发生正面冲突的成本，因此，土耳其会在叙利亚问题上进行一定程度的妥协，稳固俄土关系。

（2）库尔德问题

库尔德人是中东最大的少数民族之一，他们的文化、语言和历史与周围的主要民族有很大的不同，长期以来一直面临歧视和迫害。而后，产生了名为库尔德工人党的组织，该组织的目的是从土耳其境内分裂出库尔德主权国家。

俄罗斯直到1993年才开始关注库尔德问题，主要还是因为同时期的车臣问题使两国外交关系开始变得紧张。1996年，俄罗斯为了减缓北约东扩的进程，干扰美国和土耳其顺利控制黑海，而再一次让库尔德问题进入土耳其的视野，开始向库尔德人提供武器，以此限制土耳其的自由行动。库尔德民族主义不断发展壮大，加之政府镇压花费的军费数额巨大，使土耳其苦不堪言，而俄罗斯对库尔德人的支持，也触及了土耳其的痛处。

库尔德问题的发酵使得俄土两国的关系越发紧张，直到1998年俄罗斯与土耳其在黑海管道上达成合作，并且俄罗斯公开拒绝了库尔德工人党的避难申请，库尔德问题对双方关系的影响才开始逐渐降低。

总之，在战略上，土耳其需要以俄罗斯为工具来对冲西方；在经济上，土耳其维持世界能源枢纽地位需要俄罗斯的助力；在地区问题上，双方可以分领域进行区隔化合作，不让矛盾冲突影响两国关系[1]；在民族问

---

[1] 杨晨：《土耳其在俄乌冲突中的平衡外交：表现、动因及影响》，《阿拉伯世界研究》2022年第5期。

题上，土耳其解决库尔德问题仍需俄罗斯的帮助。

（三）外部因素

俄土关系的发展同时也受到美西方各国势力、国际政治格局变化等外部力量的干扰。冷战结束后，国际政治格局发生了剧烈变化，从两极格局走向单极格局，为土耳其与俄罗斯从对立走向缓和提供了契机。而在美国"一超多强"、世界向多极化趋势发展的国际格局下，俄土关系的发展深受俄土两国与西方阵营，特别是与美国关系变化的影响。早在20世纪90年代，双方就因认识到无法单纯依靠西方阵营达到强国目的而走向合作，在21世纪俄土双方的关系由停滞到重新发展也是为了应对以美国为首的西方阵营带来的外部压力，俄乌冲突的出现更使双方认清了对彼此的需求，提升了土耳其在俄土关系中的主动性。

1. 以美国为首的域外势力干扰

土耳其在加入欧盟的谈判中屡屡受挫，对美国的"双重标准"也多有不满，俄罗斯在俄乌冲突后则受到西方的联合制裁，在军事上受到北约压制，外部环境的巨大变化使俄土两国渐渐靠近。

在过去数十年里，加入欧盟对土耳其而言一直是国家政策的重大优先事项。土耳其于1987年正式提交入盟申请，11年后方获得候选资格。但欧盟仍认为，土耳其在诸多方面未达到加入欧盟的标准，双方在部分议题上存在较大的立场差异。而在俄乌冲突后，乌克兰与摩尔多瓦迅速成为欧盟候选国，他们甚至将可能比土耳其更早入盟，这更引发了土耳其的不满。

此外，土耳其与美国也存在着难以调和的结构性矛盾。第一，在库尔德问题上，美国支持叙利亚库尔德民主联盟，以对抗"伊斯兰国"这个极端主义团体，土耳其则认为库尔德民主联盟也是一个恐怖主义组织。第二，土耳其将2016年的军事政变归咎于美国，但是美国多次拒绝了土耳其引渡罪犯的要求。第三，在土耳其购买俄罗斯S-400防空导弹系统后，美国将其从F-35战机联合研发计划中剔除，同时暂停了对其F-16战机的升级，但印度并未因此遭受制裁，土耳其对美国的"双重标准"表示不满。[1] 此外，在土希矛盾中，美国允诺向希腊进行军售，并帮助希腊进行军备更新，土耳其认为，这将极大损害其在爱琴海和地中海的军事优势，甚至威胁到了其国家安全。以上种种因素都间接拉近了俄土之间的距离。

俄乌冲突爆发后，土耳其的斡旋者身份受到了拜登的赞赏，土耳其与西方盟友的关系迅速升温，美国也可能会在必要时对土耳其进行一定程度的让步。并且，西方式现代化道路的目标设定以及北约成员国身份的加持使得土耳其摆脱西方的动力与实力明显不足，土耳其与西方的深入互动将始终成为影响俄土关系的一大因素。

2. 俄乌冲突的影响

俄乌冲突严重冲击了国际格局及世界秩序，但并未对俄土两国关系造成较大的阻碍，反而使俄土关系的不对称性特征有了一定程度的改善。

这场冲突的出现，使得俄土两国更认清了对彼此的需要。来自西方的各项制裁严重打击了俄罗斯在国际社会中的地位，对俄罗斯而言，此时提升与土耳其的关系变得十分必要。随着俄罗斯天然气西输受阻，世界石油运输格局发生了变化，土耳其黑海石油资源的开发将得到加强，其能源战略地位将得到一定提升。并且，俄乌冲突以来，美国重新确立了中东政策，以大国战略竞争为主线，阻止其他大国填补权力真空。[2] 美俄在中东的博弈虽是暂时的，但俄罗斯必将对此予以回应，保持与土耳其的关系便是其中的重要一环。此外，在俄罗斯面临西方制裁，能源和经济合作西向受阻的情况下，其对外部的依赖也在加大，急需向东南方进行突围，中东将成为俄罗斯从西方群体孤立中突围的战略重点，土耳其作为地区大国，对俄罗斯在该地区的影响也发挥着举足轻重的作用。鉴于此，俄罗斯将继续保持并深化与土耳其在多个领域的合作。

---

[1] 杨晨：《土耳其在俄乌冲突中的平衡外交：表现、动因及影响》，《阿拉伯世界研究》2022年第5期。

[2] 唐志超：《外溢与突围：乌克兰危机升级对中东的影响》，《俄罗斯东欧中亚研究》2022年第5期。

于土耳其而言，俄罗斯不仅是土耳其最大的粮食进口来源国，也是其最大的油气供应国，土耳其唯一的核电站也正在由俄罗斯建造。土耳其虽为北约成员国，一直寻求走西方式发展道路，然而，俄土两国经济的相关性使得土耳其并未跟随西方参与对俄罗斯的制裁。2022年2月25日，土耳其否决了欧盟关于暂停俄罗斯在欧洲委员会的代表权的决议。3月，土耳其总统发言人卡林宣布，土耳其将不会参与对俄罗斯的经济制裁。① 面对来自西方国家的制裁，土耳其尽己所能维持与俄罗斯在经济方面的交往，希望最大程度降低对本国经济的负面影响，两国经济的依赖程度可见一斑。

此外，在俄罗斯陷入战争之际，土耳其积极进行平衡外交，企图借此削弱俄罗斯在其周边的影响，着力改变俄强土弱的格局，提升土耳其在两国关系中的主动性。

结　语

由于国际政治格局短期内不会发生变化，两国间的利益冲突和历史遗留问题无法在短期内彻底解决，未来俄土关系仍将以合作为主要基调，虽存在一定摩擦，但不会爆发大型冲突。

俄土间的关系存在一些不稳定因素。2022年的俄乌冲突以来，以美国为首的西方国家对俄罗斯进行了多轮制裁，俄美、俄欧关系进入一个新的低谷。土耳其可能会出于自身的利益考虑在俄罗斯与美国之间平衡，用对俄罗斯的有限靠近来换取美国的信任，稳定美土之间的盟友关系。此外，俄罗斯与土耳其的国家利益存在明显差异，尤其是两国政府在部分地缘政治议题上有着较大分歧，采取竞争性立场，以上种种都为两国关系增加了不确定性。

---

① "No Plans to Impose Sanctions Against Russia: Spokesperson," Hurriyet Daily News, Mar. 2, 2022, https://www.hurriyetdailynews.com/no-plans-to-impose-sanctions-against-russia-spokesperson-171932.

从务实的角度出发，基于现实利益考虑，俄土之间仍将以合作为主。当前的国际政治格局虽然已经向多极化发展，但仍然是以美国为主导。而2022年的俄乌冲突使俄美两国再次对立，美欧与俄罗斯实施了一系列涵盖多领域的制裁和反制裁措施，加之西方国家对俄罗斯人道主义的谴责，俄罗斯在国际上出现一定程度的"孤立无援"的局面。因此，俄罗斯更加需要维持与土耳其的友好关系以打开局面。而有"大国梦"的土耳其自俄乌冲突以来致力于协调俄罗斯与乌克兰、西方国家之间的关系，不会放弃"圆梦"的机会。未来土耳其仍然会努力维持与俄罗斯的关系，以实现自身在两个阵营间的平衡。此外，俄土之间的经济贸易合作，特别是能源领域的合作，能够为双方带来可观的收益，双方不会轻易放弃，仍然会保持伙伴关系。

土耳其与俄罗斯之间的合作本质上是防御性的，而不是旨在结成针对西方的联盟。因此，尽管俄土之间的合作将继续发展，但双方并不会发展成战略结盟关系，这是由土耳其的国家利益决定的。只有当土耳其实施平衡外交，同时发展与以美国为首的西方阵营和俄罗斯的关系时，才能使自身利益最大化。在相当长一段时间内，土耳其与西方的战略盟友关系以及同俄罗斯的战略伙伴关系将和平共存。[①]

总体而言，俄土两国关系中的非对称性特征正在改善，两国关系在波动中向好发展，未来双方的合作也将稳固推进，尤其是在经济、能源、旅游业等方面的合作将进一步深化。两国将继续寻求地区利益的共同点，淡化政治分歧，不侵犯彼此国家利益，实现一定范围内的合作，避免冲突的爆发。

---

① 杨张锋：《21世纪俄土关系的两次转变：原因及影响》，《新疆社会科学》2018年第3期。

新形势下俄罗斯反制裁的
措施及其效果分析

陈莹莹　张书华[*]

【摘　要】 俄乌局势持续恶化，美西方针对俄罗斯发起了全方位、高强度的制裁。俄罗斯凭借其自身实力，迅速采取措施以稳定国内形势，并从个人、金融、贸易、科技等领域对美西方进行反制裁。此次俄罗斯政府提前布局，有针对性地进行反制裁，以避免损失扩大为目标，与美西方在制裁与反制裁间进行拉扯博弈，有效抵御了美西方制裁的冲击。但随着形势的持续恶化，俄罗斯面临的反制裁压力增大，未来的反制裁措施将会有所侧重。

【关键词】 新形势　制裁　反制裁　俄罗斯

引　言

2022年2月24日，俄乌局势恶化，国际形势发生剧变。俄乌冲突爆发后不久，美国就联合欧盟向俄罗斯发起制裁，参与制裁的国家数量之多和打击力度之大都是前所未有的。截至2023年8月，美西方共针对俄罗斯

---

[*] 陈莹莹，广东外语外贸大学国际关系学院国际政治专业2020级本科生；张书华，广东外语外贸大学国际关系学院国际关系专业2022级硕士研究生。

实施了十一轮制裁，主要针对个人、经济金融、能源、国防军事以及社会文化领域。其中经济金融、能源以及国防军事领域是美西方对俄实施制裁的重点。

经济金融方面，所有制裁措施中最具代表性且对俄罗斯影响最大的有三项。一是七国集团同意将部分俄罗斯银行移出 SWIFT 支付系统这一重要信息传输系统。被移出后，俄罗斯不再能够使用美元、欧元、日元和英镑进行结算；二是以美国、日本、英国等为代表的多个国家都限制俄罗斯央行动用其外汇储备，冻结的资产超过 6000 亿美元；三是美西方在贸易上对俄罗斯的半导体、计算机、电信设备、激光器、传感器、航空航天等高尖端技术进行出口管制。[①] 能源方面，美西方对俄罗斯的天然气、煤炭等都进行了禁运；对俄罗斯的石油进行限价；还叫停了"北溪-2"天然气管道项目。国防军事领域上主要针对的是无人机等军工行业，这也是 2022 年 12 月欧盟公布的对俄第九轮制裁的重点。此外，针对俄罗斯政府官员的制裁也不断推出，俄罗斯总统普京及外长拉夫罗夫的海外资产遭到冻结；欧盟还对包括总统和外长等高级官员在内的俄罗斯杜马 351 名议员实施旅行禁令[②]。

新形势下，美西方针对俄罗斯的制裁加大了精准打击力度，也扩大了制裁范围，造成了卢布大幅贬值，增加了俄罗斯的经济压力；对高尖端技术的制裁也制约了俄罗斯的经济现代化转型。为此，俄罗斯积极实施反制裁以应对美西方制裁的不利影响。

一、俄罗斯反制裁的措施

俄罗斯的反制裁手段主要集中于"不友好国家和地区"的个人及企

---

① 《李巍：俄乌冲突下美欧对俄经济制裁的内容、特点及影响》，北京大学国际战略研究院网站，2022 年 3 月 17 日，https://mp.weixin.qq.com/s/GHiN2mNhx7d5WOUpkWUNVA。
② 《欧盟通过首轮对俄制裁措施涉及 351 名俄杜马议员和 27 个实体》，央视网，2022 年 2 月 23 日，https://news.cctv.com/2022/02/23/ARTIrkR7qZWmUK5xfWHCuSA8220223.shtml?spm=C94212.P4YnMod9m2uD.ENPMkWvfnaiV.220。

业、金融领域、贸易领域和科技领域。俄罗斯强硬的实力及新形势下政府维护国内安全与稳定的措施是俄罗斯实施反制裁的基础。

（一）俄罗斯实施反制裁的基础

1. 俄罗斯拥有反制裁的强硬实力

尽管美西方多年来在经济上的施压使俄罗斯经济发展受阻，但俄罗斯依然保留了强硬的实力来应对此次制裁。

首先，俄罗斯国土面积广阔，自然资源丰富。俄罗斯石油已探明储量252亿吨，占世界已探明储量的9%，是仅次于美国和沙特的世界第三大产油国，也是世界市场上仅次于沙特的第二大原油出口国；俄罗斯天然气产量居世界首位，是世界上最大的天然气出口国。此外，俄罗斯还有丰富的矿产资源，煤储量居世界第五位，黄金储量居世界第三位，铀储量居世界第七位，铁矿、金刚石、锑矿、锡矿探明储量居世界第一位。[①] 丰富的自然资源使俄罗斯成为全球供应链的重要组成部分，尤其是石油和天然气，在国际市场上占据着重要地位，使俄罗斯拥有利用资源优势实施反制裁的条件。

广袤的国土和丰富的资源也使俄罗斯成为了世界上重要的粮食和化肥出口国。土地肥沃的东欧平原大部位于俄罗斯境内，使俄罗斯成为世界第三大粮食出口国，小麦、大麦、玉米等基础粮食作物出口占比位于世界前列。俄罗斯联邦国家统计局数据显示，2022年俄罗斯粮食经加工后的净重达1.5亿吨。[②] 此外，俄罗斯还是全球最大的化肥出口国，过去10年，俄罗斯各类化肥出口量达到3700万吨，占世界化肥出口量的20%[③]。

其次，俄罗斯拥有强大的军事力量，这是俄罗斯实施反制裁的重要倚

[①]《俄罗斯国家概况》，中华人民共和国外交部官网，2023年2月3日，https：//www.fmprc.gov.cn/web/gjhdq_676201/gj_676203/oz_678770/1206_679110/1206x0_679112/。

[②]《俄罗斯2022年粮食生产数据》，中华人民共和国国家发展和改革委员会官网，2022年12月29日，https：//www.ndrc.gov.cn/fgsj/tjsj/jjsjgl1/202212/t20221229_1344685_ext.html。

[③] Встреча с президентом Российской ассоциации производителей удобрений Андреем Гурьевым. //Президент России，http：//www.kremlin.ru/events/president/news/71004。

仗。其一，俄罗斯是全球核大国，美国国防情报局2022年的评估认为俄罗斯可能拥有1000枚至2000枚战术核弹头[1]，具有强大的核打击能力。其二，俄罗斯继承了苏联时期的装备和技术储备，俄罗斯现役的武器大多来源于苏联或由苏联武器改制。著名的T-72主战坦克、S-300防空导弹就是20世纪苏联研制的武器，由俄罗斯继承后一直沿用至今，并出现在了俄乌冲突中[2]；俄罗斯的第五代战斗机苏-57也在生产中融入了苏联时期的苏-47战斗机和米格-1.44战斗机的技术，这些武器极大地提高了俄罗斯的作战能力。其三，俄罗斯自2008年起开始进行全面的军事改革，一直延续至今，改革内容包括完善作战指挥体制、调整优化编制结构、强化国防科技建设、大力开展军事科技创新等，极大地提高了俄罗斯的军队质量。

2. 俄罗斯积极应对制裁以维护国家稳定

首先，稳定本币汇率是俄罗斯政府面对制裁的首要任务。2022年2月28日，俄罗斯总统普京签署了第79号总统令，下令进行反制裁。该总统令要求，居民不能在没有开立银行账户的前提下，通过境外支付服务供应商将外币转出，也不能将外币汇入外国账户，并强制结算80%的外汇收入，旨在阻止资本外流，稳定卢布汇率。[3]

其次，俄罗斯政府发布了一系列稳定国内经济、缓解制裁压力的政策。除了上述的稳定本币汇率以外，2022年3月15日，俄罗斯总理米舒斯京在关于在美西方制裁下提高俄罗斯国家经济稳定性的权利委员会主席会议上提到，针对美西方制裁的提振俄罗斯经济计划中已被纳入价值约1万亿卢布的100多项举措中。这些举措包括：其一，实施资本管制，及时加强政府对股市、汇市的管控，防止出现卢布的大幅动荡；其二，发布包含200多种商品在内的出口禁令清单，实施出口管控，以保证关键商品的

---

[1] 陈山：《美俄各有哪些战术性核武器》，《环球时报》2023年3月27日。
[2] 《枢密院十号：俄乌砸出哪些王牌武器?》，环球网，2022年2月25日，https://mil.huanqiu.com/article/46x5a75MERV。
[3] 《俄媒报道：俄罗斯密集退出反制裁措施》，搜狐网，2022年3月2日，https://www.sohu.com/a/526631880_114911。

国内市场供求；其三，俄罗斯居民向"不友好国家和地区"人员提供卢布贷款或与其进行股票和不动产交易时，要得到俄罗斯政府外国投资监管委员会的批准等。

最后，俄罗斯政府积极采取措施保障民生。普京要求俄罗斯政府确保国内市场生活必需品、药物和医疗设备的供给，同时提高本国的社会安全水平，降低大众出行和运输成本等。此外，为了减轻因冲突和制裁给国家经济带来的影响，政府还提高了公务员的工资和退休者的养老金及社会福利。① 多项措施下来，俄罗斯预算保持稳定，工业生产持续恢复，固定资产投资不断增加，人民生活水平也维持稳定。俄罗斯总理米舒斯京表示，俄罗斯政府为确保国内稳定与经济发展采取的措施已卓有成效。

总体而言，俄罗斯丰富的自然资源，在全球能源、粮食、化肥市场的重要地位、强大的军事实力，以及俄罗斯采取的迅速有效维护国内稳定的措施构成了俄罗斯反制裁的强大后盾，使俄罗斯在陷于俄乌战场及美西方的围攻下不至于"后院失火"。

（二）俄罗斯反制裁的具体措施

俄罗斯政府于 2022 年 3 月 7 日正式出台"不友好国家和地区"名单，美国、欧盟、日本、英国、澳大利亚、乌克兰等国家和地区均包含在内，名单确认了后续制裁的主要针对对象，也为俄罗斯的反制裁正式吹响了号角。②

1. 对"不友好国家和地区"个人及企业的反制裁

一是对个人的反制裁。俄罗斯针对个人的反制裁手段与此前美西方采取的制裁俄罗斯的手段基本一致，是对美西方制裁的"镜像"回应，主要包括禁止入境、驱逐大使、冻结资产等。首先，俄罗斯对"不友好国家和地区"的政府官员实施了反制裁。2022 年 4 月 7 日，俄罗斯宣布对澳大利

---

① 张春友：《俄罗斯的 2022：制裁与反制裁》，《法治日报》2022 年 12 月 19 日。
② 张春友：《俄罗斯的 2022：制裁与反制裁》，《法治日报》2022 年 12 月 19 日。

亚和新西兰领导人实施个人制裁，以回应两国针对俄罗斯的不友好行为。[1] 4月13日，俄方对美国众议院398名议员实施"镜像"制裁。[2] 同日，俄罗斯外交部发表声明称，鉴于加拿大当局于2022年3月24日宣布将俄罗斯联邦议会联邦委员会全体成员列入受制裁个人的黑名单并禁止进入加拿大，俄方决定在对等基础上对加拿大议会现任参议员进行反制，87名加拿大参议员被列入永久禁止入境俄罗斯的名单。[3] 此外，英国、德国、挪威、丹麦、芬兰、葡萄牙因驱逐俄罗斯外交官也受到了同等反制裁。英国时任首相鲍里斯·约翰逊、外交大臣伊丽莎白·特拉斯和国防大臣本·华莱士等13人被宣布禁止进入俄罗斯境内。5月21日，俄罗斯外交部公布永久禁止入境的美国公民名单，名单上共有963人，美国总统拜登及其儿子都包含在内。[4] 其次，除政府官员外，俄罗斯也对部分"不友好国家和地区"的个人实施了制裁，以此作为对部分西方国家针对俄罗斯公民的不友好措施的回应。俄方对这些国家的公民在俄罗斯境内的财产进行了冻结，并禁止其同俄罗斯开展贸易或投资活动。这些公民可能来自军工企业、媒体、评级机构，可能是飞机船舶制造公司负责人、安全机构人员或散布"于俄罗斯不利的谣言"的个人等。

二是对企业的反制裁。跨国企业方面，俄罗斯也做出了相应的反制裁措施。美西方对俄罗斯实施制裁的同时，星巴克、麦当劳、可口可乐等数十家在俄罗斯经营的跨国公司掀起了"退俄"浪潮。对于这些外国企业，俄罗斯宣布将采取查封账户和资产、引入外部管理、实施国有化等措施。除上述企业外，包括苹果、微软、大众、宜家、保时捷和丰田在内的外资企业都将面临被实施国有化的风险。2022年5月3日，普京签署《关于对

---

[1] 《联合国大会通过决议暂停俄在人权理事会成员资格，俄宣布对澳大利亚和新西兰领导人实施个人制裁》，新华网，2022年4月8日，http：//www.news.cn/2022－04/08/c_1128540476.htm。

[2] 《俄罗斯制裁398名美国众议员》，央视新闻，2022年4月14日，https：//content－static.cctvnews.cctv.com/snow－book/index.html？item_id=9721000973226311915&t=1649876062071&toc_style_id=feeds_default&share_to=qq&track_id=a20addb2－9436－44b5－ab83－b1a1168bcf11。

[3] 《俄罗斯制裁87名加拿大参议员》，央视新闻，2022年4月14日，https：//content－static.cctvnews.cctv.com/snow－book/index.html？item_id=15427097076228494028&t=1649875563887&toc_style_id=feeds_default&share_to=qq&track_id=101443d4－0332－4d7b－88de－982bdb3bdf0d。

[4] 《俄外交部公布永久禁止入境的美国公民名单，涉及963人》，央视网，2022年5月21日，https：//news.cctv.com/2022/05/21/ARTIKa1YxVRuWECE8mw10e7w220521.shtml。

某些外国和国际组织的不友好行为适用报复性特殊经济措施令》①，禁止向不友好国家的法人和自然人出口生产原料，禁止与其进行金融交易和商业往来，并要求在10天内确定受到俄罗斯报复性制裁的法人和自然人名单。

2. 金融领域的反制裁

一是在天然气等商品贸易中优先使用卢布支付。针对美西方冻结俄罗斯资产，将俄罗斯移出SWIFT支付系统这一行为。2022年3月23日，俄罗斯颁布"卢布结算令"作为反击，俄方向"不友好国家和地区"供应天然气时改用卢布结算。② 新规从4月1日起正式实施，不遵循的国家或企业将被停止天然气供应。俄罗斯联邦政府网站于2022年5月11日发布了一份涉及俄罗斯天然气公司在欧洲、美国、新加坡的31家合作方的新制裁名单，其中包括俄罗斯天然气工业股份公司德国子公司和波兰的欧波天然气公司。2022年5月31日，俄罗斯天然气工业股份公司发布消息，确认已经完全停止向荷兰泰拉能源公司供应天然气，原因是该公司拒绝使用卢布进行付款。

二是使用替代性支付系统。为了摆脱SWIFT支付系统的束缚，俄罗斯央行开发了俄罗斯银行金融信息传输系统，俄罗斯银行金融信息传输系统的构建参考了SWIFT支付系统的模式，旨在保证俄罗斯金融基础设施正常运作，于2017年开始全面运作③。目前，俄罗斯银行金融信息传输系统已经拥有70家来自12个国家的外国机构接入，俄罗斯大型银行在德国和瑞士这两个欧洲最重要的金融中心的子公司都可以使用俄罗斯银行金融信息传输系统。俄罗斯目前正在与中国就加入该系统进行谈判，并考虑通过中国人民币跨境支付系统开展中俄贸易。这些替代性的金融基础设施减轻了欧美制裁对俄罗斯国内支付体系的不利影响。

---

① 高际香：《极限制裁下的反制裁：博弈、影响及展望》，《欧亚经济》2022年第4期。
② 田丰：《从"卢布结算令"看金融制裁的应对及启示——基于资金账户和货币清算视角》，《财会通讯》2022年第15期。
③ 李珍、牟思思、赵凌：《俄罗斯应对西方国家经济金融制裁的措施及政策启示》，《当代金融研究》2022年第9期。

3. 贸易领域的反制裁

一是限制商品出口。俄罗斯是粮食生产和出口大国，新形势下，限制谷物出口既能冲击世界粮食市场，也能维护本国的粮食安全，成为俄罗斯反制裁的又一措施。2022年3月15日，俄罗斯称在8月31日前将暂停向第三国出口糖，6月30日前暂停向欧亚经济联盟国家出口小麦、黑麦、大麦、玉米等谷物。尽管后续俄罗斯又与联合国达成了谷物出口协议，但限制谷物出口仍然对世界粮食市场产生了重要影响。除粮食外，俄罗斯的其他商品也被禁止出境。2022年3月10日，俄罗斯政府确定了2022年底前临时禁止出境的商品清单，该清单包括技术、电信、医疗设备、车辆、农业机械、电气设备等共200多项，涵盖铁路车皮和车头、集装箱、涡轮机、金属和石材加工机床、显示器、投影仪、控制台和控制面板等不同领域的众多商品。11月3日，俄罗斯政府已将禁止出口部分商品和设备的临时禁令延长至2023年底。禁止出口包括技术和医疗设备、农业机械、电气设备、涡轮机、核反应堆、光纤电缆、某些类型的飞行器、雷达装置、蓄电池、金属加工机床等超过1600个品种。[1]

二是加征商品关税。首先，俄罗斯在自身优势产品上增加了出口关税。2022年11月11日，俄罗斯副总理兼工业和贸易部长丹尼斯·曼图罗夫表示，俄罗斯将为化肥设定出口关税，如果任一化肥价格超过每吨450美元，政府将对高出450美元的部分收取23.5%的出口关税，[2] 此举可提高国际市场的化肥价格，以应对新形势下俄罗斯化肥出口受限的问题。俄罗斯农业部于2022年12月20日表示，未来还将上调小麦与大麦的出口关税。此外，俄罗斯也对来自"不友好国家和地区"的商品加征了进口关税。俄罗斯工业和贸易部12月9日公布一项决定，俄政府将对来自"不友好国家和地区"的部分进口商品加征35%的关税。这一政策在公布之日起5天后生效，有效期至2023年12月31日。俄罗斯政府此举是对西方制裁

---

[1] 《俄罗斯政府确定年底前临时禁止出境的200余项商品清单》，环球网，2022年3月10日，world.huanqiu.com/article/478aXARuxF2。

[2] 《俄罗斯已准备对化肥征收出口关税：税率或高达23.5%》，中国供销合作网，2022年11月14日，https://www.chinacoop.gov.cn/news.html?aid=1764944。

的回应，同时，俄罗斯还将增加从中国等友好国家进口相关商品。俄罗斯此次加征关税涉及 14 类商品，包括室内空气芳香产品、洗涤剂和清洁产品等。此外，35% 的关税政策也适用于进口自"不友好国家和地区"的民用武器和弹药及零件。①

4. 科技领域的反制裁

针对美西方在尖端科技领域对俄罗斯的制裁，俄罗斯也采取了反制裁措施。首先是具有相对优势的航天领域。此前，俄美欧三方在运载火箭发射、近地轨道空间站运营、深空探索研究等航空航天领域开展了广泛的合作。新形势下，美西方在国防、航天相关领域实施严格的出口管制，俄罗斯也随即开展反制裁。俄罗斯航天国家集团于 2022 年 2 月 26 日宣布终止与欧洲航天局在库鲁航天发射中心的联合发射，同时召回 87 名技术人员。3 月 2 日，俄罗斯要求一网公司（OneWeb）保证其卫星将不会用于军事目的，并要求英国政府退出一网公司股东，但遭到了英国政府的拒绝。一网公司也暂停了 3 月 4 日的发射任务并撤离工作人员，俄罗斯随即宣布停止给一网公司提供发射服务。3 月 3 日，俄罗斯航天国家集团终止向美国供应 RD-180 和 RD-181 发动机，终止德俄两国在国际空间站的科研试验。② 除航天领域外，俄罗斯还声称不再向"不友好国家和地区"支付专利费用，这意味着如果专利的持有者来自俄罗斯发布的"不友好国家和地区"名单中，那其发明创造可以在未经授权的情况下被使用。这是针对欧洲专利局和美国专利局终止与任何俄罗斯组织的专利合作这一举措的反击措施，并在一定程度上冲击了西方的知识产权体系。③

总体而言，俄罗斯的反制裁多措并举，对"不友好国家和地区"的个人及企业进行制裁的同时，在金融领域推动本币结算及使用替代性支付系统；在贸易领域限制商品出口及加征商品关税；在科技领域的反制裁则主

---

① 陈子帅、柳玉鹏：《俄将对"不友好国家"商品加征关税》，《环球时报》2022 年 12 月 12 日。
② 张绿云、杨开、王林：《俄乌冲突对俄美欧航天国际合作影响分析》，《国际太空》2022 年第 6 期。
③ 高际香：《极限制裁下的反制裁：博弈、影响及展望》，《欧亚经济》2022 年第 4 期。

要集中在航天技术和专利支付上。这些反制裁措施反应迅速、目标明确，从中也可窥见俄罗斯反制裁的特点。

二、俄罗斯反制裁的特点

（一）未雨绸缪，先行布局

俄罗斯已经提前做好了应对制裁的准备，很多反制裁措施都体现出这一特点。首先，俄罗斯的反制裁反应迅速，2022年2月24日爆发俄乌冲突，2月28日总统普京就下令实施反制裁稳定卢布汇率。俄罗斯外交部在3月8日明确表示，俄方对西方制裁的反制裁措施将是"迅速、全面和感觉明显的"。其次，自2014年因克里米亚事件被制裁后，俄罗斯就开启了应对制裁不断升级的准备，主要体现在金融领域的"去美元化"上。俄罗斯大幅降低国际储备和外债中的美元占比，并增加了人民币与黄金储备的比例。2014年俄罗斯外汇储备中美元资产占比39.6%，至2021年已经降至21.2%；[1] 人民币从2014年未纳入俄罗斯外汇储备，至2022年涨至占比60%；黄金的储备也达到40%；[2] 在进出口业务结算中俄罗斯也减少了美元的使用，积极推动与欧亚经济联盟国家、金砖国家等贸易伙伴使用本币结算，积极推动卢布国际化。此外，俄罗斯还积极推动建设俄罗斯自己的支付体系。自2014年起，为了摆脱SWIFT支付系统的束缚，俄罗斯就积极筹备替代性支付系统，并在2017年年初完成了俄罗斯银行金融信息传输系统的建设。事实证明俄罗斯的这一步是有先见之明的，俄罗斯银行金融信息传输系统的建成和发展在2022年俄罗斯部分银行被剔除出SWIFT支付系统后发挥了重大作用，维护了俄罗斯经贸的稳定，并成为俄罗斯反制裁的工具。

---

[1] 梁玥：《欧美制裁与俄罗斯去美元化》，《中国货币市场》2022年第1期。
[2] 《俄财政部：人民币占比60%，英镑日元降至0》，搜狐网，2023年1月2日，https://www.sohu.com/a/623880035_162758。

（二）反制裁措施具有针对性

俄罗斯的反制裁措施是与美西方的制裁措施相对应设置的，且具有针对性，主要体现在对"不友好国家和地区"的个人及企业实施"镜像"回应；对金融领域资产被冻结及移出 SWIFT 支付系统，贸易领域被限制高精尖端技术进行针对性反制裁。首先，针对美国、日本、澳大利亚等"不友好国家和地区"对俄罗斯官员及企业的制裁，俄罗斯对此实施了"镜像"回应，反制裁的力度相等，范围一致，冻结资产、禁止入境等手段也基本相同。比起让对手产生实质性的损失，这些制裁手段更像维护国家尊严、不甘示弱的手段。其次，针对美西方在金融领域冻结俄罗斯海外资产这一举措，俄罗斯要求向"不友好国家和地区"供应天然气时优先使用卢布支付，并对不执行的企业进行制裁，并以停止其天然气供应作为反击，此举同时也是针对美西方在能源领域禁运俄罗斯天然气的反制措施，加剧了欧洲的能源短缺。针对美西方将俄罗斯移出 SWIFT 支付系统，使俄罗斯无法再使用美元、欧元、日元、英镑进行结算，作为反击，俄罗斯使用其替代性支付系统，以保证自身金融秩序的平稳运行，并在国际上进行推广，推动卢布的国际化以冲击 SWIFT 支付系统的地位。最后，在贸易领域，美西方限制半导体等高精尖端技术出口俄罗斯，俄罗斯的反应是在其具有优势的航空航天领域对美西方进行反制裁，包括撤回技术人员、停止供应航天发动机等，并不再向"不友好国家和地区"支付专利费用，以冲击美西方的知识产权体系。除了高精尖端技术，俄罗斯还利用其优势的谷物等商品，通过加征关税等方式对美西方的贸易制裁做出回应。

（三）核心目标是避免损失扩大，侧重于防御

纵观西方国家对俄罗斯的制裁，无论是将俄罗斯移出 SWIFT 支付系统、限制高精尖端技术出口，或是商品及能源禁运等，均以击垮俄罗斯的军事和经济能力为目标，具有较大攻击性。俄罗斯外交部发言人扎哈罗娃称这些制裁措施是要"将俄罗斯从世界经济中除去"。相比之下，

俄罗斯各个领域的反制裁措施是在美西方对俄制裁之后进行的同等回应，并不是先行的主动出击，目的也是为了维护本国的经济及安全利益，避免在西方的制裁下自身损失继续扩大。例如，在金融领域俄罗斯的反制措施是优先使用卢布进行支付，是为了稳定卢布汇率，避免卢布大幅贬值造成国家损失和国内市场不稳定；使用替代性支付系统是为了减轻欧美制裁对国内金融体系的不利影响；在俄乌冲突初期限制部分商品和谷物出口是为了稳定国内市场，保证粮食和公民生活必需品的供应充足；加征商品关税的原因之一是增加财政收入，降低欧美对俄加征关税及庞大的军费开支带来的财政赤字。总体而言，欧美的制裁对俄罗斯的损害不可避免，俄罗斯的反制裁措施比起击垮西方经济，更多是被制裁下的防御。

（四）经济相对弱势，反制裁措施较少

俄罗斯的经济现代化道路曲折，尽管2008年金融危机后俄罗斯政府实施了经济改革，但乌克兰危机后遭受了美西方多年制裁，又受到新冠疫情影响，因此与美国和欧盟相比，俄罗斯经济相对弱势。2022年美国的国内生产总值为25.46万亿美元，同比增长2.2%。[①] 欧盟27国的国内生产总值总量为17.46万亿美元，同比增长3.6%。[②] 而俄罗斯2022年的国内生产总值为151.5万亿卢布，折合2.2万亿美元，同比下降2.1%。[③] 由此可知，2022年俄罗斯的国内生产总值仅为美国的8.6%或欧盟27国总量的12.6%，且在美国和欧盟的国内生产总值均为同比增长的情况下，俄罗斯是同比下降的。

制裁与反制裁手段都需要以经济实力作为基础，经济上的相对弱势使俄罗斯在面临美西方大规模、全方位的制裁时，可采取的反制裁措施较

---

① "United State country date," IMF, Apr. 27, 2023, https：//www.imf.org/en/Countries/USA#countrydata.

② "GDP and main components (output, expenditure and income)," Eurostat, Apr. 5, 2023, https：//ec.europa.eu/eurostat/databrowser/view/namq_10_gdp/default/table?lang=en.

③ "Russian Federation country date," IMF, Apr. 27, 2023, https：//www.imf.org/en/Countries/RUS#countrydata.

少。以欧盟为例，欧盟针对俄罗斯前后共出台了十一轮制裁，涵盖个人、企业、经济、金融、能源、国防军事、社会文化、交通物流等众多方面，而俄罗斯则集中在自身具有优势的能源、粮食、化肥和航空方面，在某些领域难以对美西方实施对等的反制裁措施。例如，在人文方面，欧盟在制裁时借助了自身文化影响力对俄罗斯建起"文化隔离墙"，在国际文化活动中不允许俄罗斯艺术家参演、在体育赛事上不允许俄罗斯运动员参加等。基于欧洲在人文领域的巨大影响力，俄罗斯几乎难以实施对等的反制策略。在技术方面，尖端技术多数掌握在美西方国家手中，美西方对俄罗斯限制出口的产品多为半导体、计算机等高精尖端设备，而俄罗斯受制于自身的经济发展模式，高新技术发展相对落后，限制出口的商品多是较为初级的能源原料、粮食谷物等，无法与美国、欧盟相提并论。

三、俄罗斯反制裁效果分析

新形势下，俄罗斯面对美西方制裁迅速做出反应，包括使用卢布支付和替代性支付系统、限制商品出口等，这些反制裁措施在当前有效抵御了美西方制裁的冲击，切实维护了俄罗斯的国家利益，也为美西方带来了一定困扰，但实际影响有限。

（一）有效抵御美西方制裁的冲击

尽管面临美西方的严厉制裁，但俄罗斯依托石油、天然气等资源出口优势，以及本币结算、货币政策、外汇管制、宏观调控等反制裁措施，在当前有效抵御了美西方制裁的冲击。[①] 俄罗斯联邦国家统计局公布的经济数据显示，俄罗斯2022年一季度国内生产总值同比增长3.5%，二季度国

---

① 李珍、牟思思、赵凌：《俄罗斯应对西方国家经济金融制裁的措施及政策启示》，《当代金融研究》2022年第9期。

内生产总值同比下滑4%，上半年国内生产总值同比下滑0.4%[①]，经济表现远好于预期，可见制裁并未对俄罗斯的经济实力造成明显的冲击。

金融层面俄罗斯的反制措施效果更为显著，"卢布结算令"加上因出口限制导致的高能源价格，卢布的币值在短时间内得到大幅回升，到2022年4月汇率已重回之前水平，通胀率也趋于稳定。俄罗斯经济发展部发布的数据显示，2022年4月俄罗斯的通胀率为17.8%[②]，到了12月通胀率已降至11.9%[③]，并且从4月到12月一直呈现下降趋势。俄罗斯的金融系统最初在美西方的制裁下遭受重创，其银行存款准备金下降了40%左右。俄罗斯采取了一系列金融措施，这些措施在后来被证明是有效的，俄罗斯的金融体制得到了恢复。

除了经济和金融方面，俄罗斯居民的生活水平也没有受到较大影响。俄乌冲突初期，随着麦当劳、星巴克等外国企业暂停营业，国内物价上涨及部分商品短缺，俄罗斯普通民众的生活受到一定影响，但持续时间短暂。在俄罗斯政府的应对措施下，俄罗斯国内的物价涨幅放缓，自2022年5月下半月以来国内物价上涨趋势得到遏制，对部分商品的出口限制以及进口替代政策使俄罗斯的商品并未出现短缺现象。尽管有众多外国企业撤出俄罗斯市场，但俄罗斯本土产品和服务趁势崛起替代外国品牌，也受到了俄罗斯民众的欢迎。

（二）反制裁对西方影响有限

俄罗斯的反制裁措施在当前对美西方造成了一定影响，但总体而言影响有限。

第一，对欧洲而言。俄罗斯的反制裁对欧洲的影响首先体现在能源方面。欧洲制裁俄罗斯面临的最大问题是能源问题。俄罗斯是欧洲能源

---

① 《2022年俄GDP同比下降2.1%》，中华人民共和国商务部官网，2022年3月16日，http://ru.mofcom.gov.cn/article/jmxw/202303/20230303395989.shtml。

② 《普京：俄罗斯今年通胀率预计不超过15%》，央视新闻网，2022年5月26日，https://news.cctv.com/2022/05/26/ARTIV2gKXYZoJWa4WT8PiSNh220526.shtml。

③ 《俄经济发展部长：俄罗斯2022年通胀率为11.9%》，俄罗斯卫星通讯社，2023年1月12日，https://sputniknews.cn/20230112/1047054124.html。

的最大供应国，在欧美对能源的制裁以及俄罗斯的反制裁下，能源运输并不顺畅，德国就被俄罗斯停止出口石油和天然气。欧洲的能源危机在这一背景下进一步加剧，不少当地的普通民众无法使用天然气和煤炭取暖，只能燃烧木柴，这对普通民众的生活造成了较大的影响。此外，能源价格的升高也导致生产成本增加，不少工厂因此停工，欧洲经济也因此受到影响。能源问题的加剧进而引发了欧盟的内部分歧。① 出于对目前能源问题的担忧和俄罗斯下一步反制裁措施的不确定性，欧盟内部对俄罗斯的制裁分为了继续加强制裁与反对继续制裁两派。欧盟于2022年12月公布的第九轮对俄制裁的谈判就进行得十分艰难，波兰及波罗的海国家作为俄罗斯的邻国，要求对俄罗斯进行更严格的制裁，而距离较远、靠近西边的德国等则更加犹豫，西班牙、葡萄牙、希腊都对制裁采取消极态度，匈牙利则公开表示反对，欧盟在制裁俄罗斯问题上的凝聚力已经开始动摇。欧洲显然也意识到了能源问题的严重性，正在积极寻求各种措施加快摆脱对俄罗斯的能源依赖。② 欧盟已经加大了从中东、北美和大洋洲等地区的石油和天然气进口量，虽然短期内对俄罗斯的能源依赖难以改变，但可以预见，长此以往，俄罗斯将能源作为反制裁手段的效果会逐渐减弱。

第二，对美国而言。俄罗斯反制裁产生的影响主要作用在美国主导的国际体系层面。俄罗斯拒绝支付专利费用并同意使用来自"不友好国家和地区"的未经授权的发明创造，在一定程度上冲击了美国主导的知识产权体系。此外，俄罗斯在对外贸易中放弃美元结算，实施"去美元化"，对现有的美元结算体系造成了一定冲击。但实际上，这些措施的本质只能使俄罗斯降低损失，美国强大的国力使美国的经济发展不会轻易被撼动，美元也拥有稳定的根基，美国主导的国际秩序在未来很长一段时间都难以发生改变，因此当前俄罗斯的反制裁措施对美国的影响微乎其微。

---

① 《蒋丰：俄罗斯反制裁给欧洲等带来巨大冲击》，中宏网，2022年7月31日，https://www.zhonghongwang.com/show-94-249792-1.html。

② 高际香：《极限制裁下的反制裁：博弈、影响及展望》，《欧亚经济》2022年第4期。

四、俄罗斯反制裁的前景分析

目前,美西方的制裁和俄罗斯的反制裁斗争日趋白热化。由于美西方制裁措施层层加码,俄罗斯抗打击能力却有限,未来很长一段时间俄罗斯都将面临美西方极大的制裁压力。但因制裁措施本身和俄罗斯的反制裁对西方国家造成的冲击,美西方某些制裁措施在未来可能有所缓和,受此影响,俄罗斯的反制裁也将逐渐集中于关键领域。

(一)俄罗斯反制裁压力增大

制裁是美西方应对俄乌冲突可实施的最主要手段,只要俄乌形势持续恶化,对俄罗斯的制裁就不会停止,且力度有增无减,层层加码的制裁将使俄罗斯面临的反制裁压力增大。

首先,尽管有反制裁措施避免损失的扩大,但前期美西方的制裁仍然对俄罗斯的军事和经济造成了冲击。军事方面,美西方对军事用途的商品和技术进行了封锁,包括微芯片和半导体等,削弱了俄罗斯制造精密武器的能力。经济上的制裁也导致俄罗斯经济萎缩。地区形势的持续恶化还会使俄罗斯未来长时间与美西方主导的金融体系割裂,可能产生的代价包括但不限于:一是对外贸易条件恶化。俄罗斯以"不友好国家和地区"作为反制裁的依据,但美国、英国、日本、韩国等"不友好国家和地区"占据了俄罗斯对外贸易总额的一半以上,在美西方对俄罗斯实行石油禁运、提高关税、封锁物流、金融制裁等一系列举措之后,俄罗斯不得不重新调整货币政策,重新建立商业伙伴关系,这些举措给俄罗斯外贸带来了很大的冲击。二是投资下降,美西方频繁的制裁以及俄罗斯反制裁措施的出台,加上新形势的持续影响,俄罗斯不稳定的投资环境使不少投资商望而却步。未来的高度不确定性、高利率、需求疲软、供应链断裂等风险也会严重影响俄罗斯国内投资者的信心。三是能源、电信、航空航天等支撑俄罗斯经济的重要领域都将面临严峻的考验。乌克兰危机后，尽管俄罗斯已经实行了多年的进口替代政策，但是在一些关键领域仍然高度依赖进口，这些领域几乎都被美西方列入了制裁清单。

（二）反制裁措施有所侧重

受美西方放宽部分制裁领域的限制及缓解自身反制裁压力的因素影响，俄罗斯未来的反制裁手段将有所侧重。

这场制裁与反制裁的博弈也对美西方造成了不利影响，因此在金融、能源和贸易领域中的个别制裁措施出现了缓和的趋势。其一，在金融领域，欧盟放宽了对俄罗斯银行的限制，允许解冻俄罗斯主要银行的部分资金用于食品和化肥贸易；此外，联合国正在推动俄罗斯重回SWIFT支付系统。此前，欧美以其在SWIFT支付系统中的主导优势地位将俄罗斯踢出该系统，在制裁俄罗斯的同时也对SWIFT支付系统本身的全球公信力产生了巨大的负面影响。2023年4月，联合国秘书长古特雷斯在例行新闻发布会上表示，联合国秘书处正在推动俄罗斯银行回归SWIFT支付系统，以确保俄乌黑海粮食出口协定的延续。其二，在能源领域，美西方放松了对俄罗斯的能源限制，允许部分企业与俄罗斯的能源公司进行交易；随后又放松了对俄罗斯煤炭运输的限制，此前在欧盟公布的第五轮对俄罗斯制裁中纳入了欧盟企业禁止运输俄罗斯煤炭的决定，并从2022年8月1日起禁止进口俄罗斯煤炭。目前，欧盟地区仍然禁止进口俄罗斯煤炭，但欧洲公司可以将俄罗斯煤炭运往第三国，这一放松政策很快导致俄罗斯煤炭出口激增并接近历史最高水平。其三，在贸易领域，美西方也放宽了对俄罗斯粮食、化肥产品和医疗领域的出口限制。上述提到的欧盟不再冻结俄罗斯银行用于食品贸易的资产就促进了俄罗斯食品的出口；美国方面，此前美国财政部发布声明表示俄罗斯的农业及医疗领域不在对俄罗斯制裁的目标范围内，美国的金融机构也可以处理与俄罗斯出口商品、药品或医疗器械相关的交易。

由此可见，美西方对俄制裁加码的同时，出于自身利益的考量，部分制裁措施也在放缓，此形势也对俄罗斯未来的反制裁趋势造成了影响。

首先，在金融领域，解冻俄罗斯银行的部分资产及推动俄罗斯回归SWIFT支付系统对俄罗斯无疑是有利的，但俄罗斯多年来深受美西方金融制裁的折磨，"去美元化"已是俄罗斯不可逆转并积极追求的趋势。目前，俄罗斯也正在积极推动卢布结算和替代性支付系统，因此，回归SWIFT支付系统并不是俄罗斯未来的政策选择。解冻海外资产对俄罗斯也是锦上添花，俄罗斯金融领域未来的反制裁中心仍在推动"去美元化"上。其次，能源一直是俄罗斯反制裁的一张王牌，尽管欧盟已经着力寻找新的能源供应商，但更换能源国际供应商需要花费较长的时间，因此在短期内能源手段使用效果仍然显著，美西方放松了对俄罗斯能源的限制也暴露出自身在能源方面的问题，未来俄罗斯也不会轻易放弃使用这一手段。此前针对美西方的能源限价和出口限制，俄罗斯已经减少能源市场的供应数量，到2023年年初，俄罗斯的反制裁措施已经包括禁止与"不友好国家和地区"公民交易资源开采股份；禁止俄罗斯天然气工业股份公司与"不友好国家和地区"公司及个人往来；俄罗斯正式禁止向在合同中直接或间接使用价格上限机制的外国法人和个人供应石油等。① 可见，俄罗斯在能源上的反制裁措施囊括了能源开采、出口、交易，主体包含了国家、企业、个人。未来俄罗斯的能源领域反制裁也将更加全面，随着反制裁压力的增大，能源这一领域在反制裁措施中的出现也会越来越频繁。最后，在贸易领域，粮食、化肥不仅事关美西方国家，也事关全球的粮食安全，此前俄罗斯就在联合国的调解下签署了黑海谷物协议，保证俄罗斯的粮食和化肥畅通无阻地进入世界市场，未来俄罗斯在该领域的限制也会放宽乃至取消，以保证世界粮食安全，并促进贸易收入的增长和经济的稳定发展。

总体而言，受美西方部分制裁措施松动的影响，未来俄罗斯的反制裁政策将侧重于推动金融领域的本币结算及"去美元化"，继续加强能源手段的使用，对粮食、化肥等商品的限制将逐渐放宽。

---

① 《俄反制西方对俄石油限价措施正式生效》，央视网，2023年2月2日，https://news.cctv.com/2023/02/02/ARTI8gcwEzeMRCotBF9mGSS4230202.shtml。

结　语

截至2023年8月，共有十一轮针对俄罗斯的制裁措施出台，参与国家众多，制裁范围广泛。2023年年初以来，俄乌态势不断升级，美西方针对俄罗斯的制裁也层层加码。在此背景下，俄罗斯在个人及企业、金融、贸易和科技领域采取了多方面的反制裁措施，其所涉及措施总体呈现出先行布局、针对性、防御性三大特点，但因为经济上相对弱势，可使用的反制裁措施较少。从当前形势来看，俄罗斯的反制裁措施在其内部更为有效，较好地抵御了美西方制裁的冲击。但对美西方而言则影响有限，其反制裁也无法从根本上动摇美西方主导的国际体系。未来，俄罗斯的反制裁压力会随着美西方不断加大的制裁力度而增大，反制裁的措施也将会向金融及能源领域倾斜。与此同时，为了更好地推动反制裁，俄罗斯还可能在完善反制裁法律体系、帮扶高精尖端及互联网技术发展方面采取措施。

俄罗斯与亚洲国家的关系

冷战后俄罗斯对印度尼西亚政策分析

梁海琳　丁越　张书华[*]

【摘　要】 早在印度尼西亚独立初期，俄罗斯就与其建立了一定的联系基础，但在21世纪前，双方的联系总体上较为薄弱。进入21世纪后，俄罗斯逐渐意识到"亲西方"外交思想不利于其维护自身国家利益。因此，俄罗斯也开始调整对外战略，欲借助印尼"搭建"其在东南亚地区的战略落脚点。俄罗斯以军售为切入点，深化高层互访，并辅以软实力外交，对印尼积极接触。俄罗斯希望通过加强与印尼的双边合作以及深度参与东盟框架，达到抗衡西方制裁、融入亚太经济一体化进程以及加强对东盟的关注与参与的目的。短期内，在优先领域合作取得良好成效的情况下，双方的合作广度将持续扩大。长期来看，受俄罗斯自身、域外大国介入和印尼政策偏好的影响，双边关系的发展深度有限。

【关键词】 冷战后　俄罗斯　印度尼西亚　对外政策

引　言

冷战结束后，伴随着俄罗斯对国际形势的判断以及对外战略思想的转

---

[*] 梁海琳，广东外语外贸大学国际关系学院外交学专业2020级本科生；丁越，广东外语外贸大学国际关系学院国际组织与全球治理专业2021级本科生；张书华，广东外语外贸大学国际关系学院国际关系专业2022级硕士研究生。

变,其对印尼的军事外交活动进程在逐步推进中取得了重大突破。与此同时,俄罗斯逐步挖掘与印尼在经济、能源与安全等其他领域的合作潜力,力求深化与印尼关系。

一、俄罗斯对印尼政策的阶段演变

(一) 缓慢恢复时期(1991—2003 年):维持外交关系,关注经济合作

冷战后初期,俄罗斯与印尼的关系发展较为缓慢,但整体上一直保持联系。俄罗斯对印尼的政策既体现出苏联时期的延续性,又有着试图以印尼为契机关注亚太事务和东盟的战略性。

1991—1995 年,双方在政治上保持外交关系,受俄罗斯对外思想和国内问题的影响,双方在经济等其他领域来往较少。1992 年,俄罗斯正式成为东盟的磋商伙伴国,意味着冷战后俄罗斯对东南亚地区的外交重新起航。[①] 尽管如此,受到其早期的"亲西方"外交思想的影响,俄罗斯并没有打算与印尼开展过多的交往。1994 年 12 月,俄罗斯军队镇压车臣反政府武装,引发印尼国内穆斯林民众的不满,但印尼政府表示该问题为俄罗斯内政,希望能以和平手段妥善解决。[②]

1996 年之后,俄罗斯开始推行"多极化"政策,恢复了对亚太地区的兴趣。1996 年 7 月,时任俄罗斯外长普里马科夫访问了印尼雅加达。在印尼的支持下,俄罗斯从 1997 年 7 月起被接受为东盟的对话成员国。同年,美国禁止印尼购买 F-16 战机,印尼计划转向俄罗斯购买 19 架苏-30K 和 8 架米-17 直升机,但因为受到 1997 年金融危机的影响,计划暂停。[③] 1998 年苏哈托统治结束,1999 年 3 月俄罗斯副总理马斯柳科夫抵达印尼,双方签订

[①] 宋效峰:《亚太格局视角下俄罗斯的东南亚政策》,《东北亚论坛》2012 年第 2 期。
[②] 《印度尼西亚与俄罗斯、独联体及东欧国家关系》,一带一路数据库,2006 年 4 月,https://www.ydylcn.com/skwx_ydyl/initDatabaseDetail?siteId=1&contentId=7189134。
[③] Leszek Buszynski, "Russia and Southeast Asia: A New Relationship," Contemporary Southeast Asia, Vol. 28, No. 2, 2006, pp. 281-282.

了关于贸易、科技合作和避免双重征税等系列协定。但是印尼中央统计局从1999年起不再记录雅加达与莫斯科之间的贸易额,可见印尼与俄罗斯贸易的微不足道。① 可以看出,俄罗斯与印尼实际上的经济来往才刚刚起步。

综上所述,这一时期俄罗斯与印尼合作进展缓慢但保持了一定联系。俄罗斯外交思想经历了从"亲西方"到"多极化"的转变,对印尼的关注程度开始提升,并开始认识到与印尼在经济领域的合作潜力。

(二) 关系升温时期 (2003—2016 年): 扩大经贸联系,关切地缘政治

进入21世纪,俄罗斯与亚太国家加强了在国际事务方面的合作,强调为国家经济发展营造有利的外部条件,积极拓展俄罗斯能源与武器出口市场。俄罗斯在与印尼高层互访不断、经济联系加强、军事合作发展等多领域合作的同时,增强了双边互动。此外,印尼是东盟的创始国之一,在东南亚地区有着重要的影响力。俄罗斯通过增加与印尼互动,既深化了双边关系,又促进了俄罗斯与东盟之间的战略合作。

首先,在双方曾有历史联系基础的影响下,两国深化双边关系的意愿不断加强,这也为俄罗斯与东盟开展合作提供了窗口。2003年4月,印尼总统梅加瓦蒂访问俄罗斯,这是14年来印尼元首首次访俄。访俄期间,两国签署《21世纪友好伙伴关系联合宣言》,标志两国战略伙伴关系的正式建立,是两国关系发展的重要转折点。宣言称,除了同意扩大政治对话外,双方将会在国防、信息、安全等方面增加交流,促进经济、军事、科技等领域的合作。② 梅加瓦蒂总统希望借昔日苏联与印尼的友好关系推动两国合作发展,尤其是加强同俄罗斯在军事技术领域的合作,具体表现为同年4月与俄罗斯签订购买2架苏-27SK、2架苏-30MK和2架米-35直升机的合同。2005年12月,首届俄罗斯-东盟峰会召开。与会各国发表《关于发展全面伙伴关系的联合宣言》,并就《2005—2015年推

---

① Suryadinata, L. "Indonesia – Russia Relations: The Jakarta Perspective," In Asean – Russia Relations, Cambridge University Press, 2006, pp. 28 – 38.
② 《印尼总统14年来首访俄罗斯宣布将加强双边合作》,搜狐网,2003年4月22日,https://news.sohu.com/00/81/news208678100.shtml。

进全面合作行动计划》达成共识,这标志着俄罗斯与东盟开始展开实质性合作。

其次,2006—2011年,俄罗斯与印尼通过加强经济交流、进行更大范围的军事合作,以及扩展其他领域合作,使两国的合作朝着多元化方向发展。① 2006年,两国签署《2006—2010年军事技术合作协议》。同年,两国决定在印尼西加里曼丹合作开发价值40亿美元铝土矿项目。2007年9月,两国达成价值10亿美元的军售协议。② 2008年,俄罗斯公司签署史上首个开发印尼石油的合同,两国代表希望这个合同能成为双方在该领域广泛合作的开端。③

此后,俄罗斯与印尼在能源和军事方面的合作持续深化,两国积极发掘经济发展潜力,以增强战略互信。正如印尼外交部形容2009年的两国关系发展速度"如同在高速路上",俄罗斯对与印尼军事合作意愿强烈,接连向印尼提供贷款以采购俄制军事技术设备并推动完善军事合作机制。2012年6月25日,俄罗斯副总理德米特里·罗戈津表示,俄罗斯对印尼的国防能力发展十分感兴趣。此外,俄罗斯企业广泛投资东南亚能源、交通、基础设施等行业,并扩大高科技和机械产品供应领域的合作前景。2012年俄罗斯与印尼签署协议,投资18亿美元建设铁路。④

这一时期,俄罗斯对发展与印尼的合作意愿更加强烈,推动双方达成了涵盖能源、经济贸易和军事技术等多个领域的交流合作,双边关系也得到进一步的发展。

(三) 全面发展时期(2016年至今):拓展合作领域,推进多边协调

2016年以来,俄罗斯对与印尼的合作表现得更为积极。双方在经济、军事、安全、能源与科技等领域都展开了合作,两国关系呈现出全面发展

---

① 刘涛:《21世纪初俄罗斯亚太能源战略研究》,吉林大学2015年博士学位论文。
② 宋效峰:《亚太格局视角下俄罗斯的东南亚政策》,《东北亚论坛》2012年第2期。
③ 《俄公司签署史上首个开发印尼石油的合同》,俄罗斯卫星通讯社,2008年11月13日,https://sputniknews.cn/20081113/42329833.html。
④ 陶磊、陈月丰、徐一权:《俄罗斯加强与东盟国家合作问题初探》,《新西部》2017年第27期。

的趋势。此外，两国在联合国、以东盟为中心的组织、二十国集团、亚太经济合作组织、亚欧会议等机制下的多边合作也保持推进的状态。①

首先，俄罗斯与印尼在军事防务上的合作基础是双方开展多领域全方位合作的基石。印尼是东盟的"天然领导者"，俄罗斯与印尼的关系向好一定程度上深化了俄罗斯－东盟关系，而俄罗斯－东盟关系升级也有利于两国关系的发展。2016年，俄罗斯－东盟峰会在索契召开。俄罗斯表示欲加强同东盟各国的多领域合作。早在峰会前夕，俄罗斯就与印尼签署防务、军事和经济上的合作协议。印尼外长表示："俄罗斯是东盟极其重要的合作伙伴。"②

其次，俄罗斯与印尼在应对全球威胁、增强经济部门关系以及挖掘潜在合作等方面通过双边论坛、多边机制等方式向前发展。2017年，印尼外长蕾特诺与俄罗斯外长拉夫罗夫在雅加达会晤，双方同意在网络安全和打击恐怖主义等领域加强合作。③ 2021年3月，双方在第四届印尼－俄罗斯双边磋商论坛同意消除贸易壁垒，以实现贸易量目标，并确定了包括旅游、卫生和教育领域在内的若干潜在合作。俄罗斯还将支持印尼自由贸易协定－欧亚经济联盟的成立。④ 2021年7月，双方外长会晤，会后表达了对两国高水平合作关系的一致认同。2022年，印尼出任二十国集团峰会轮值主席，顶住西方国家要求将俄罗斯排除在二十国集团之外的压力，邀请俄罗斯领导人参加峰会。

这一时期，俄罗斯加强经济外交，更加注重对印尼的实际行动，不仅成为印尼最大的贸易伙伴和投资来源国之一，也在双边论坛及多边机制中与印尼扩大合作。

---

① 《俄外长：俄罗斯与印尼的关系已达到战略伙伴关系的水平》，俄罗斯卫星通讯社，2021年7月6日，https：//sputniknews.cn/20210706/1034019817.html。
② 《印尼外长：俄罗斯是东盟极其重要的合作伙伴》，俄罗斯塔斯社，2016年5月13日，https：//tass.com/world/875344。
③ 《印尼和俄罗斯承诺加强反恐合作》，新华网，2017年8月9日，https：//m.xinhuanet.com/2017－08/09/c_1121458478.htm。
④ 《印尼－俄罗斯承诺解决两国之间的贸易壁垒》，印度尼西亚外交部，2021年3月4日，https：//kemlu.go.id/portal/id/read/2218/berita/indonesia－dan－rusia－sepakati－pertemuan－teknis－untuk－selesaikan－hambatan－perdagangan－kedua－negara。

二、冷战后俄罗斯对印尼政策的特点

（一）借助印尼"搭建"战略落脚点

冷战后至21世纪之前，印尼就已成为俄罗斯发展与东南亚国家合作的重点目标之一。在俄罗斯1993年版本的《俄罗斯联邦外交政策构想》（简称"构想"）中，提到了要加强与亚洲国家的合作，其中包括东南亚国家，以推动地区的稳定和发展。文件指出，俄罗斯要强化与东南亚国家在军备、经济和文化等方面的合作。而在其2000年版本的"构想"中，俄罗斯强调要与东南亚国家发展双边和多边的关系，并提及俄罗斯与东南亚国家在国际事务中的协调，如在反恐、打击跨国犯罪方面的合作。实际上，俄罗斯在这一时期只是提及要逐渐加强与东南亚国家的合作，但并未把东南亚作为地区层面的优先发展方向。但由于印尼拥有庞大的人口和经济规模、关键的海上运输地位和丰富的自然资源等优势，加上两国在经济、军事和国际事务等方面的合作基础，俄罗斯将印尼看作其在东南亚扩大影响力的重点对象之一。

随着俄罗斯日益重视东南亚地区和东盟的作用，俄罗斯对印尼的外交政策也发生了更为积极的变化，致力于与其建立更加紧密的合作关系。俄罗斯在2008年版本的"构想"中指出要支持东盟地区论坛的发展，而在2013年版本的"构想"中则明确表达了密切与东盟国家关系、参与亚太一体化进程的构想。值得注意的是，在俄罗斯2016年版本的"构想"中，印尼是紧随其传统盟友越南之后的东南亚国家。2023年新版"构想"再次强调了要在经济、安全领域与东盟国家加强合作。从其不同版本的"构想"的变化中可以看出，俄罗斯对东盟的合作意愿日益强烈，意图通过加强与印尼的联系，进一步拓展与东盟的合作。

综上所述，俄罗斯在与印尼接触过程中，呈现出"以点带面"的偏好。俄罗斯欲借助印尼在东南亚地区的影响力"搭建"其在该地区的战略落脚点，通过推动双方在重点领域的合作空间取得实质性成果，增大其与东盟和其他东南亚国家的合作空间。

（二）军售占据重要地位

俄罗斯与印尼合作以经济交往特别是以军火贸易为切入点。早期，俄罗斯对印尼的军售主要集中在印尼军队现代化。1991—1993年，俄罗斯的军火销售商希望利用美国对印尼实施的武器禁运接近印尼寻求出售武器的机会，向印尼提供了米格－21战斗机的更新版本，但已经摆脱了对苏联武器依赖的印尼并不感兴趣。然而，在2003年两国战略伙伴关系建立后，俄罗斯对印尼军售出现新的转机。从2003年底，印尼国防部逐渐恢复了军事采购计划，其中与俄罗斯的装备采购和军事合作关系发展最为迅速。[1] 2005年11月，时任印尼总统苏西洛在釜山举行的亚太经济合作组织峰会上会见普京时，向俄罗斯发出协助印尼军队现代化的请求。印尼的购物清单包括1艘轻型护卫舰、1艘驱逐舰、1艘护卫舰和12艘潜艇。[2] 2007年，两国签署了最大军购合同，两国在军事领域的合作不断加深，并于2011年与2012年连续签订了武器购买协议。

之后，俄罗斯与印尼的军售合作继续。除了俄制武器物美价廉、出口政策宽松、售后服务良好外，俄罗斯会向印尼提供贷款、允许分期付款、帮助印尼培训相关军事人员、提供技术支持与转让，并且不附带任何政治条件。因此，印尼也十分乐意向俄罗斯购买武器装备。2010—2015年，俄罗斯成为印尼第一大武器进口来源国，占总进口量的21%。[3] 2014年，第十二届东盟－俄罗斯合作委员会联合会议上，俄罗斯国防部副部长格拉西莫夫称，俄罗斯将继续通过军事合作的手段开发东南亚市场，并提高俄罗斯新型武器装备在该地区的出口量，扩大售后服务范围，以加快国内经济

---

[1] 甘露：《印度尼西亚对外军事合作发展及其地区影响》，《东南亚纵横》2007年第8期。
[2] Leszek Buszynski, "Russia and Southeast Asia: A New Relationship," Contemporary Southeast Asia, Vol. 28, No. 2, 2006, pp. 287 – 288.
[3] "Arms Transfers Database," SIPRI, https：//armstrade. sipri. org/armstrade/html/export_values. php.

发展速度，促进俄罗斯武器出口的多元化。2016 年，俄罗斯积极参加印尼举办的国际武器装备展，达到推广自身产品和借机了解市场需求的双重目的，从而有针对性地开展军事工作。同年，俄罗斯顶级航空公司还为 2003 年供应给印尼空军的米-35 直升机提供维修服务。① 近年来，印尼已经从俄罗斯进口了战机、直升机和装甲车等多种武器系统，并于 2021 年 12 月 4 日在雅加达举行安全问题磋商，同俄罗斯确定了两国扩大军售和军事技术合作的途径。②

综上所述，俄罗斯向印尼提供了多元化的武器系统和技术装备，以此带动双方在经济和国防领域的合作，并通过持续军售和有针对性地进行技术转让，增进双方在安全和政治领域上的关系。

（三）通过高层对话推动两国合作

高层互访为地理距离较远的俄罗斯与印尼提供了一个直接沟通、交流意见的平台。通过高层互访，俄罗斯能够更加深入地了解印尼的需求，并通过这一形式逐步建立与印尼的对话与合作机制。2003 年 8 月，俄罗斯总统普京对印尼进行了为期两天的访问，这是普京就任总统后首次访问印尼，为双方在经济、能源、军事和文化等领域的合作建立了框架。2006 年 11 月 29 日，普京总统邀请印尼总统苏西洛访俄。12 月 1 日，两国元首会谈后发表联合声明，表示愿意在军事技术、原子能、航空航天技术等多个领域达成合作协议，为未来的合作方向奠定了基础。2007 年 9 月，俄罗斯总统普京访问印尼。访问期间，两国在军火交易、贸易投资等领域达成了内容丰富的合作协议。以此次普京访问为契机，俄罗斯多家能源企业与印尼相关企业商讨了合作事宜。

俄罗斯通过上述对话和合作机制与印尼持续交流和磋商，双方达成互信。此外，俄罗斯也会在俄罗斯-东盟峰会或以东盟为中心的多边互动场

---

① "Russia's top aviation company to repair Mi-35 Phelicopters for Indonesian Air Force," TASS, Dec. 5, 2016, https://tass.com/defense/916831.
② 《俄罗斯和印度尼西亚确定扩大军事合作途径》，俄罗斯卫星通讯社，2021 年 12 月 4 日，https://sputniknews.cn/20211214/1034972461.html。

所主动寻求与印尼的对话与合作。2011年11月，俄罗斯派外长参加在印尼巴厘岛举办的第六届东亚峰会。① 这是俄罗斯首次成为东亚峰会成员。2016年，在俄罗斯－东盟峰会后，两国总统对区域局势和双边关系进行了探讨。双方外长根据两国总统在索契的会谈结果签署国防领域的合作协议。② 同年，俄罗斯与印尼两国防长进行会晤时强调，双方的合作非常重要。2021年7月，俄罗斯外长拉夫罗夫访问印尼，与印尼总统和外长讨论涉及双边、地区和国际议程方面的问题。拉夫罗夫表示，两国关系实际上已经达到战略伙伴关系的水平。③ 同年10月，第四届俄罗斯－东盟峰会在线上举行，峰会通过了一系列旨在进一步发展俄罗斯与东盟战略伙伴关系的重要文件。④ 同年12月，俄罗斯安全会议秘书帕特鲁舍夫访问印尼，与印尼首脑探讨了地区安全问题和政治、经贸、科技、人文等领域的双边合作问题。

综上所述，俄罗斯以高层互访为推动力，与印尼建立政治互信和战略对话。通过多次的高层互访，俄罗斯能够更好地了解印尼的优先事项，在双边和多边框架下增加接触和合作。

（四）日益注重外交软实力

自2013年俄罗斯在其"构想"中首次提到了软实力——"依靠民间力量解决外交政策问题的一整套手段以及可替代传统外交手段的信息、通信、文化等方法和技术"的官方定义起，俄罗斯便注重在东南亚地区的公共外交、国际传播和文化交流。俄罗斯通过提升对东南亚国家地区合作理念的认同度，积极参与东盟主导的地区制度，加强其主导的大欧亚伙伴关

---

① 《第六届东亚峰会在印尼巴厘岛闭幕》，新浪网，2011年11月19日，https://news.sina.com.cn/o/2011-11-19/184923492784.shtml。

② 《普京与印度尼西亚领导人探讨双边关系与亚太地区局势》，俄罗斯卫星通讯社，2016年5月19日，https://sputniknews.cn/20160519/1019319519.html。

③ 《俄外长：俄罗斯与印尼的关系已达到战略伙伴关系的水平》，俄罗斯卫星通讯社，2021年7月6日，https://sputniknews.cn/20210706/1034019817.html。

④ 《俄与东盟首次海上联演落幕 双方将进一步深化合作》，新华网，2021年12月8日，http://www.xinhuanet.com/mil/2021-12/08/c_1211478024.htm。

系框架对接东盟，从而提升在该地区的软实力。①

俄罗斯对印尼的公共外交起步较晚，但在近年来收获了良好成效。首先，俄罗斯不仅在印尼雅加达设立了俄罗斯科学与文化中心，还扩大了俄语媒体在印尼的覆盖范围。2015—2017 年，俄罗斯相继与柬埔寨、马来西亚和印尼等国家通讯社签署合作备忘录，今日俄罗斯、塔斯社、俄新社等俄罗斯新闻机构纷纷进驻东南亚，与当地的媒体进行合作，在东南亚传播俄罗斯的历史和文化。② 其次，俄罗斯与印尼均是多文化多宗教的国家，有印尼学者指出，俄罗斯近年来试图提升其在印尼的声誉，正在"共同努力将俄罗斯描绘成伊斯兰教的朋友和盟友"。③ 最后，俄罗斯国家及领导人在印尼的形象较好，普京的形象对他们很有吸引力。而在新冠疫情期间，俄罗斯除主动与印尼加强经济合作外，还通过"卫星-V"疫苗外交抓住了提升软实力的新机遇。2021 年 9 月，印尼成为正式授权"卫星-V"疫苗的第 70 个国家，该疫苗成为最广泛被接种的疫苗之一。④

俄罗斯通过向印尼展示合作意愿和能力，树立其作为可靠合作伙伴的形象。一方面，俄罗斯在对印尼及东盟外交中，表现出对多边主义、地区稳定与安全、经济互利共赢等外交理念的支持。迄今为止，俄罗斯已成为包括东盟地区论坛、东亚峰会、东盟防长会议等东盟主导的多边制度框架的成员，获得了东盟对其大国身份的认同。在 2023 年新版"构想"中，俄罗斯表示其试图构建以"欧亚经济联盟+"为核心，连接上海合作组织、东盟等其他区域性一体化机制，最终建成大欧亚伙伴关系。这表明，俄罗斯认同东盟的重要作用，并强调东盟应该在连接一体化机制上发挥关键作用，这是东盟所乐见的。另一方面，俄罗斯在反恐、打击跨国犯罪方面积累了丰富经验，有利于给印尼提供帮助。早在 2004

---

① 刘燕、朱陆民：《俄罗斯在东南亚的软实力提升路径探析》，《当代世界与社会主义》2020 年第 6 期。

② 孙锦：《冷战后俄罗斯-东盟关系发展及其对东南亚安全格局的影响》，暨南大学 2021 年硕士学位论文。

③ 《为何印尼人在社交媒体上如此支持俄罗斯？》，看中国网，2022 年 3 月 22 日，https://www.secretchina.com/news/gb/2022/03/22/1001235.html。

④ "Vaccine Diplomacy and Vaccine Nationalism," Russia in Global Affairs, No. 3, 2022.

年，正在印尼出席东盟地区安全论坛会议的俄罗斯外长拉夫罗夫就与印尼外长维拉尤达签署反恐联合宣言。[①] 随后十几年间，俄罗斯与印尼就恐怖主义威胁情报进行了积极的交流和合作，开展联合行动打击恐怖组织，共享俄罗斯先进的反恐技术和经验，以及加强司法合作方面的联系，取得了积极成果。2021年7月，两国在双方共同主持的东盟－俄罗斯外长特别会议上高度评价2021年6月首次东盟与俄罗斯安全问题磋商会议成功举办，一致同意尽快启动东盟－俄罗斯信息与通信技术安全对话，促进东盟与俄罗斯在灾害管理方面的合作。[②] 2023年，印尼与俄罗斯签署引渡协议，这是两国于2019年达成的司法协作合作的后续行动，有利于两国合作打击跨国犯罪。[③]

综上所述，俄罗斯加强对印尼的公共外交，并积极参与印尼及东盟的机制合作，侧面建设其形象和声誉。俄罗斯展现出尊重印尼及东盟发展道路的倾向，加上两国历次安全合作的良好成效，为发展两国双边关系打下了良好基础。

三、冷战后俄罗斯对印尼政策的动因探究

（一）抗衡西方制裁，扩大地缘政治影响力

随着北约新一轮东扩，俄罗斯的战略空间日益缩小。在乌克兰危机的影响下，西方国家的制裁给俄罗斯带来了政治、军事和经济上的压力，俄罗斯"融入欧洲"的努力受挫，而西方短期内也不会改变对俄罗斯的负面态度。在持续受到西方排挤和打压的情况下，俄罗斯的外交重心正加速"转向东方"，以抗衡西方制裁。

---

① 《俄罗斯与印尼签署反恐宣言 强调联合国的作用》，新浪网，2004年7月2日，http://jczs.news.sina.com.cn/2004-07-02/2239208151.html。
② 《东盟－俄罗斯外长特别会议以线上形式举行》，越南通讯社，2021年7月6日，https://zh.vietnamplus.vn/东盟俄罗斯外长特别会议以线上形式举行/142059.vnp。
③ 《印尼与俄罗斯签署引渡合作协议》，《印度尼西亚商报》2023年3月31日。

当前，新的世界经济中心正在形成，各国都加大了对东南亚事务的关注度和投入度，俄罗斯也不例外。为避免在西方制裁的大潮中被边缘化，俄罗斯日益重视其在东南亚地区的战略利益，并持续在东南亚地区保持作为。俄罗斯外长拉夫罗夫2021年在莫斯科国际安全会议上表示："美国、澳大利亚和日本正在推动的'印太战略'旨在削弱东盟在该地区具有建设性的统一作用，目的是重新划分地区的格局，以遏制中国并孤立俄罗斯。"①

出于对自身长期战略利益的考虑，俄罗斯加强对亚太政治安全机制构建的参与。第一，俄罗斯欲改变前期采用"亲西方"外交造成在亚洲格局中的不利局面，在国际舞台上争取到更多国家的支持，其中就包括印尼。俄罗斯将防务合作视为在东南亚地区扩大其政治影响力的重要手段，并致力于推动同印尼的传统贸易合作向全球军事合作转型。目前，俄罗斯已成为东南亚地区主要武器供应国。第二，俄罗斯考虑平衡美国及其盟友在的东南亚地区的影响力，以维护其在该地区的核心利益。作为美国传统军事盟友之一的菲律宾，其时任总统杜特尔特分别于2017年、2019年两次访俄，与俄罗斯扩大了安全与防务方面的合作。第三，俄罗斯的"大国复兴梦"使其不断扩大在亚太地区影响力，力图挑战西方国家主导的当代国际秩序，彰显俄罗斯作为"世界大国"的地位和决心。俄罗斯学者认为，美国亚太"再平衡"战略将俄罗斯排除在外，并故意忽视俄罗斯作为亚太地区大国的事实。②

（二）开展务实外交，融入亚太经济一体化进程

2021年6月，俄罗斯出台新版《俄罗斯联邦国家安全战略》，强调要通过欧亚经济联盟扩大与亚太国家的自由贸易规模，尤其是与东盟经济体的合作。在美国实施"重返亚太"的战略背景下，俄罗斯希望以欧亚经济联盟为支点，发展与东盟的经贸关系，以此来实现欧亚经济联盟和东盟的对接，加强与亚太地区的合作，提升自身在该地区的影响力。

---

① 《俄外长：印太战略旨在遏制俄中两国》，俄罗斯卫星通讯社，2021年6月24日，https://sputniknews.cn/20210624/1033954141.html。

② 郭金月：《俄罗斯与美国的亚太"再平衡"战略》，《俄罗斯东欧中亚研究》2014年第5期。

第一，推行更为积极的东南亚战略，有助于俄罗斯搭上亚洲经济发展的"快车"。2008年金融危机的爆发严重破坏了俄罗斯的经济形势，这使俄罗斯充分认识到自身经济的脆弱性和对外部市场的严重依赖性。乌克兰危机后，在西方多轮制裁和国际石油价格低迷的情况下，俄罗斯经济发展受阻，迫切需要寻找新的经济增长动力以抗衡西方制裁，以便在复杂的国际博弈中掌握更多筹码。此外，参与亚太地区经济一体化的进程，对俄罗斯国内东部地区的开发与发展也有着积极的促进作用。[①]

第二，俄罗斯将印尼视为其融入亚太地区的"跳板"。俄罗斯所主导的欧亚经济联盟收效甚微，因此俄罗斯需要寻找新的经济贸易发展机会。其中，亚太地区是全球经济最具活力的增长带，拥有更高的经济增长速度和大量潜在的消费群体。对俄罗斯来说，印尼作为东南亚地区的领头羊，不但拥有较大的市场潜力，而且能够带动东盟以及各成员国与俄罗斯进行合作。近年来，俄罗斯继续发挥其在东南亚地区军备出口和能源等项目上的传统优势，不断在基础设施、交通、物流等各领域寻找新的经济合作契合点，深化双边经贸往来。

（三）追求多边合作，加强对东盟的关注

俄罗斯对东南亚地区的外交包括与东南亚国家的双边外交和对东盟这一地区组织的外交。自20世纪90年代中期以来，俄罗斯一直希望推动构建"多极世界"。此外，俄罗斯官方于2016年正式提出建立大欧亚伙伴关系，强化与东盟之间的合作成为俄罗斯外交战略的重要一环。对俄罗斯来说，印尼是一个绝佳的合作伙伴。印尼不仅是东南亚地区面积最大、人口最多的国家，还在东盟内部的决策中占据重要地位。

第一，俄罗斯欲借助与印尼建立紧密关系，通过东盟平台加大介入亚太事务的力度，扩大其在东南亚地区的影响力和存在感。俄罗斯在发展与印尼合作关系的同时，也与印尼就参与东盟框架进行磋商。2017年，普京总统访问印尼期间，不仅与总统佐科讨论扩大俄罗斯与印尼在双边经济、

---

① 张荷新：《略论21世纪以来的俄罗斯东南亚战略》，《科技视界》2016年第24期。

能源、人文交流以及科学技术领域的合作事宜，还讨论了俄罗斯与东盟的贸易、投资、区域互联互通以及安全合作等方面的途径，在多种场合同印尼及东盟加强沟通和对话。

第二，巩固和发展与东盟之间的关系对俄罗斯意义重大。这不仅契合俄罗斯"多极世界"的构想，还有助于其在国际事务中发挥更重要的角色。东盟作为地区性组织，在国际事务中具有一定的话语权和影响力。俄罗斯与东盟签订了一系列条约，例如《东盟－俄罗斯全面合作联合宣言》《东南亚友好合作条约》等。[①] 俄罗斯可以借助东盟作为多边合作平台，与东盟成员国共同推动地区和全球事务，包括反恐合作、海上安全等领域。这有助于俄罗斯在全球治理中发挥更积极的作用，并提升其国际声誉和地位。2021年12月，俄罗斯与东盟在印尼海岸进行首次海上联合军演，东盟10个成员国全部参加。俄罗斯驻东盟大使伊万诺夫表示，此次演习的目的是维护地区稳定繁荣，"俄罗斯与东盟正开启战略伙伴关系的新篇章"。

综上所述，俄罗斯为抗衡西方国家的制裁和缓解自身的经济压力，需要在其他地区寻找新的合作伙伴，并增强与这些地区的合作关系。这三个方面的动因相互关联、相互促进，促使俄罗斯对印尼政策的不断演进。对印尼积极接触，为俄罗斯在该地区寻求地缘政治支持、更多经济机遇和多边合作的可能性提供契机。由此可见，俄罗斯欲将印尼打造成其在东南亚地区除越南以外的"支点国家"，并通过双边关系推动实现其在该地区的战略目标，提升其在亚太地区的话语权和影响力。

四、俄罗斯对印尼政策的展望

（一）短期：合作广度持续扩大

首先，俄罗斯和印尼两国在军事防务领域的坚实合作增强了战略互

---

① 张旭东：《从建构主义视角看冷战后俄罗斯对东南亚地区的外交》，《亚非研究》2016年第1期。

信，进而拓宽了其他领域合作的可能性。军售作为俄罗斯对印尼经济交往的最先切入点，是俄罗斯与印尼合作的重点方面。印尼倾向于通过进口俄制装备的方式来满足其防务需求的增长。印尼防长苏比安托在与美国防长奥斯汀举行的联合新闻发布会上表示，印尼与俄罗斯的关系已经持续几十年，未来印尼也会继续使用俄罗斯的设备和装备。①

其次，两国在其他诸多领域的友好合作取得良好成效，为俄罗斯继续保持与印尼的伙伴关系奠定基础。在政治与安全方面，双方在打击恐怖主义和分裂主义等非传统安全威胁方面非常契合，已经进行了一系列的磋商并达成了共识，未来会将关注焦点从东南亚扩大到整个欧亚地区。2016年，俄罗斯与东盟国家先在首届俄罗斯－东盟防长会议上重点讨论了打击恐怖主义、海盗及人道主义救援等问题。随后，双方在俄罗斯－东盟峰会上将打击恐怖主义与海盗纳入了多边军事合作框架内。② 在经济与贸易方面，两国始终保持较高水平交流与合作。2022年俄罗斯和印尼之间的贸易增长了50%以上。"在能源与技术方面，俄罗斯的能源战略取得了较好的成效，帮助印尼建设能源基础设施，并推动核能源开发。2006年12月，俄罗斯与印尼签署核合作协议，以及一系列石油和天然气开发合同。③ 2015年，俄罗斯国家原子能公司与印尼国家原子能机构签署了核能合作谅解备忘录，此后多次举办与印尼国家原子能机构、印尼国家电力公司等核能项目利益相关者的核能公众宣传交流活动，并签署了一系列合作文件，不断加强两国在核能领域的基础设施、教育、研究和培训等合作。④ 在文化与交流方面，2016年，俄罗斯与印尼签订《印尼文教部与俄罗斯文化部关于2016—2018年有关文化方面的合作计划书》，加强双方的民间来往和交流。

最后，与印尼加深合作关系是俄罗斯基于其国内和国际长期利益要

---

① 《印尼防长：本国将继续与俄中进行军事合作》，俄罗斯卫星通讯社，2022年11月22日，https://sputniknews.cn/20221122/1045697397.html。

② 《俄罗斯－东盟峰会：共识与挑战并存》，新华网，2016年5月21日，http://www.xinhuanet.com/world/2016-05/21/c_1118908106.htm。

③ 《印尼斥资10亿美元购俄军火 两国将开展核能合作》，新浪网，2006年12月3日，https://news.sina.com.cn/w/2006-12-03/011710667383s.shtml。

④ 杨志伟：《俄罗斯布局东南亚核能市场启示录》，《能源》2020年第7期。

求，继续谋求与其大国地位相称的影响力的综合考量。俄罗斯与印尼有长期的历史合作基础，且双方并无根本性利益冲突。俄罗斯通过与印尼的深度接触，参与东盟框架，能够拥有进一步融入东南亚地区合作的机会。无论是构建大欧亚伙伴关系，还是以欧亚经济联盟推进欧亚地区经济一体化，俄罗斯都需要印尼以及东盟的参与。

（二）长期：发展深度受限

首先，俄罗斯在东南亚的地位遭受到域外大国介入的挑战，与印尼关系存在波动的可能。即便是在俄罗斯与印尼合作最为密切的军事武器领域，美西方也能在一定程度上动摇双方的合作。虽然印尼与俄罗斯在2018年签署了11架苏-35战斗机的采购合同，但由于美国潜在制裁威胁，印尼最终放弃采购，转向进口美国的F-15战斗机。此外，美国拉拢其他西方国家一起挤压东南亚军火市场，如法国也向印尼出口阵风战斗机，导致俄罗斯在东南亚地区军机出口的空间逐渐缩小。2021年6月，印尼国防部向意大利订购6艘贝尔加尼级护卫舰后，与英国于9月签订了购买两艘"箭头-140"型护卫舰的合同。[①] 与此同时，日本等国在核电技术等领域与印尼的合作也构成了与俄罗斯竞争的态势。为保证自身在东南亚地区政策的实施空间不被缩小，俄罗斯会继续寻求加强与东南亚国家的合作，确保自身在东南亚地区的政策灵活性和影响力。

其次，除了第三方因素外，俄罗斯自身因素也在一定程度上限制了双方关系发展。第一，俄罗斯至今没有发布针对东南亚地区的正式战略。即便是发展与东盟国家关系，也会将重点放在传统盟友越南的身上。印尼与越南之间存在渔业等纠纷，俄罗斯在对印尼合作时必然会考虑其传统盟友越南的感受。第二，俄罗斯自身经济萎靡，在印尼乃至东盟的经济贸易额、投资额极为有限，在贸易和投资合作规模方面严重落后于印尼其他贸易伙伴。在一些能源合作、军事技术转让项目中，俄罗斯不得不在短期的

[①] 《印尼再购新军舰作战能力大幅提升　但现代化之路仍漫长》，新华网，2021年10月12日，http://www.news.cn/mil/2021-10/12/c_1211400997.htm。

经济利益和长远的政治利益中权衡利弊并作出选择，这限制了俄罗斯与印尼的合作深度。第三，由于东南亚地区的地缘政治意义和经济活力越来越受到多方重视，域外大国的介入会影响俄罗斯对印尼政策的效果。俄罗斯在政府间组织和论坛的回旋余地受到自身实力不足的限制，这给俄罗斯与印尼的合作带来了较大的不确定性。

最后，在奉行东盟中心性原则和多边外交的情况下，印尼基于长远化考虑，不会过度依赖俄罗斯。印尼是东盟的核心成员国，在地区事务中积极追求多边合作。尽管俄罗斯在能源等领域具有优势，但与其他国家相比，其在印尼的经济投资和合作相对有限。为维护自身经济多元化和东南亚地区的安全与稳定，印尼更加倾向于与多个国家和地区合作。

结　语

从俄罗斯与印尼双方关系发展的阶段变化来看，俄罗斯对印尼的政策受到俄罗斯对国际局势的判断以及对自身定位认知的影响。如今，美国新版"印太战略"发布，日本、印度等国家深度介入东南亚地区使东南亚地区面临错综复杂的地缘战略环境。印尼与东盟对俄罗斯在东南亚发挥作用表示欢迎。尽管俄罗斯与印尼现阶段合作取得一定进展，但远没有与其他东南亚国家的合作水平高。实际上，对于俄罗斯来说，与印尼合作只是为缓解西方制裁压力、获得一定经济利益，以及满足其战略布局的需要。未来，在双方都具备合作意愿的情况下，双边关系仍具有较大发展潜力。

普京执政以来俄罗斯与沙特阿拉伯的能源合作分析

唐紫蓓　江绮枫　卢人琳[*]

【摘　要】自 2000 年担任俄罗斯总统以来，普京一直努力恢复俄罗斯的全球地位，并在能源外交领域取得重大突破。沙特阿拉伯作为世界能源大国自然成为俄罗斯的重要合作对象。两国在能源领域不断取得新成果，呈现出长期化和机制化的特点，但由于美国的干涉、国际形势与能源市场的变动，两国的合作存在不稳定因素。本文将普京执政以来俄沙能源合作分为三个阶段，并认为促进两国合作的主要动因是两国在增强能源市场和稳定国际油价的方面拥有共同利益。此外，美国和中东权力格局的变换也是影响两国合作的重要因素。未来，为应对国际能源格局的新变化和传统能源合作的转型，拓展合作领域是双方的共同需要。

【关键词】俄沙能源合作　能源博弈　美国

一、不同阶段的合作成就

自俄罗斯总统普京上台以来，国际形势的变动无不影响沙特与俄罗

---

[*] 唐紫蓓，广东外语外贸大学国际关系学院外交学专业 2020 级本科生；江绮枫，广东外语外贸大学国际关系学院外交学专业 2020 级本科生；卢人琳，广东外语外贸大学国际关系学院国际关系专业 2022 级硕士研究生。

斯之间的能源合作。2008年，普京总统任期结束，美国"页岩革命"开始，这场革命直接冲击了整个国际能源市场，对俄沙两国的能源合作造成了前所未有的影响。2017年特朗普上台，实行美国"能源优先"的政策，再一次引发了国际能源市场的动荡。因此，本文将俄沙两国能源合作的进程分为三个阶段：一是2000年到2008年金融危机的有限合作；二是2008年到2017年特朗普上台后两国合作的逐渐扩大；三是2017年至今两国合作的深入发展。

（一）有限合作（2000—2008年）

"9·11"事件发生以后，美国国内出现了抵制沙特的声音，沙特与美国在反恐方面亦存在不同态度，在此情况下，美国选择疏远沙特，这为俄沙的合作提供了契机。俄沙两国开始加强能源方面的合作，并达成了一些合作项目。

2003年，俄罗斯能源部部长访沙，双方就国际油价领域的合作达成共识。9月，沙特王储阿卜杜拉对俄罗斯进行了高级别访问，这一次的访问具有重要的历史意义，两国元首在此次会面中签订了一系列合作协议，依据协议，俄沙两国共同成立油气工作组，以便及时交换市场信息、共享油价出口数据和观测国际油价波动等；俄沙两国在能源领域进行不同但有效的合作，沙特大规模投资俄罗斯的能源企业，而俄罗斯则协助沙特在天然气领域的开发，并参与沙特石化和电力项目的建设。其中，俄罗斯天然气工业股份公司的子公司与沙特拟定合作协议，即俄罗斯的天然气运输公司为沙特阿美公司建设国家运输和天然气配送网络。2007年3月31日，由俄罗斯天然气工业股份公司的子公司与沙特共同组建的联合财团获得一份合同，为沙特阿美公司铺设自谢巴到阿卜凯克长217公里的输油管道。[①] 2004年3月，俄罗斯卢克石油公司成为投资沙特的第一家俄罗斯能源企业，其与沙特阿美公司签署了第一份具有重要意义的能源合作协议，以此来开发沙特鲁卜哈利沙漠最具潜力的A区块天然

---

① 王宝龙：《21世纪俄罗斯中东能源外交研究》，上海外国语大学2018年博士学位论文。

气，这标志着俄罗斯能源企业正式进入沙特，为当地经济带来更多的可能性。同时，这项合同标志着俄沙双方放下了以往的误解，促进了双方日后的合作。

（二）合作扩大（2008—2017年）

随着"欧佩克＋"机制、"欧佩克＋"联合部长级监督委员会、技术联合委员会①，以及专门负责市场监测机构的建立，俄沙的能源合作取得了新的进展，合作领域由能源向外拓展至核能等新能源领域。而此时，"页岩革命"使美国实现页岩气大规模商业开采，石油和天然气产量激增，逐渐摆脱对沙特的能源依赖。为寻求外交破局，沙特逐渐加大与俄罗斯的合作。

2016年12月，以沙特为首的欧佩克国家和俄罗斯、阿曼（阿曼苏丹国）等11个非欧佩克国家组成的"欧佩克＋"签署《石油生产国合作宪章》，促成了"欧佩克＋"国家首份具有里程碑意义的联合减产协议，"欧佩克＋"机制成立。"欧佩克＋"机制的建立促进了俄罗斯与沙特在世界石油市场的密切合作，构建了两国相对持久、可持续的双边关系网络。这种机制在某种程度上能够削弱美国在石油市场上的优势地位，降低"页岩革命"给俄沙两国带来的损失。

除了建立高层机制，两国政府间的合作交流也逐渐增多。2012年9月首届俄罗斯-欧佩克能源对话在维也纳举行，双方在能源领域方面展开了深入探讨，俄罗斯和欧佩克代表就石油价格的形成和新项目的实施前景等问题进行了深入探讨，并成立相关委员会。2015年6月，在圣彼得堡国际经济论坛召开期间，俄沙两国就能源、基础设施、贸易等多个领域缔结6份重要的合作协定，其中包括总额超过100亿美元的投资计划。②除此之外，沙特也与俄罗斯就如何和平利用核能进行政府间探讨，最终签署政

---

① 马鸾宇：《萨勒曼执政以来沙特阿拉伯能源治理研究》，北京外国语大学2022年硕士学位论文。
② 邵玉琢、罗林：《外交战略调整背景下的俄罗斯与沙特关系》，《俄罗斯东欧中亚研究》2018年第2期。

府间协议。在俄沙两国的能源合作中，因为俄罗斯在核能领域技术和工程实力积累较为雄厚，所以在新能源领域核能逐渐成为两国除原油以外的重要合作领域。2017年10月，俄沙双方签订了一项旨在共同推动可再生能源可持续使用的双边协定，从而改善全球环境，促进地区经济的可持续性发展。①

2017年10月，沙特首相萨勒曼携1500名官员组成的代表团，前往俄罗斯，开启了俄沙合作的新篇章。据报道，在萨勒曼访俄期间，两国达成了至少30亿美元的军购协议，还在油气领域合作释放积极信号。俄罗斯外长拉夫罗夫称，两国商定将在油气、核能、航天、基础设施等领域展开合作。② 双方通过建设一个能够有效处理中东地区各种政治、经济和军事事务的合作框架，以期达到双赢局面。

（三）合作进一步深入发展（2017年至今）

2017年特朗普上台，实行美国"能源优先"的政策，俄罗斯和沙特出于共同利益，推动"欧佩克+"走向长期化和规范化。

2020年4月12日，"欧佩克+"部长级特别会议上，俄沙双边关系取得重大进展，宣告将实施一项持续到2022年4月的三阶段减产计划。2021年3月4日，第十四次"欧佩克+"部长级会议以视频形式举行，会议强调了各国需执行前一年的减产计划。"欧佩克+"机制的历史性减产取得了显著成效，不仅满足了全球原油消费者的需求，而且也让沙特和俄罗斯在新冠疫情的冲击下成功应对了油价的剧烈波动。③ "欧佩克+"机制协调了俄沙之间的利益，对俄沙能源合作具有积极作用。

在欧佩克机制中发展双边关系的同时，俄沙两国双边能源贸易量也在不断增加。以精炼石油为例，2017年，俄沙两国精炼石油贸易额只有2.71

---

① 王琼、李坤泽：《"磁性协调"："阿拉伯之春"后的俄罗斯与沙特的新型关系模式》，《学术探索》2021年第11期。
② 《油气共同利益让俄沙走近》，《中国能源报》2017年10月16日。
③ 李坤泽：《沙特阿拉伯的欧佩克政策：基于理性选择制度主义的阐释》，《阿拉伯世界研究》2022年第6期。

亿美元，到了 2021 年，俄沙两国精炼石油贸易额达到了 8.92 亿美元，2017 年至 2021 年，俄沙两国在精炼石油领域的贸易额几乎翻了两番。

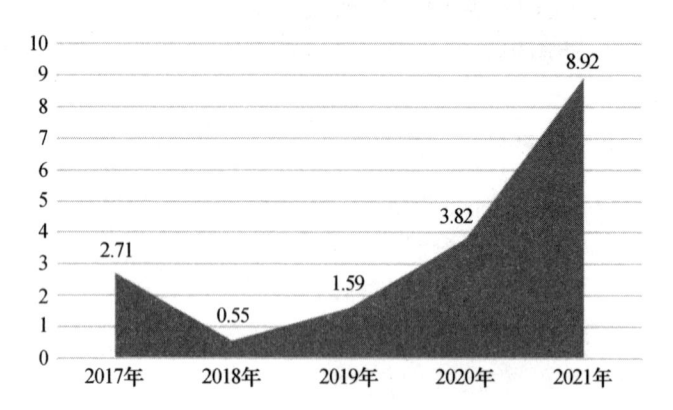

图 10　2017—2021 年俄罗斯出口沙特贸易额（精炼石油）（单位：亿美元）

资料来源：The Observatory of Economic Complexity（OEC），https：//oec.world/en/。

在 2022 年 10 月 5 日，欧佩克和其他产油国举行了第三十三次部长会晤，共同确认了一项重大举措：自 2022 年 11 月以来，沙特每日产油量降低 200 万桶，并继续执行之前签署的产油国产量协议。沙特坚持遵循与俄罗斯等主要产油国先前达成的产量协定。此举不仅维护了"欧佩克＋"的产油国利益，更是回应了俄罗斯的期望，帮助俄罗斯渡过难关。

二、合作特点

（一）合作逐渐机制化

俄沙两国在能源合作的过程中，呈现出明显的机制化特征，具体表现在：俄沙两国能源部门建立了长效的沟通机制，如沙特－俄罗斯核能合作联委会等一系列沟通机制，这些机制都保障了两国在政府层面的有效沟通，除此之外，"欧佩克＋"机制的建成使俄沙两国转向了更加长效稳定的合作。

由于国际石油市场的不断走弱，俄罗斯和沙特能源部门之间建立起多条有效的交流渠道，达成多项协定。2015年，双方政府共同签订了关于核能合作的协议，2016年，沙特－俄罗斯核能合作联委会召开首次会议，俄沙高层共同组成了一个代表团[①]参加了会议，双方就关于原子能、原子能开发、合作项目实施等方面的问题展开了一系列探讨。[②] 在"页岩革命"的影响下，俄沙两国在世界石油市场的地位受到了极大冲击，不得不重新审视自身地位，并且积极尝试建立有效的能源合作伙伴关系，以恢复自身在世界能源市场的地位。俄罗斯一改观望态度，在推动限产保价方面发挥了重要的作用。

2005年12月，"欧佩克－俄罗斯联邦能源谈话"[③] 真正开始实施，这标志着俄罗斯和欧佩克之间的关系正在发生重大变化，俄罗斯不再只是一个被视为观察员的角色，而是开始积极参与欧佩克的各项活动，包括定期的部长会谈。[④] 2016年底，沙特和俄罗斯以及11个其他欧佩克成员国通过《石油生产国联合宪章》，标志着"欧佩克＋"协议真正生效，这一协议打破了以往的短期合作模式，构筑了一个更为持久、可持续的欧佩克原油生态系统。

为了确保减产协议的有效执行，"欧佩克＋"国家于2017年1月建立了"欧佩克＋"联合部长级监督委员会，通过这一机制，俄沙双方可以协调各自的能源政策和立场，以确保全球能源市场的稳定性和可预测性，有效控制能源产量。两国曾多次联合众多欧佩克国家和独立石油出口国控制能源市场价格。如2017年5月25日，"欧佩克＋"在维也纳召开部长级会议，双方达成一致，把日均减少180万桶的计划延续9个月，一直持续到2018年4月1日。而2018年，随着国际油价的回升，为防止石油供应不足，俄沙两国又一次采取行动，联合上述产油国实施了共同增产。[⑤] 2018年3月，俄罗斯能源部第一副部长阿列克谢·泰克斯勒表示，必须以某种形式延续独立石油出口国与欧佩克之间的合作；同月，沙特王储在访美期

[①] 强晓云：《俄罗斯与中东的能源合作述评》，《阿拉伯世界研究》2017年第1期。
[②] 《沙特阿拉伯与俄罗斯两国核能领域的合作升温》，中国能源网，2016年3月25日，https://www.china5e.com/m/news/news-937516-1.html。
[③] 强晓云：《俄罗斯与中东的能源合作述评》，《阿拉伯世界研究》2017年第1期。
[④] 励梦婷：《新世纪以来俄罗斯对欧佩克政策研究》，上海外国语大学2021年硕士学位论文。
[⑤] 励梦婷：《新世纪以来俄罗斯对欧佩克政策研究》，上海外国语大学2021年硕士学位论文。

间接受路透社专访，表示沙特和俄罗斯正考虑将欧佩克和俄罗斯的合作协议延长。2020 年受新冠疫情影响，能源需求锐减，油价下跌，在俄沙两国的共同努力下，"欧佩克+"公布了至 2022 年 4 月的三阶段减产方案。到 2022 年，欧佩克成员国和其他非欧佩克国家通过多次部长级会议，就油价调整的可能性进行深入探讨，沙特和俄罗斯在其中发挥了重要作用。"欧佩克+"影响力大大增强，其成员国的市场份额从 34.7% 上升至 54.1%。

（二）合作与竞争并存

2000 年普京上任以来，俄罗斯和沙特在能源领域的合作取得了一定成就，进而推动了两国关系进一步发展。在两国关系不断升温的同时，双方也不可避免地存在着竞争。

起初，双方关系在"9·11"事件后出现改善，两国为了各自利益达成了一系列的合作，但俄罗斯对于与沙特的合作仍然在观望。"9·11"事件和 2008 年金融危机给两国造成了巨大的冲击，因此，双方不得不频繁接触，以协调政策，共同应对市场挑战，然而，双方的行动只是出于自身利益考虑，并未兑现承诺。

表 2　2001—2008 年俄罗斯与欧佩克减产行动对比①

事件	油价变化	欧佩克行动	俄罗斯承诺	俄罗斯实际行动
"9·11"事件（2001 年）	由每桶 36 美元降至每桶 20 美元	宣布在非欧佩克国家每日减产 50 万桶的情况下每日减产 150 万桶	每日减产 15 万桶	每日增产 30 万桶，并在 2002 年 7 月退出减产协议
全球金融危机（2008 年）	由每桶 147 美元降至每桶 39 美元	每日减产 420 万桶	2009 年主动减产	每日增产 70 万桶，并在苏联解体后首次超过沙特，成为世界最大石油出口国

---

① 曹峰毓：《"欧佩克+"机制与俄罗斯、沙特、美国的能源博弈》，《阿拉伯世界研究》2020 年第 3 期。

2001年10月和2008年10月，沙特分别派遣石油和自然资源大臣纳伊米与欧佩克秘书长阿卜杜拉·塞勒姆·巴德里访问俄罗斯，希望俄罗斯采取限产保价政策，但俄罗斯一直鼓励欧佩克限制产量。俄罗斯认为作为欧佩克领导者的沙特需要降低自身石油产量来调节市场供求，但是自身却未做出任何反应，还趁油价上涨之时增大产量，严重蚕食了欧佩克国家的市场份额。俄罗斯不断地进行这种增大自身产量的行为，同时也积极向外拓展石油外交，以扩大自身在国际石油市场的影响力，这直接威胁到欧佩克在国际石油市场的主导地位。[①]

自"欧佩克+"成立以来，俄罗斯为了保证既得利益，在石油生产调控领域与沙特矛盾重重。2020年以来，新冠疫情的肆虐令全球石油市场陷入低迷，在该情况下，2020年3月6日，以沙特为首的"欧佩克+"国家提出减产计划，要求二季度额外减产150万桶/日，同时2019年底达成并已于2020年元旦开始执行的210万桶/日减产规模维持到2020年底。[②] 然而，沙特的减产计划并未得到俄罗斯的支持，俄沙两国在此议题上仍旧存在较大的分歧。沙特紧随其后率先发动价格战，以极低的出口价格刺激自身的原油产量，从而引发国际油价的剧烈波动。该事件证明俄沙两国虽然在欧佩克机制中有过相关领域的合作，但是仍改变不了在国际市场上的竞争关系。

（三）合作受地缘政治因素影响显著

沙特处于中东地区，该地区地缘政治格局复杂，加之美国对该地区的强大影响力持续存在，导致该地区地缘政治格局时常发生变化，显著影响俄沙的能源合作。

"9·11"事件后，美国开始疏远沙特，为缓解安全忧虑和发展能源经济，沙特转而与其他国家进行能源领域合作。2003年，沙特王储阿卜杜拉率团前往俄罗斯，两国政府达成共识，共同探讨反恐、贸易、能源

---

① 富景筠：《俄罗斯与欧佩克：竞争与合作的复杂关系》，《当代世界》2019年第8期。
② 《与俄罗斯谈崩减产计划后，沙特迅速以降价增产打响原油价格战》，澎湃新闻网，2020年3月8日，https://www.thepaper.cn/newsDetail_forward_6405282。

等重要话题，俄罗斯表示愿意参与沙特油田的勘探，以及建设大量天然气井及运输设施。2007 年，普京再次前往沙特，两国政府达成共识，协商共建解决国际石油市场紧张局势的机制，以及建设全球性的石油市场监测机制。

2022 年爆发的俄乌冲突，给以沙特和俄罗斯为首的"欧佩克+"合作机制带来严重挑战的同时，也让两国的能源合作变得更加紧密。沙特不顾美西方国家施加的增产压力，继续按照"欧佩克+"减产协议规定的配额生产石油，并坚持遵循此前与俄罗斯等主要产油国达成的产量协定。2022 年 3 月 8 日，欧佩克秘书长巴尔金多在美国剑桥能源会议上强调，目前世界上没有国家能够替代俄罗斯在国际石油市场的供应地位，并且强烈反对将能源问题置于政治之中。[1]

三、原因分析

在俄沙能源合作中，两国维持与增强能源市场地位以及稳定国际油价的共同利益诉求是主要的推动因素，同时，受两国在能源市场上的竞争、美国因素和地缘政治事件的影响，两国的合作呈现出一定的波动性。

（一）俄沙两国的能源利益诉求

俄沙两国对追求能源市场地位以及稳定国际油价的共同利益需求，是促成两国能源合作的最主要因素。

21 世纪以前，沙特作为石油供应的垄断者，为维持自身在能源市场的主导地位，利用"限产保价"和"增产保持世界石油市场份额"两种手段来实现利益。普京上台后，俄罗斯的能源政策首先是提升自身在能

---

[1] 《欧佩克秘书长称世界没有替代俄石油出口份额的产能》，新华网，2022 年 3 月 9 日，http://www.news.cn/world/2022-03/09/c_1128455003.htm。

源市场的地位，希望转型为世界能源市场的重要参与者和独立政策执行者。

然而，"页岩革命"发生后，沙特作为能源市场的主导地位发生动摇，其对欧佩克的影响力也不断下降。自2014年下半年起，美国页岩油产量迅猛上涨，沙特坚持不降低油价，但委内瑞拉、伊朗等则要求提高油价，这种巨大的差异让欧佩克无法就油价问题达成一致。在欧佩克外，沙特对国际石油市场的主导地位也开始受到非欧佩克国家的挑战。由于非欧佩克国家的石油产量迅猛增长，一些国家采取低价销售策略，进一步削弱欧佩克的市场份额。其中，页岩油的特殊性质给沙特领导的"限产保价"模式带来了极大挑战。一方面，面对美国在国际石油市场份额的上升，沙特无法采用过去的石油政策；另一方面，随着美国油气产量的迅猛增长，俄罗斯的油气产量却在不断减少，特别是在天然气领域，这主要是因为俄罗斯在这一领域的市场份额正在被美国挤压。2008—2015年，俄罗斯天然气出口下降1.1%，2014年出现大幅萎缩，为-10.0%，其天然气出口量和市场份额持续降低。俄罗斯油气产量在俄乌冲突后更是持续下滑，其产量调节能力被严重削弱，油气产量及其在全球市场的占有率持续走低。

图11　2008—2015年俄罗斯天然气产量与出口量变化（单位：亿立方米）

资料来源：俄罗斯联邦国家统计局，http://www.gks.ru。

沙特将俄罗斯纳入"欧佩克+"的框架内，大幅度加强了两者之间的

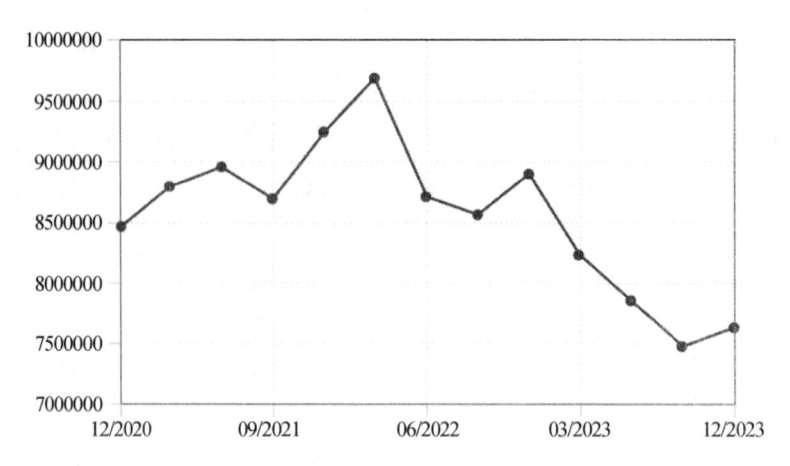

图 12　2020—2023 年俄罗斯石油市场状况：出口净值（单位：桶/日）

资料来源：香港环亚经济数据有限公司，https://www.ceicdata.com/zh-hans。

能源合作。通过借助俄罗斯的力量及其在中东地区的影响力，沙特能够更好地掌控欧佩克的市场，并且促使"欧佩克+"的各个成员国保持团结，从而巩固沙特的全球能源领先优势。同时，随着俄罗斯能源市场地位的下降，其需要摈弃过去的观望态度，积极响应沙特提出的减产倡议并与欧佩克一起努力稳定国际油价。2022 年，"欧佩克+"减产合作取得了显著成效，国际原油价格一度达到 100 美元/桶的高位，这表明沙特领导的"欧佩克+"仍有能力通过产量调节来影响油价。减产也为俄罗斯突破欧美的经济制裁、缓解战场上的压力带来了积极作用。因此，俄沙两国对"欧佩克+"机制持积极态度。

然而，俄沙两国在能源合作中存在着利益差异，两国仍然无法摆脱视彼此为竞争对手的定位，这在一定程度上影响两国合作的深度。

为了提高欧佩克在全球能源市场的影响力，俄罗斯采取了保持距离、平抑国际能源价格、最大限度维护自身利益、建立多边合作机制、提升国际能源领域发言权的政策。因此，在普京上台初期，俄罗斯对于沙特领导的欧佩克"限产保价"政策持观望态度，进行有限合作。2001 年 10 月和 2008 年 10 月，沙特访问俄罗斯，希望俄罗斯采取"限产保价"政策，但俄罗斯却趁油价上涨时增大产量。

2020 年 6 月 9 日，俄罗斯正式批准"2035 年前俄罗斯能源战略"，其中明确指出维护和加强俄罗斯作为世界能源市场领导者之一的地位是国家对外能源政策的目标。俄罗斯渴望占据世界能源市场的主导地位，并为此不断做出尝试。加之俄罗斯与沙特存在政策方面的差异，俄罗斯更看重国际石油市场份额，而沙特为保持国家财政收支平衡，需要维持国际石油的价格。双方石油政策的巨大不同使其在世界能源市场上的竞争从未停歇。国际能源市场在新冠疫情期间遭遇了沉重的打击，受到疫情影响，世界能源需求疲软，油价遭遇了断崖式下跌，作为欧佩克的领导者，沙特建议将"欧佩克+"会议提前，希望就此机会与其他重要产油国携手共同应对此次危机，俄罗斯对此态度冷淡，议程一拖再拖。俄方消极的态度使沙特对其信任有所下降。

（二）美俄沙关系的影响

由于特殊的地缘战略和能源价值，中东是美国重要的利益攸关地区。相比俄罗斯，美国在中东地区的影响力和实力更有优势，其与俄沙的关系变化是影响俄沙能源合作的重要因素。

"9·11"事件发生后，美国对沙特的外交政策急剧转变，这引起了沙特的强烈不满，也刺激了沙特国内反美势力的兴起。[①] 对此，沙特不得不调整战略，扩大外交对象，致力于以能源带动外交发展。一方面，沙特为了稳固联盟关系，仍然需要与美国保持能源上的紧密联系；另一方面，沙特也在推动与俄罗斯的能源合作，双方政治和经济代表团互访不断。2002年10月，俄罗斯和沙特在首次贸易、经济和科学交流会议上就如何加强合作进行了深入探讨。[②] 2003年1月，俄罗斯能源部部长尤里·优素福夫和沙特石油矿业大臣阿里·纳伊米在一次重要的会谈中一致认为，为了维护全球经济的健康增长，必须确保全球石油市场的平衡，以防止石油价格的过快波动。[③] 2003年9月，沙特王储阿卜杜拉访俄，双方进行了友好交流，

[①] 韩彦国：《"9·11"后俄美能源合作及其前景展望》，河北师范大学2010年硕士学位论文。
[②] "A Message for King Fahd from Putin," Abicnews, May 28, 2002, www.arabicnews.com.
[③] 《沙特和俄罗斯一致认为应维护国际石油价格稳定》，新浪网，2003年1月6日，http://mil.news.sina.com.cn/2003-01-06/101158.html。

就双边关系、巴以问题、反恐等方面，以及其他有助于推动双边经济合作的重要议题达成共识，共同制定和实施了多项政策。

2008年金融危机爆发后，相对于小布什的中东政策，奥巴马政府开始减少对中东的干预，其中东政策呈现收缩态势。一方面，沙特面临美国的战略收缩，另一方面，中东局势的变化也使沙特的"被抛弃感"进一步增强，2013年发生的一连串美伊和解的标志性事件，使沙特失落万分。同时，俄罗斯与美国"积怨已久"，尤其是在乌克兰危机爆发后，美国对俄罗斯进行了多轮制裁，其中就包括石油领域。与此同时，美国利用"页岩革命"打入俄欧传统能源市场，俄罗斯很难继续维持在欧洲市场的出口份额，面临着出口量持续下跌的困境。美国对欧洲出口液化气，导致欧洲减少了对俄罗斯油气资源的依赖，这对于以出口能源为主要经济支柱的俄罗斯来说是非常危险的。2017年10月4—7日，沙特国王萨勒曼前往俄罗斯，与俄罗斯总统普京就许多重要议题展开深入探讨，最终，沙特与俄罗斯签署了30亿美元的军售合同，以及一系列的技术和经济协定，以加强双边关系。俄罗斯外长拉夫罗夫表示，双方已经就石油、石化、氢燃料、宇宙飞行、建筑和其他基础设施方面达成协议，进行全面合作。①

尽管美沙关系的变化在一定程度上为俄沙的合作带来了契机，但出于战略利益的考量，美国不会任由俄沙关系持续性地发展，俄沙出于利益考量，也会不断调整与美国的关系。沙特在与俄罗斯的交往中，无法完全摆脱美国的影响，俄沙在能源领域的合作，也仅仅是局部性的特定的议题，未来美国在两国的合作中还将发挥重要的作用。

（三）中东权力格局的变化

"9·11"事件、西亚北非政局动荡、叙利亚危机、伊朗核危机等事件的发生深刻影响了中东地区的地缘政治环境，在一定程度上改变了中东地区的权力格局。尤其是西亚北非政局动荡，造成中东地区"权力真空"，

---

① 《沙特国王首次访俄　油气的共同利益让他们在一起》，国际燃气网，2017年10月16日，https：//gas. in-en. com/html/gas-2697093. shtml。

中东地区的政治结构变得极为复杂,形成了高度割裂的局面。作为中东地区的传统大国和影响中东地区的域外大国,沙特和俄罗斯试图在中东地区整合这些高度"割裂化"的权力,以提高自身在中东地区的影响力和主导权,加强包括能源领域在内的合作。

在2011年以前,除了能源公司的合作,两国政府间主要的合作都停留在协议的阶段。如2003年沙特王储阿卜杜拉访俄,与俄罗斯总统普京就能源问题领域展开合作并签署了一系列文件,并承诺向俄罗斯进行大规模的油气投资,而俄罗斯也承诺在沙特境内开发大型天然气田和运输管道。普京于2007年访问沙特,与沙特在经贸、能源和信息等领域签署了一系列相关协议,双方就成立联合委员会协调石油价格交换了意见。[1] 即便如此,俄沙能源合作还是停留在签署备忘录阶段,并未实际展开有效的能源合作。西亚北非政局动荡标志着叙利亚进入了一个漫长而又复杂的内战时期,这也成为俄罗斯与中东地区国家建立更紧密的政治、经济和能源关系的重要机会。通过对叙利亚的军事行动,俄罗斯扩大了自身在中东地区的影响力。

土耳其、卡塔尔等中东地区大国的兴起也成为俄沙能源合作的重要契机。土耳其在中东地区混乱不堪的局势下逐渐改变了自身的外交策略,战略深度主义成为土耳其外交政策的指导思想,在此指导思想下,土耳其积极发展邻近地区和周边域外大国的关系。[2] 土耳其在战略深度主义的指导下逐渐扩大了自身的影响力,并取得了一系列的成效。土耳其加强自身影响力的举动引发了沙特对地区领导权的担忧,俄罗斯亦是如此,俄罗斯担忧自身在中东地区取得的既有利益遭到土耳其的侵蚀。

结　语

普京执政之初,"9·11"事件使得美沙之间的密切关系出现松动,之

---

[1] 申林:《俄罗斯中东政策的演变》,《西伯利亚研究》2012年第1期。
[2] 郑东超:《土耳其外交的战略深度主义》,《国际资料信息》2011年第1期。

后美国持续推进战略调整，重点从中东转向亚太地区。"页岩革命"的出现导致美国大幅削减了对中东地区，特别是对沙特的战略投入；2021年，拜登总统加快了美国从阿富汗的撤军进度，这表明中东地区的战略地位正在进一步下降，美国也正在努力将其战略重心从中东转移。石油已经不再是沙特与美国稳固同盟关系的倚赖，这给俄罗斯保持和扩大在中东地区的影响力提供了空间，也为俄沙两国的能源合作提供了空间。

2022年2月，俄乌冲突对全球能源市场产生深远影响，并可能引发一系列重大的后果。在俄乌冲突中，沙特持中立态度，反对对俄罗斯进行能源制裁来解决该事件，沙特的举动给俄沙关系留有一些余地，进而为俄沙之间的能源合作留出余地，但沙特的行为也受到了美国的质疑，面对沙美同盟，沙特又不得不采取一些行动以抵消美国的怀疑，从而又给俄沙的能源合作带来阻碍。俄沙两国在竞争中合作，在合作中仍有竞争。受俄乌冲突影响，"欧佩克+"机制将会被严重削弱。俄罗斯因受到西方严厉经济制裁，其调节石油产量的能力已经大不如前，而沙特又一直存在增产能力不足的问题，两国作为"欧佩克+"机制的领导大国，对全球能源供给的影响力将会下降。为了维持两国在世界能源市场的大国地位，俄沙两国未来可能就此议题在能源方面展开更为积极的合作，以此保障其在国际石油市场的影响力。

新形势下俄罗斯与伊朗"抱团互利"关系研究

庾宝文　崔懿欣[*]

【摘　要】2022年，俄罗斯与伊朗的一系列高频互动体现了两国关系自乌克兰危机爆发后再次踏入新阶段。在受到国际制裁背景下，两国关系逐步靠近的战略协作趋势愈加明朗，主要表现为更加深入的军事互信与更为长远的高层次合作。总的来说，两国关系经历了三个阶段：2014—2018年以军事合作为主的快速井喷期，2018—2022年以扩大合作领域为目标的纵深推进期，以及2022—2023年以俄乌冲突为标志的全方位战略合作期。两国关系呈现出以下三个特点：易受外部环境影响、以实用主义为原则、合作"政治热经济冷"。基于相似的外部环境与广泛的共同利益，俄伊双边关系虽存在不稳定因素，但其发展前景仍较为明朗。

【关键词】俄伊关系　中东政策　地区伙伴

俄罗斯一向视中东地区为其多元战略价值高地，2014年乌克兰危机爆发以来，美西方国家对俄罗斯战略空间的挤压进一步加剧，俄罗斯也逐渐转向中东、远东等地区寻求外部环境的改善，尤其是2015年伊朗核协议谈判后，俄罗斯采取了多种措施加大对中东事务的介入。值得关注的是，俄罗斯选择了中东地区大国——伊朗，并在短期内将与伊朗的军事合作提升

---

[*] 庾宝文，广东外语外贸大学国际关系学院外交学专业2020级本科生；崔懿欣，广东外语外贸大学西方语言文化学院俄语语言文学专业2022级博士研究生。

到一定高度。2022年俄乌冲突将俄伊关系再度拉近，两国不仅进行联合军演和高层互访，更在能源油气、军事安全、贸易等多领域达成长期的合作协议。新形势下俄伊频繁的互动显示出两国关系十分"亲密"，军事互信更加深入。随着俄罗斯战略安全环境与对外关系的巨大变化，在向西受阻的情况下中东无疑是俄罗斯战略突围的重要方向，而伊朗作为美国公开抨击的"邪恶轴心国家"，不仅在突破西方封锁方面与俄罗斯拥有同样的诉求，在经济金融、核能开发、军工装备与打击恐怖主义方面也与俄罗斯存在共同利益，两国关系呈现出以问题为导向，遵从实用主义的"抱团互利"模式。为探究俄罗斯与伊朗关系的深入程度，本文将着重探析自乌克兰危机以来，俄伊双边关系的演变与特点，并进一步分析其"抱团互利"关系的形成原因，剖析双方的利益诉求与域外影响因素，预测两国关系的发展前景。

引　言

对俄伊双边关系的探析绕不开美国因素，大国在中东地区的战略博弈是影响俄罗斯与伊朗对外政策以及两国关系的重要背景。目前国际关系学界更多地将对俄伊关系的探讨与叙利亚问题、伊核协议以及美俄关系等研究相结合，并形成了以下几种代表性的学术观点。张建认为，伊朗是俄罗斯与美国在中东博弈的"强力搭档"，特朗普政府退出伊核协议使得伊朗对外政策的天平进一步向俄罗斯倾斜。[1] 章远认为俄乌冲突催化了俄伊的走近，伊朗与俄罗斯正在迈向全方位的战略合作。[2] 对于俄伊加强双边关系的战略考虑，赵炜称伊朗借助与俄罗斯建立友好的国家关系来对抗西方的压力与威胁，促使伊斯兰世界与西方世界关系的相互调整、适应与重

---

[1] 张建：《大国博弈背景下的俄罗斯中东政策》，《和平与发展》2020年第3期。
[2] 章远：《俄乌冲突与伊朗维持中东地区均势的对外行为》，《阿拉伯世界研究》2022年第5期。

塑。① 王泽壮与赵锦浩也有相似的结论,其指出俄罗斯对于伊朗来说具有抵御美国及外部压力、保证国家安全和稳定的关键作用②。朱长生在《俄罗斯中东战略的新动向及其影响》中提出,俄罗斯深度介入叙利亚问题,给伊朗以力所能及的必要支持,其目的为拓展自身战略空间与提高国际地位,伊朗被其视为抵御西方制裁的突破口。③ 针对俄伊双边关系的研究,俄罗斯曾与伊朗合作出版《俄罗斯－伊朗伙伴关系:综述与未来展望》一书,书中提及俄罗斯和伊朗完全有机会形成一个全面的战略伙伴关系,这种伙伴关系应该建立在制定解决区域问题的方案、务实和现实的经济合作倡议以及反对共同威胁的基础上。唐志超则认为,俄伊之间的盟友关系具有局限性,主要由于反美国及西方的战略目标与两国军事安全合作有限,两国关系虽具有一定的战略性质,但距离真正的战略伙伴关系还有一段距离。④

学者们在探讨叙利亚问题、伊朗核问题及乌克兰危机等议题时都提到了俄伊关系具有极高的战略价值联结点与共同利益交集点,但是俄伊关系也存在脆弱性与不少的矛盾点。在叙利亚问题中,方堃认为,虽然俄伊在叙利亚危机中选择了合作且具有一定成效,但这种合作关系的背后是两国在伊朗核问题和能源问题上存在的难以调和的矛盾,随着国际形势进一步发展,两国关系将面临一系列挑战。⑤ 宫小飞则重点关注俄罗斯在中东面临的挑战与实施政策的局限性,提出俄罗斯受制于自身实力,其巩固俄伊关系、拉拢土耳其以分化美国同盟的中东政策存在战略性"缺陷"。⑥ 王晋重点引入美国因素对俄伊关系的影响,指出俄伊两国具有较多利益重叠,但同时在叙利亚问题、对美关系与中东地缘政治议题上也存在不少分歧。美国的压力和威胁促成俄罗斯与伊朗之间的多领域合作,而两国对美国的

---

① 赵炜:《伊朗的边缘化身份与外交行为》,《理论月刊》2016年第11期。
② 王泽壮、赵锦浩:《哈梅内伊外交思想探析》,《西亚非洲》2018年第4期。
③ 朱长生:《俄罗斯中东战略的新动向及其影响》,《当代世界》2020年第3期。
④ 唐志超:《俄罗斯与伊朗:战术"联盟"还是战略伙伴?》,《世界知识》2018年第9期。
⑤ 方堃:《从叙利亚危机看俄罗斯与伊朗的复杂关系》,《集宁师范学院学报》2019年第33期。
⑥ 宫小飞:《勉力"重返":俄罗斯在中东的突破与局限》,《新疆社会科学》2020年第6期。

认知差异是双边关系进一步发展的重要障碍。[①] 也有学者借助相互依赖理论分析俄伊关系，提出两国关系的走向依旧是战术性和短期利益的考虑，两国仍缺乏实现战略伙伴关系的现实基础，虽然俄伊双边关系将维持稳定，但依旧存在关系转折的潜在风险，主要与伊核协议谈判的走向和俄乌冲突密切相关。

综上可以发现，叙利亚问题、伊核协议与俄乌冲突等是俄伊关系变化的标志性事件，既体现了俄伊两国在共同受到以美国为首的国际制裁的背景下逐渐靠近的战略协作趋势，也暗含制约两国深化合作的主要变量。

一、俄罗斯与伊朗三阶段关系

（一）军事合作快速发展期（2014—2018 年）

2014 年的乌克兰危机使得俄罗斯将中东地区作为应对国际封锁的突破点，2015 年的叙利亚危机促成了俄罗斯和伊朗两国历史上最密切的合作，标志着俄伊关系进入快速发展阶段，主要表现为军售合作订单激增、双边贸易增长和能源开发合作密切，军事领域互信增强，政治关系迅速升温。

2014 年乌克兰危机爆发，美国及欧盟各国对俄罗斯展开了全面的遏制，俄罗斯战略安全空间被进一步压缩，所面临的国际环境持续恶化，伊朗及其以外中东地区无疑是俄罗斯应对国际封锁的突破点，而因核问题深陷美欧联合打压的伊朗也有强化与俄罗斯合作的现实需要。2015 年叙利亚危机的爆发直接促成俄伊联手，同年伊核协议成功签订，联合国安理会对伊朗实施的常规武器禁运被解除[②]，这进一步加强了俄伊军事合作关系，俄伊军售订单激增，俄罗斯与伊朗在此阶段的军事合作、军备订单合作得到快速发展，俄伊关系进展迅速。

[①] 王晋：《美国影响下的俄罗斯与伊朗关系》，《阿拉伯世界研究》2021 年第 2 期。
[②] 《安理会解除对伊朗常规武器禁运 外交部：体现国际社会共同立场》，新华网，2020 年 10 月 19 日，http://m.xinhuanet.com/2020－10/19/c_1126631371.htm。

2015年俄罗斯中东政策逐渐成熟，转向中东战略实施步伐加快，在叙利亚危机中及时且敏锐地介入，提出反对"和平演变"，以此大力加强与伊朗关系、拉拢土耳其，从而突破西方封锁和制裁，分化美国的中东同盟体系。① 俄罗斯通过"不干涉内政"原则，在能源与军售方面深化同中东国家尤其是伊朗的合作关系。在叙利亚危机中，俄罗斯与伊朗共同支持巴沙尔政权，出兵叙利亚协助叙政府军扭转战场颓势。在反恐议题上，俄伊同意加强合作打击中东地区的恐怖主义势力，2015年10月，俄罗斯、伊朗、伊拉克、叙利亚共同组建反恐联合情报中心②。同年，俄罗斯完成并向伊朗交付布什尔核电站，随后两国签署为伊朗建设更多核电站的新协议。2016年俄罗斯借用伊朗哈马丹空军基地打击叙利亚境内的"伊斯兰国"目标，这是伊朗近代以来首次允许外国武装力量使用本国境内军事设施。③ 在油气经贸合作领域，2015年11月，普京在天然气出口国论坛与伊朗最高领袖哈梅内伊进行会谈。2017年3月，伊朗总统鲁哈尼访问俄罗斯，俄伊两国在铁路、油气、原子能、旅游等领域达成15份协议。其间，俄罗斯总统普京表示，俄伊之间的合作十分的高效，两国正全力向高质量、新层次的战略伙伴关系迈进。④ 2017年俄伊之间在能源领域的合作进一步加速，两国达成了投资总额近300亿美元的关于共同开发伊朗境内石油天然气的战略项目。据统计2014—2018年俄罗斯向中东出售武器总额占其总出口额的37%，较前4年提高了21%。

（二）多领域合作纵深推进期（2018—2022年）

2018年特朗普政府宣布退出伊核协议，重启对伊制裁，俄伊关系进入纵深推进阶段。特朗普政府宣布"撕毁"伊核协议并对伊实施制裁，使得伊朗政府面临巨大的国内经济压力，再加上伊朗国内本就存在的政治分

---

① 杜东辉：《叙利亚危机背景下俄罗斯、土耳其和伊朗"议题联盟"探析》，《世界经济与政治论坛》2022年第5期。
② 官小飞：《勉力"重返"：俄罗斯在中东的突破与局限》，《新疆社会科学》2020年第6期。
③ 官小飞：《勉力"重返"：俄罗斯在中东的突破与局限》，《新疆社会科学》2020年第6期。
④ 赵广成：《伊朗鲁哈尼政府的外交评析》，《国际论坛》2019年第3期。

歧，伊朗寻求对外合作的需求更为迫切。而俄罗斯在伊朗的油气投资和合作开发项目并未因美国的制裁而受到较大影响，反而随着制裁的加剧，两国合作的愿望更为强烈，推进了双边关系及军事战略互助，并深化了多领域合作与经济合作框架的构建。

2018年俄罗斯积极拉拢伊朗加入其主导的区域自由贸易经济联盟——欧亚经济联盟，5月欧亚经济联盟与伊朗签署临时自贸协定，不仅为伊朗摆脱制裁困境起到积极作用，也是俄伊两国在制度化合作方面的成功尝试。在双边贸易方面，同年伊朗对俄罗斯出口额达5.33亿美元，同比增长36%。从双边贸易额看，2018年两国双边贸易总额达到17.4亿美元，同比增长2%。在经济金融领域，俄伊贸易通过实行本币结算——以卢布和里亚尔直接结算替代SWIFT支付系统，大大促进了两国的双边经贸合作，同时也打击了美国的金融结算霸权。在基础建设投资领域，2019年8月，俄罗斯阿斯特拉罕州经济特区常务董事谢尔盖·米卢什金在到访伊朗锡斯坦-俾路支斯坦省时表达了俄罗斯投资伊朗恰巴哈尔港的意愿[①]，欲加强与伊朗的互联互通，连接里海和阿曼湾。在2020年联合国宣布解除对伊朗的武器禁运后，由于俄罗斯先进的多用途战斗机供货能够满足伊朗寻求引进新一代战斗机、实现国土防御和作战的需求，双方签订了大笔军火交易订单。

美国退出伊核协议成为俄伊双边经贸关系拓宽以及两国关系与互信拓深的开端。国际环境的恶化促使伊朗与俄罗斯加强双边关系以面对现实的要求，相较上一阶段，这一阶段的俄伊关系从政治军事领域扩宽到多领域的经贸关系，并加深两国在区域经济与互联互通方面的合作，反映了两国在相似的国际环境下利益需求的高度契合。

（三）全方位战略合作期（2022—2023年）

2022年俄乌冲突爆发，俄罗斯在西方的极度施压下面临更为严峻的战

[①] 《俄罗斯计划投资伊朗恰巴哈尔港》，俄罗斯卫星通讯社，2019年8月17日，https://sputniknews.cn/20190817/1029311639.html。

略环境。在共同受到西方严厉制裁的情况下,俄伊关系有向联盟化方向发展的势头[①],在政治、外交、军事、经济金融、能源交通等多领域迈向全方位战略合作。

俄乌冲突爆发以来,俄罗斯与中东国家的双边关系并未受到严重冲击,伊朗第一时间明确不会参与对俄制裁,表示"在发展与俄罗斯的关系方面不会去寻求得到谁的许可"。在油气领域,2022年9月19日,伊朗石油部公布了与俄罗斯签下的400亿美元的油气合作备忘录。10月6日俄罗斯副总理亚历山大·诺瓦克和伊朗石油部部长贾瓦德·奥吉在会晤后表示,俄罗斯和伊朗正在就包括石油和天然气部门在内的一系列联合项目进行谈判。在外交方面,俄罗斯极力主张促进伊朗加入上海合作组织与金砖国家,2022年7月普京出访伊朗,9月中旬,上海合作组织成员国元首理事会第二十二次会议召开,签署了关于伊朗加入上海合作组织义务的备忘录。在经济合作方面,普京表示正逐步提高上海合作组织成员国间本币结算的比例,推进俄伊双边贸易中弃用美元。俄伊双方还释放出正在商谈签署长期合作协议的信号。

两国的合作无疑进入到新的阶段,甚至有迈向联盟化的趋势。这个阶段俄伊关系的合作领域更加多元全面,制度化机制化的合作框架更为成熟,并且开始突破双边范畴,向多边集团化发展,呈现出迈向长远的高层次合作关系趋向。

二、俄伊关系的特点

纵观俄伊双边关系的恢复与急速升温过程,可得出两国关系具有易受外部环境影响、以实用主义为原则、合作"政治热经济冷"的特点。

---

① 唐志超:《外溢与突围:乌克兰危机升级对中东的影响》,《俄罗斯东欧中亚研究》2022年第5期。

（一）易受外部环境影响

俄伊间合作的增强与关系的紧密直接来源于外部环境的变化，在美国的压力与国际制裁的封锁下，俄罗斯与伊朗视彼此为破局的缺口与机遇[1]，这也是两国升温的直接因素。然而，外部环境的动荡既可以作为两国关系的黏合剂，也可以成为分解者。当西方的制裁消失时，伊朗无需寻求俄罗斯的帮助与支持，原有矛盾被放大，两国关系容易产生波动。因此，俄伊的合作关系一定程度是针对美国的"反应"，也就更容易受到外部环境的干扰与影响。

（二）以实用主义为原则

对试图摆脱外交困境的俄罗斯而言，中东地区的战略价值，尤其是地缘上的联通价值尤为突出，拓展军事存在和政治影响是俄罗斯对中东国家开展军事外交的直接目的[2]，伊朗被其视为打破西方封锁、打通油气渠道的突破口。俄伊两国在应对美国威胁方面的共同利益不断扩大，同时伊朗也需要俄罗斯在国际制裁与伊核问题方面的支持。两国的双边关系是以共同利益契合为支点，以问题为导向，遵循实用主义原则，更重视两国的中短期利益。

（三）合作"政治热经济冷"

纵观两国的合作项目，国防合作是其中的重要内容，两国在高层互访、军事演习、军备协议等项目进行的合作较经济合作频次更高，但在具体的合作目标方面，两国也存在分歧和信任危机。这主要体现在：俄伊双方并未将对方视作战略伙伴，俄罗斯在部分情况下对伊朗的支持有限，俄

---

[1] 孔知禹：《伊朗俄罗斯深化合作对抗美国霸权》，《文汇报》2022年7月21日。
[2] 崔铮：《俄罗斯对中东国家的军事外交》，《阿拉伯世界研究》2017年第1期。

伊关系受制于俄美关系等等。

三、俄伊双边关系形成的影响因素

俄罗斯与伊朗关系的升温，来源于两国高度相似的战略安全需求与能源经济利益共识，在外部因素的挤压下双方一致增强了战略协作。但两国政治交往火热、经济交往薄弱的关系特点，也反映出两国关系存在着现实的竞争关系与相互警惕的问题，其中，美国的介入与复杂的俄美关系也为俄伊关系埋下诸多不稳定因素。

（一）利益共识

1. 战略安全需求

自乌克兰危机以来，以美国为首的西方世界针对俄罗斯的制裁可谓全方位多领域，七国集团财长就限制俄罗斯石油价格达成协议，同意对俄罗斯石油和石油产品实施价格上限。2022年10月5日，欧盟委员会批准了针对俄罗斯的第八轮制裁措施。由于伊核问题美国正试图通过制裁将伊朗陷于国际孤立。俄罗斯加紧与上海合作组织和欧亚经济联盟国家的合作将有助于俄伊双方克服国际孤立，同时联合伊朗打破西方封锁，也是对欧美世界的威慑。

对于俄罗斯而言，深化对伊关系是扩展俄罗斯地缘战略安全的现实需要。北约的东扩和欧盟的东进严重挤压俄罗斯的地缘生存空间，俄罗斯一方面面临战略空间被压缩的生存担忧，另一方面也面临其亲西方政策破产的现实。中东地区介于三洲五海的交汇地带，不仅是最繁忙、最便捷和最经济的运输通道，还是最具全球意义的军事战略要地。保持黑海和里海地区局势的稳定，与该地区的国家建立同盟或友好关系，有利于俄罗斯开拓近东与远东战略要地。① 伊朗作为中东地区的大国与重要政治力量，与俄罗斯的友好关系有利于帮助俄罗斯增强在中东、黑海和里海地区的军事存在，进一步维护其战略安全利益。

对于伊朗，俄罗斯强大的武器供给与在国际议题上的支持，迎合了其共同抵御美国威胁的需要。乌克兰危机后俄伊军事合作显著加强，不仅有助于维护伊朗的国家安全，更是对美国向中东地区渗透的阻止与警示信号。② 值得关注的是，伊朗在能源出口和对外贸易等领域实行"向东看"的外交政策，主动参与共建"一带一路"倡议，打通伊朗能源东进、中国商品西行的交通通道。2022年伊朗明显增强与上海合作组织成员国的互动，并签署"入群"备忘录。这与俄罗斯的"转向东方"政策重叠，反映出二者在寻求外部机遇并进行突围的契合性。③

除去战略利益考量，两国在安全利益方面也有广泛共识。在地缘安全层面，两国都面对地区恐怖主义威胁。为此，俄罗斯积极与伊朗、叙利亚等国进行安全合作，这有利于打击地区极端势力，消除恐怖主义威胁。在叙利亚问题上，俄罗斯与伊朗立场相同，反对反政府武装势力，曾通过联合军事行动协助叙政府军恢复巴沙尔政权。

2. 能源与经济利益需求

在油气资源方面，俄伊两国的油气资源储量丰富，在资源开采和运输等领域合作前景广阔，还可以打开两国的油气运输通道。由于制裁，俄罗斯的石油和天然气短期内无法进入欧洲市场，如果与伊朗进行更密切的油气合作，那么俄伊双方将最大限度规避西方制裁的影响——俄罗斯的油气将可以通过伊朗实现出口，填补俄乌冲突中俄罗斯的巨大损耗，而伊朗可以通过与俄罗斯的能源互换协议直接从北部里海输油管道获取俄罗斯的天然气与石油，由此极大地降低运输成本。更为关键的是，俄伊天然气储量占据全球储量的比例接近半数，这一优势不仅从客观上强

---

① 崔铮：《俄罗斯对中东国家的军事外交》，《阿拉伯世界研究》2017年第1期。
② 李勇慧：《俄罗斯与伊朗核问题探析》，《俄罗斯东欧中亚研究》2016年第2期。
③ 顾炜：《俄罗斯中东政策中的双重转移思路及其前景》，《当代世界与社会主义》2020年第6期。

化了两国"资源为王"的话语权,甚至将重新划分全球天然气版图。能源市场的扩大无疑可以成为两国削弱美国制裁影响的利器,并进一步摆脱石油美元的影响。除此之外,伊朗与俄罗斯的经济合作潜力巨大——目前伊朗已经在向俄罗斯出售无人机,在粮食供应链方面,伊朗也与俄罗斯有合作需求。

(二)利益分歧

1. 潜在的利益竞争关系

俄罗斯与伊朗在中东存在潜在的利益竞争关系。俄罗斯自视为世界大国,视维护世界安全、主张国际和平与各国平等为己任,而伊朗自视为地区大国,认为自身有责任改变地区的不公平局势。美国的撤军造成了当前中东地区的战略真空,然而俄伊两国在最终目标与局势认识方面难以形成更广泛的共识。同时,俄罗斯在中东政策"投机主义"的指导下与以色列等国发展关系,令伊朗感到背刺与不适。[1] 在石油方面,两国出口的产品相似,容易陷入价格战,损害双方利润。2022年7月以来,伊朗不仅大幅增加石油产量,而且大幅降低石油出口价格,在石油市场上与俄罗斯进行竞争,抢占国际市场。而这正是俄罗斯的担忧所在,西方的制裁发生后,在伊朗政权稳定的情况下,其石油产量与稳定度相较俄罗斯更占优势,容易拉低全球油价,进一步冲击俄罗斯的石油利润与市场。

2. 历史积怨与信任危机问题

沙俄时期,俄国为打通前往印度洋的陆路通道,曾南下侵占伊朗的大片地盘,直至爆发两次俄伊战争,伊朗曾因此长期受制于俄罗斯,在两国之间留下难以调和的历史争端。伊朗自视为地区大国,俄罗斯的两次入侵与摇摆不定的态度,导致了伊朗对俄罗斯的负面情绪,对其有着严重的质

---

[1] 岳汉景:《乌克兰危机、俄欧能源博弈与伊核问题全面破局》,《新疆社会科学》2017年第4期。

疑与不信任。① 而在意识形态与社会制度方面，俄罗斯与伊朗也存在根本性隔阂，这都成为两国双边关系深化的障碍。

（三）美国因素的影响

美国是俄伊关系发生变动的主要影响因子，以反美为基点的俄伊关系具有不稳定性。在与美国的关系上，俄罗斯与美国保持既合作又竞争的复杂关系，因此在中东事务上，仍保持着与美国及其盟国的关系，而伊朗则坚决反对外部力量干涉，反对美国及其盟国影响中东事务。其导致了两方面的影响：一方面，俄伊关系可能受制于俄美关系，比如推迟转让 S-300 防空导弹、延误布什尔核电站的建设，体现出俄伊关系在某些情况下需要受制于俄美关系的现实困境。伊朗更像是俄罗斯应对美国压力的杠杆，而俄罗斯态度的摇摆也容易动摇俄伊关系的信任基础。另一方面，俄美两方较量也可能给伊核协议的恢复带来变数，此前俄方要求美国做出书面保证，即对俄方的制裁不会损害俄伊合作②，此举意味着俄美的对垒可能外溢影响俄罗斯与伊朗的关系。

四、俄伊关系的前景探析

新形势下，面对西方世界的全面制裁与封锁，直接促成了俄伊关系的升温。总的来说，俄伊双边关系经历了三个层面的跃升：先是从军事技术层面的合作跃升至经贸层面的合作，然后又在制度化和多边集团化层面进一步深化。值得注意的是，俄伊双边关系仍存在一定脆弱性，主要表现在两国关系容易受外部因素影响、两国对外政策的不确定性，以及历史宿怨与信任危机等问题上。

---

① 塞勒斯·纽林、张关林：《是敌是友？——伊朗历史上的俄罗斯观》，《国外社会科学文摘》2018 年第 2 期。

② 张全：《普京访伊朗，如何塑造地区格局？》，《解放日报》2022 年 7 月 19 日。

从短期来看,由于伊核协议的悬而未决与俄乌冲突的升级,西方的围堵短期内不会停止,俄伊两国面对共同的威胁更倾向于管控分歧、增进合作以突破封锁。俄罗斯与西方关系在短期内也无法得到改善,还面临着能源和经济合作西向受阻的难题,俄罗斯仍会深化同中东地区国家的关系,其大欧亚伙伴关系倡议也明确指出将伊朗等中东国家视作重要伙伴,这是以服务整体外交大局为出发点的必要之举。[①]

从中期来看,由于俄乌冲突与西方的制裁导致的全球油价上涨,俄伊间油气贸易势不可挡,可能会冲击全球油气版图与结算工具,动摇石油美元的霸权。同时,随着中东战略重要性的不断上升以及中东国家战略自主性的不断增强,其战略重要性上升不只针对美国,对俄罗斯亦是如此。[②]俄美在中东的博弈恐会增强,俄罗斯需要与美欧争夺中东以改善自身外部环境,而深受制裁的俄罗斯对中东的依赖也可能增大,俄伊关系的战略重要性会相应上升,两国朝着"新层次战略伙伴关系"迈进的前景光明。

从长期来看,两国双边还存在不稳定因素。一方面,美国对俄制裁越严重、对伊核协议越苛责,则俄伊两国合作基础越稳固,反之亦然。另一方面,中东地区本身具有难以控制的不稳定因素,俄罗斯与中东地区伙伴的合作也并不稳固,俄伊关系有较多的不可控因素,真正走向战略伙伴关系仍有一定难度。

结　语

总的来说,新形势下俄伊关系经历了三个阶段:2014—2018年以军事合作为主的快速发展期、2018—2022年以扩大合作领域为目标的纵深推进期和2022—2023年以俄乌冲突为标志的全方位战略合作期。两国关系呈现出以下三个特点:易受外部环境影响、以实用主义为原则及合作"政治热

---

① 张全:《普京访伊朗,如何塑造地区格局?》,《解放日报》2022年7月19日。
② 唐志超:《外溢与突围:乌克兰危机升级对中东的影响》,《俄罗斯东欧中亚研究》2022年第5期。

经济冷"。外部的威胁是影响俄伊关系急速升温的主要因素，广泛的利益连接则成为两国提升双边关系的契机，俄伊迈向战略协作关系既是对以美国为首的西方世界霸权进行的突围与反击，也是两国利益提升的现实需要。俄伊关系在短期内可预见的剧烈升温空间很大，中期内两国的战略地位上升趋势也较为明显，但就长期而言，两国内部与国际环境的不稳定使俄罗斯与伊朗真正走向全面的战略伙伴难度较大。

当前世界正处于秩序调整与重塑的阶段，近年来美国、欧盟与俄罗斯的地缘竞争加剧，再次凸显中东的地缘战略价值，俄伊的频繁互动传达出俄伊欲通过战略协作以反对美国霸权的信号，也是世界秩序转变与大国博弈的缩影。

塞西执政以来的俄埃关系

卢人琳[*]

【摘　要】 冷战后，俄埃关系一直处于不温不火的状态，而 2014 年塞西执政后，两国关系迅速发展，体现在伙伴关系上升至战略高度、经济合作纵深化发展、以军事安全合作为核心、人文合作水平显著提高四个方面，呈现出以经济合作为驱动、军事色彩浓重、双边需求不对等以及政府和民间合作并行的特点。双方在增强地区乃至全球的影响力、维护国家和地区安全与稳定，以及促进国内经济发展三方面的共同与互补利益是推动两国关系取得新成果的根本原因。同时，两国与欧美关系的变化、悠久的军事合作历史和两国领导人的共同特性是取得新成果的重要原因。基于双方的需求和共同利益，在短期内，两国关系依然会保持友好合作状态，但由于两国外交重点的不一致和俄乌冲突带来的消极影响，两国关系在长期内能否继续保持现有的合作状态，有待观察。

【关键词】 俄埃关系　塞西政府　欧美制裁　俄乌冲突

埃及从苏联时期就是苏联在中东与北非的重要战略伙伴。苏联解体后，俄罗斯作为其继承国继续发展与埃及的双边关系，但出于种种原因，两国关系长期处于不温不火的状态，直到 2013 年曼苏尔上台，两国关系才取得重大突破。2014 年塞西执政后，两国关系进入新的发展时期，在政治、经济、军事、人文等领域都取得不错的成果。

---

[*] 卢人琳，广东外语外贸大学国际关系学院国际关系专业 2022 级硕士研究生。

2019年召开的首届俄罗斯-非洲峰会，被视为俄罗斯"大步重返"非洲的标志，俄罗斯加强了与包括埃及在内的非洲国家的合作，希望恢复俄罗斯在该地区的影响力。同时由于与欧美国家间关系的恶化，俄罗斯自乌克兰危机后便实施"转向东方"战略，希望加强与东方国家的关系，以突破西方国家的战略围堵和经济制裁，实现"以东制西"。由于埃及特殊的地缘战略地位，其一直试图在西方国家和俄罗斯之间寻找某种平衡，为国家发展谋求最大的利益。塞西更注重实施本国的平衡外交战略，但由于个人经历，似乎更"偏向于"普京，积极拉近开罗与莫斯科的距离。两国日益"亲密"的关系引发美西方国家的关注和担忧，迫使美西方调整对埃策略。2022年爆发的俄乌冲突，对两国关系的进一步发展提出了新的考验，在双方都承受来自美西方压力的背景下，两国长期积累的友好合作基础是否会因此受到影响？塞西任期即将结束，未来两国关系的发展又会呈现出怎样的趋势？

一、俄埃关系的新发展

2014年6月塞西执政后，俄埃关系取得进一步发展，具体来看，主要集中在政治、经济、军事、人文交流四个层面。

（一）伙伴关系上升至战略高度

塞西上台后，俄埃关系日益密切，双边关系从伙伴关系升级为战略伙伴关系，两国高层定期进行访问与会晤，在相关重大事务上相互扶持。俄乌冲突爆发后，双方依然保持沟通与对话。

2014年8月，俄罗斯成为塞西作为埃及总统访问的首个非阿拉伯国家，此次出访被视为埃及对美国"抛弃埃及"政策的回应。2015年普京回访埃及，称埃及为"可信赖伙伴"，并与塞西在相关地区问题上达成政治共识，签订一系列经济合作协议，重塑了俄埃关系。2018年10月，双方签署《俄罗斯联邦与阿拉伯埃及共和国关于全面伙伴关系和战略合作的条约》，该条约于 2021 年 1 月生效，埃及成为非洲第三个（另两个是阿尔及利亚和南非）宣布与俄罗斯建立战略伙伴关系的国家。2019 年，两国元首共同主持首次俄罗斯－非洲峰会，并在会议期间举行会晤，讨论了双边合作和北非关系，这表明两国的双边关系有了新的质的发展。① 2022 年俄乌冲突爆发后，两国首脑依然在双边和国际平台上保持沟通和协调，讨论乌克兰、中东和非洲等国家和地区问题。在 2022 年 6 月举行的圣彼得堡国际经济论坛上，塞西在发言时赞扬了俄埃关系，称"俄罗斯是埃及在各个领域的重要伙伴，两国的关系是杰出的"。面对欧美的压力，埃及拒绝制裁俄罗斯，在俄乌冲突中持中立立场。此外，两国保持在反恐方面的交流与合作，建立反恐工作小组，打击以"伊斯兰国"为代表的恐怖组织。

（二）经济合作纵深化发展

埃及是俄罗斯在中东的主要贸易和经济伙伴之一，占俄罗斯在该地区贸易额的 30% 以上。② 两国在经贸层面的双边合作呈现纵深化发展，涉及粮食、能源、工业区建造等多个领域，"两国的经济关系处于高水平，有很大的增长潜力"③。

自 2014 年以来，两国贸易额总体呈上升趋势，到 2018 年两国的贸易额达到最高峰，为 76 亿美元（比 2017 年增长 14%）。2020 年以来，受全球疫情的影响，两国的贸易额有所下降，但依然保持在 40 亿美元以上，2021 年的贸易额增长 4%，达到 48 亿美元。俄罗斯是埃及最大的粮食供应国，2017—2018 年埃及 85% 的粮食需求由俄罗斯满足，比 2014 年增加 40%。根据世界银行的数据，2020 年俄罗斯向埃及提供了 16.5 亿美元的粮食，占埃及食品进口的 11%。④ 能源合作也是俄埃合作最活跃的领域之

---

① Андрей Торин, Российско－египетское сотрудничество в Северной Африке: перспективы и политические риски, Международная жизнь, https: //interaffairs. ru/news/show/30733.

② Доклад«Россия и Египет: траектория сотрудничества», Официальный сайт РОСКОНГРЕСС, https: //roscongress. org/materials/rossiya－egipet－traektoriya－sotrudnichestva/.

③ В рамках ПМЭФ－2022 состоялась встреча Россия－Египет, Российская газета, https: //www. gazeta. ru/gazeta/adv/15029870. shtml.

④ World Integrated Trade Solution (WITS), https: //wits. worldbank. org/CountryProfile/en/EGY.

一,主要项目有佐尔气田的天然气开采、两个石油区域块(SEREU 和 EGZ)的勘测与生产以及埃尔达巴核电站的建造。随着两国贸易关系的加深,双方就建立工业区展开了积极沟通,尤其在苏伊士运河经济区的合作方面。2018 年 5 月,为了简化货物从埃及进入俄罗斯市场的程序,俄罗斯-埃及政府间委员会在第十一次会议期间签署了在苏伊士运河经济区内建立俄罗斯工业区的协议,若该工业区建成,两国经贸关系将获得进一步发展。双方还加强了在两国贸易中使用本币进行结算,推进"去美元化"和卢布国际化。

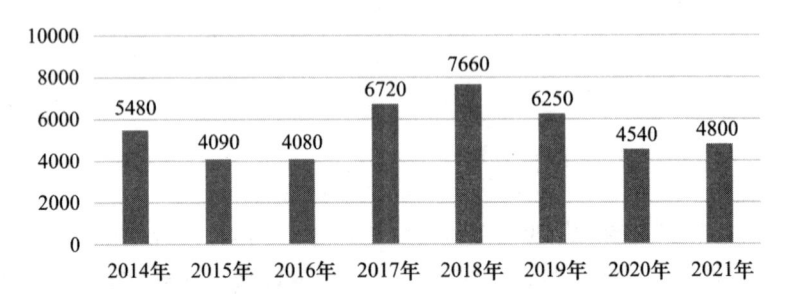

图 13 2014—2021 年俄罗斯与埃及双边贸易额(单位:百万美元)

年份	2014年	2015年	2016年	2017年	2018年	2019年	2020年	2021年
金额	5480	4090	4080	6720	7660	6250	4540	4800

资料来源:Товарооборот России и Египта // Ru‐Stat,https://ru‐stat.com/date‐Y2014‐2022/RU/trade/EG。

(三)以军事安全合作为核心

军事安全合作在俄埃双边合作中具有悠久传统,也是塞西执政后与俄罗斯关系发展中的核心内容,双方在该领域一直保持密切合作,主要涉及军事技术合作、军火贸易和军事演习三方面。

在军事技术合作上,双方达成诸多协议,保证人员和技术的交流。2014 年,两国就扩大军事技术合作达成协议;2015 年,俄埃军事技术合作联合委员会成立,两国约定定期举行会议,以加强两国的军事技术合作;一年一度的"军队"系列国际军事技术论坛也是两国军事技术交流的重要平台。同时,俄罗斯还派军事专家帮助埃及培养军事人才和进行技术交流。在军火贸易方面,俄罗斯是埃及主要的军火供应商,埃及则是俄罗斯五大武器购买国之一。一位埃及官员表示，埃及在 2014—2017 年花费了 15 亿美元用于武器采购，其中俄罗斯占 60%。此外，双方的联合军演规模也在不断加大。两国定期举行"友谊之桥"大规模联合海上军事演习（始于 2015 年）、"友谊的捍卫者"联合战术演习（始于 2016 年）和"友谊之箭"防空演习（始于 2019 年），极大地加强了两国海陆空的战略性军事双边合作。2017 年，两国达成关于两国战机可以使用对方空军基地的协议，[①] 这表明双方在该领域的合作层次出现了质的提升。

（四）人文合作水平显著提高

人文交流是俄埃双边合作的重要组成部分，可以充当调节国家矛盾的有效工具，[②] 不仅有利于两国建立互惠互利的伙伴关系，而且能增进两国人民间的相互理解和信任。

俄埃两国高等教育机构之间的联系不断加强，学生和教师交流的人数不断增加。据统计，从 2018 年到 2022 年，在俄罗斯留学的埃及学生人数增长了 5 倍。[③] 俄埃科技合作水平也在不断提升，2016 年 3 月，俄罗斯和埃及签署了通信和信息技术领域的合作备忘录。2022 年 2 月，俄罗斯联邦数字发展、通信和大众传媒部宣布，作为支持 IT 行业的第二套措施的一部分，将创建"数字专员"服务，[④] 并安排其在埃及和南非等 16 个国家工作，提供信息咨询、分析和法律服务。多年来，两国在旅游领域的合作一直蓬勃发

---

① Khlebnikov, Alexey, "Russia and Egypt: A Precarious Honeymoon," Russia Rising: Putin's Foreign Policy in the Middle East and North Africa, Ed. Dimitar Bechev, Nicu Popescu and Stanislav Secrieru, I. B. Tauris, 2021, pp. 107 – 116.

② Халаф Саад Сайед Ибрахим, Российско - египетские отношения в контексте региональной безопасности на ближнем востоке 1991 - 2016 гг., диссертации на соискание ученой степени Москва, 2017. - 194 с.

③ Число студентов из Египта в российских вузах выросло в 5 раз за последние 4 год, Официальный сайт Минобрнауки России., https://minobrnauki.gov.ru/press - center/news/mezhdunarodnoe - sotrudnichestvo/55011/? sphrase_id = 4333915.

④ Минцифры объявляет набор специалистов в службу «цифровых атташе» для продвижения российских ИТ - продуктов за рубежом, Официальный сайт Минцифры РФ, https://digital.gov.ru/ru/events/41424/? utm_referrer = https%3a%2f%2fyandex.com%2f.

展。虽然 2015 年发生的航空恐怖袭击事件给两国的旅游业造成一定的打击，但随着 2021 年禁令的解除，两国间的航空业与旅游业取得大幅度发展，俄罗斯前往埃及的旅游人数不断增加。此外，双方在 2021 年举办了两国历史上的第一个主题年，共同举办了约 200 场活动，涉及展览、音乐会、论坛、科学会议和其他大型项目。2022 年，在开罗举办的俄罗斯 – 埃及人文合作论坛上，两国代表专家提出了数十项进一步合作的建议，其中最重要的一项是建立俄罗斯 – 埃及图书馆，这表明两国在人文领域的双边合作水平得到显著提高。

二、双边关系呈现的特点

基于上述俄埃双边关系的新发展，可以看出其具有以经济合作为驱动、军事色彩浓重、双边需求不对等、政府与民间合作并行的特点。

（一）以经济合作为驱动

2014 年以来，两国在经济层面的合作领域不断拓展，合作水平和层次进一步提升。根据俄罗斯驻开罗大使格里戈里·鲍里申科介绍，截至 2022 年，在埃及市场有 470 家俄罗斯公司，投资额约为 80 亿美元，[1] 其中大部分投资来自俄罗斯石油公司，除此之外，还有俄罗斯海外石油公司、卢克石油公司和诺瓦泰克公司，以上公司主要参与埃及能源方面的勘测和开采，涉及两国间的多个主要项目，其中最重要的是埃尔达巴核电站项目，该核电站是俄埃在和平利用核能领域的最大合作项目。2015 年 11 月，双方在开罗签署了俄罗斯 – 埃及政府间协议，达成了关于建造价值 300 亿美元的埃尔达巴核电站以及俄罗斯为此提供 250 亿美元贷款的协议，并于

---

[1] Российский посол рассказал о росте товарооборота с Египтом, РИА Новости, https://ria.ru/20220208/egipet - 1771610064.htm.

2017 年签署最终的合同。核电站将由 4 个动力装置组成,预计于 2028—2029 年完成建造。此外,2015 年 5 月埃及正式递交了与欧亚经济联盟建立自贸区的申请,双方自 2016 年开始就此举行谈判,在贸易便利化、海关合作、货物流通规则和消除贸易技术壁垒等领域达成了一系列协议。双方更是强调苏伊士运河经济区的合作。2018 年,双方签订在该经济区建立俄罗斯工业区的协议,根据俄罗斯工业区网报道,已有 29 家俄罗斯公司对该项目表示出兴趣。① 工业区的建造分为三期,全部的建造计划将于 2031 年完成,届时将提供 3.5 万个工作岗位。

(二)军事色彩浓重

军事技术合作一直是俄埃两国重要的合作领域,2014—2018 年,在埃及武器进口的主要国家中,俄罗斯的占比不断提升,使得两国关系发展呈现出浓厚的军事色彩。2014 年,俄埃两国达成一项价值 35 亿美元的一揽子军事合作合同,涉及向埃及供应俄罗斯米格 - 29M/M2 战斗机、米 - 35M 攻击直升机、堡垒海岸导弹系统、道尔 - M2 防空导弹系统、火炮和其他小型武器;2016 年,埃及从俄罗斯接收了 R - 32 导弹快艇,成为继中国之后第二个"蚊子"导弹用户;2017 年,俄罗斯向埃及提供了安泰 - 2500 地空导弹系统(S - 300 防空导弹系统的出口版本),埃及是继委内瑞拉之后第二个获得该系统的国家;2018 年,双方就向埃及提供 24 架苏 - 35 战斗机达成协议,随后俄罗斯先向埃及交付了 5 架苏 - 35 战斗机;② 2020 年,双方签署为埃及军队供应 400—500 辆 T - 90MS 坦克的合同,该笔交易将显著增强埃及在该地区的军事实力,并使埃及成为最大的 T - 90MS 坦克保有国。根据斯德哥尔摩和平研究所的报告,2018—2022 年,俄罗斯武器的主要进口国中,埃及排名第三,占比 9.3%,前两名是印度

---

① Российская промышленная зона в Арабской Республике Египет, http://rioegypt.ru/.
② Некоторые подробности контракта на поставку в Египет истребителей Су - 35, Военное Обозрение, https://topwar.ru/171308 - nekotorye - podrobnosti - kontrakta - na - postavku - v - egipet - istrebitelej - su - 35.html.

（31%）和中国（23%）。[①] 同时，双方自2013年定期举行外长和防长会议。2015年以来，两国还定期举行海陆空军事演习，培训两国部队的作战能力，提高应对冲突的能力。

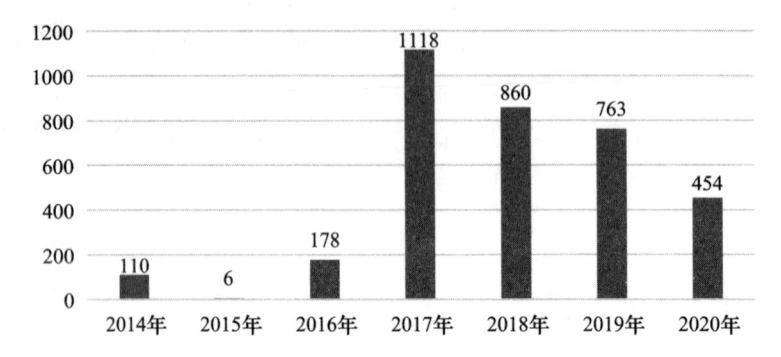

图 14　2014—2020 年俄罗斯对埃及的武器出口额（单位：百万美元）

资料来源：斯德哥尔摩和平研究所，https://armstrade.sipri.org/armstrade/page/values.php。

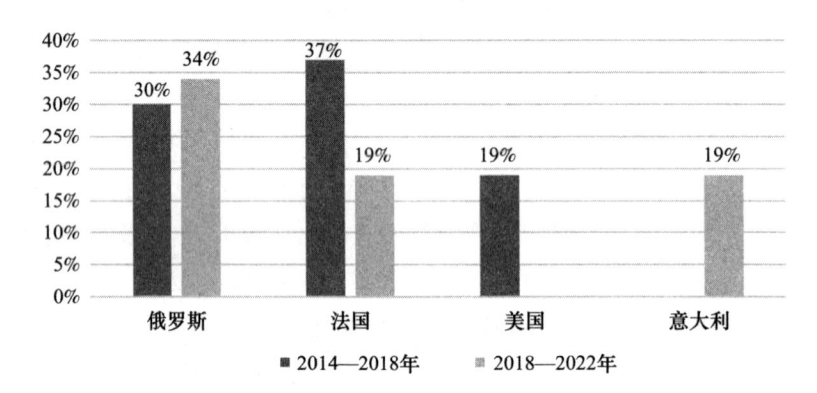

图 15　2014—2022 年埃及武器前三出口国在埃及武器进口总数中的占比

资料来源："Trends in International Arms Transfers, 2018," SIPRI, https://www.sipri.org/sites/default/files/2019-03/fs_1903_at_2018；"Trends in International Arms Transfers, 2002," SIPRI, https://www.sipri.org/sites/default/files/2023-03/2303_at_fact_sheet_2022_v2.pdf。

---

① "Egypt among top 3 importers of Russian weapons since 2018," Egypt Independent, Mar. 18, 2023, https://egyptindependent.com/egypt-amongst-top-3-importers-of-russian-weapons-since-2018/.

（三）双边需求不对等

俄埃关系是世界大国和地区大国间的关系，这使得两国关系在发展过程中呈现出不对称性，主要表现为两国对彼此的需求不对等。在两国贸易中，俄罗斯对埃及的出口额总是大于埃及对俄罗斯的出口额。2014—2020年，俄罗斯对埃及的全部出口额为39.33亿美元，而埃及对俄罗斯的只有3.93亿美元。[①] 根据俄罗斯联邦国家统计局数据，2021年俄罗斯对埃及出口额为42亿美元，同年埃及对俄罗斯出口额达到5.9亿美元，创历史新高，但依旧无法弥补两国间巨大的经济实力差距。俄罗斯还是埃及最主要的小麦进口国，埃及大约70%的小麦进口来自俄罗斯。在军事装备方面，埃及对俄罗斯的需求也总是大于俄罗斯对埃及的需求。根据美国著名军事网站"全球火力指数"发布的"2023年军事实力排名"，俄罗斯综合军事实力排名全球第2，埃及排名第14。[②] 俄罗斯作为全球排名第2的军火供应商（根据斯德哥尔摩和平研究所2022年的排名），是埃及最主要的军贸伙伴之一。在资金和技术方面，俄罗斯为埃及提供贷款，帮助其建立基础设施和核电站、培训专家等。在两国最重要的能源合作项目——埃尔达巴核电站项目中，俄罗斯计划为埃及提供250亿美元贷款，占该项目全部资金的80%，并为其培训核工业专家，如埃及-俄罗斯大学和托木斯克理工大学准备联合培训核领域的专家。同时，俄罗斯支持培训埃及石油、天然气、工程和医疗等关键领域的人员，以保证两国教育和经济领域合作的顺利开展。

（四）政府与民间合作并行

在俄埃关系发展中，不仅政府、精英层面的交流持续加深，教育、旅

[①] Экспорт из России в Египет, Ru – Stat, https：//ru – stat. com/date – Y2014 – 2022/RU/export/EG.

[②] "2023 Military Strength Ranking," Global Fire Power, https：//www.globalfirepower.com/countries – listing. php.

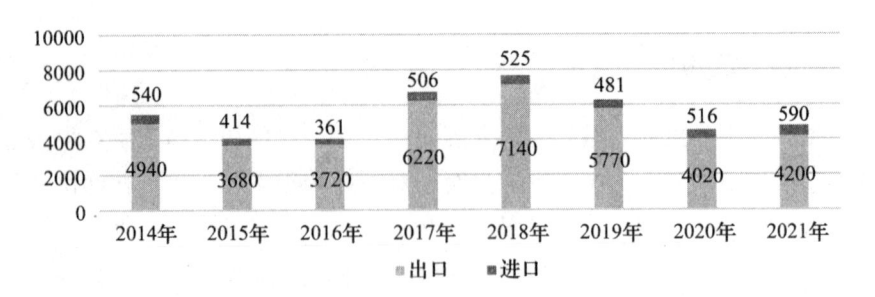

```
10000
8000                        525
6000  540         506  7140  481
4000      414 361            516  590
2000  4940 3680 3720 6220    5770 4020 4200
   0
    2014年 2015年 2016年 2017年 2018年 2019年 2020年 2021年
              ■出口  ■进口
```

图16　2014—2021年俄罗斯对埃及进出口额（单位：百万美元）

资料来源：Товарооборот России и Египта // Ru‑Stat，https：//ru‑stat.com/date‑Y2014‑2022/RU/trade/EG。

游等局面的民间合作也在不断深化。双方在国际舞台上相互扶持对方的政府，定期进行高层互访，尤其是外长和防长"2+2"模式的建立，使得两国关系取得质发展，伙伴关系发展至战略高度。除了传统政治合作外，两国在反恐领域的立场也极为相似，尤其是在对抗"伊斯兰国"的问题上。2022年，在俄埃反恐工作组会议上，双方重申了在反恐领域加强双边合作和多边合作的决心，认为军事技术合作是根除恐怖主义并恢复地区稳定的可靠工具。两国在加强高层交流的同时，也推动民间交流的发展，高等院校间的学生和老师的交流、科学技术的合作、旅游人数等都在不断增加，文化年、文化活动的举办促进了两国人民的相互理解，为进一步发展两国关系提供了良好的社会基础。2020年，埃及议会批准了俄埃的一项全面协议，即两国定期进行总统和外长与防长的互访，在打击恐怖主义和在军事、经济、贸易、科学技术、旅游和青年交流方面进行合作，该协议的有效期为10年。这表明两国的合作不仅仅局限于政府高层，民间合作也是其重点之一。

三、双边关系发展的原因分析

俄埃的双边关系不断发展，根本原因是双方具有共同与互补的利益，此外，俄埃与欧美关系的变化、两国间悠久的军事合作历史、两国领导人的共同特性也是两国关系发展的重要推动因素。

（一）双方具有共同与互补的利益

俄埃两国在发展双边关系的过程中，彼此既存在共同利益，也存在互补利益，主要体现在增强地区乃至全球的影响力、维护国家和地区安全与稳定，以及促进国内经济发展三个方面。

1. 增强地区乃至全球的影响力

苏联解体后，作为继承国的俄罗斯在中东总体实行收缩战略，使得俄罗斯与该地区的传统联系急剧下降，对于地区事务的参与和话语权也不断减弱。进入21世纪，普京执政后，为加快恢复世界大国地位和影响力，俄罗斯才逐渐重返中东，加大对该地区事务的介入力度。

从第一次中东问题莫斯科会议到马德里和会，从伊朗核问题谈判到"也门之友"小组，再到"安南计划"，俄罗斯一直是中东热点问题的积极调节者，努力扮演着"不可或缺"的角色。[①] 通过加强与阿拉伯国家联盟、海湾阿拉伯国家合作委员会、伊斯兰合作组织的联系，俄罗斯增加了进入中东的机会。同时，俄罗斯在叙利亚问题、巴以冲突、核不扩散问题上所做的努力也获得了该地区大多数国家的认可。在美国从中东一些国家撤军的背景下，俄罗斯希望借此机会加强在中东的存在，削弱美国在中东的影响力，重塑中东力量的平衡。[②] 同时，俄罗斯通过拓展其外交空间，提高在地区和国际事务中的话语权和影响力，进而重新确立其世界大国的地位。此外，自克里米亚事件后，俄罗斯加快重返非洲的步伐，并在2019年举办首届俄罗斯-非洲峰会，俄罗斯和埃及作为主持国。在俄罗斯遭遇外交困境和非洲的战略意义提升的背景下，非洲成为俄罗斯21世纪提升其大

[①] 姜毅：《评析俄罗斯在中东的机会主义外交》，《西亚非洲》2016年第3期。
[②] Fouad K., "Egypt, Russia: Rapprochement or Alliance?" Egyptian Institute for Studies, Jan. 30, 2018, https://en.eipss-eg.org/egypt-russia-rapprochement-alliance.

国地位的新的战略支点。通过混合战争策略①，俄罗斯以军事合作为突破口，综合考虑国家战略利益，增强了其在非洲的政治影响，同时获得了一定的经济效益。而埃及作为北非的重要国家之一，是俄罗斯进入非洲地区的桥头堡，加强与埃及的联系对俄罗斯实施非洲战略、拓展国家利益具有重要价值。

就埃及而言，塞西政府外交政策的优先事项是要确立埃及在中东和非洲的大国地位，并增强其在这些地区的影响力。②阿拉伯变局后，埃及的经济发展面临困境，安全威胁进一步上升。基于此，塞西政府积极开展多元外交，深化与中东和非洲国家的交往，积极参与地区事务和反恐活动，希望加强在国际事务中的作用和影响力，真正发挥地区大国的作用。③同时，出于解决国内经济和国家安全问题的需求，非洲大陆成为塞西政府的外交突破口之一。④塞西就任埃及总统后，实施更为积极的非洲政策，通过双边和多边两方面的努力，从政治、军事、经济等方面进一步密切与其他非洲国家的关系，拓宽外交空间、增强在非洲的影响力，这一点与俄罗斯不谋而合。

2. 维护国家和地区安全与稳定

稳定中东和北非的局势，是俄罗斯与埃及加强合作的重要动因之一。普京曾在会见塞西时表示，中东地区局势的稳定在很大程度上取决于埃及的稳定。埃及外长、后任阿盟秘书长的阿姆鲁·穆萨也曾称："从政治上看，俄罗斯过去和现在都是中东和平进程的重要参与者……俄罗斯可以为稳定地区局势作出真正的贡献。"因此，俄埃双方发挥各自优势，加强在打击地区恐怖主义和极端主义方面的合作。

---

① 卓振伟、武斌：《俄罗斯与非洲的军事合作：混合战争的视角》，《西亚非洲》2023年第2期。

② Медушевский Н. А., Харитонова В. М., Внешнеполитические приоритеты Египта в период правления Ас－Сиси, Теории и проблемы политических исследований, 2021, No. 3A, С. 58－69.

③ 李意：《埃及塞西政府的平衡外交政策述评》，《西亚非洲》2019年第5期。

④ 郝诗羽、段九州：《塞西执政以来埃及的非洲政策取向与变化》，《西亚非洲》2020年第3期。

虽然冷战后俄罗斯的中东政策一直处于调整之中，但其核心始终是国家利益和地区稳定。防止中东问题进一步恶化、打击极端主义和恐怖主义，对于俄罗斯周边和国内的稳定发展有着重要意义。为了防止中东变局的"多米诺骨牌效应"以及"颜色革命"的卷土重来，预防中东欧、里海以及中亚等周边国家发生变局，俄罗斯积极加强与周边国家的安全合作，促进中东问题的协调与解决，推动不同宗教信仰者之间的理解和交流，加强与青年之间的对话，在稳定地区局势的同时防止新的安全问题的产生。作为中东和北非国家，埃及的发展形势和国家安全受到地区问题和局势的极大影响。虽然在塞西政府的强力打压下，以恐怖组织"伊斯兰国"西奈半岛分支为代表的反政府极端势力及其他激进组织已失去颠覆政府合法政权的能力，对埃及的安全威胁也有所下降，但依然不能忽视其活动能力。根据2022年全球恐怖主义指数报告，2022年埃及共发生30多件恐怖袭击事件，死亡和受伤人数达100多人，恐怖事件仍然是影响埃及人民生活和国内稳定的一大因素。①

3. 促进国内经济发展

乌克兰危机爆发后，欧美国家加大对俄罗斯的制裁规模和强度，对俄罗斯发起了多轮制裁，涉及金融、能源、贸易、科技等多个领域，使得俄罗斯经济增速大幅下降，通货膨胀急剧攀升；同时，埃及在塞西政府多年的努力下，虽然经济状况得到一定改善，但依然存在阶级矛盾、失业率升高和贫富差距等问题，俄埃双方在推动经济发展上的一致性促使两国不断拓展合作领域，提高合作层次。

开罗大学经济学教授穆罕默德·坎迪尔称，俄罗斯将埃及视为通往非洲的大门，埃及是俄罗斯在非洲的优先合作伙伴，占俄罗斯与非洲贸易额的40%。② 埃及作为中东和北非最重要的政治和军事国家之一，拥有巨大的人口和市场潜力，俄罗斯通过向埃及出口粮食和军事装备，能够在一定

---

① "Vision of humanity," https://www.visionofhumanity.org/maps/global-terrorism-index/#/.
② "News Analysis: Enforcing Egypt-Russia strategic cooperation deal promotes bilateral cooperation," Xinhuanet, Jan. 24, 2021, http://www.xinhuanet.com/english/2021-01/24/c_139693761.htm.

程度上缓解国内的经济压力和制裁带来的影响。此外，两国在能源开发方面也存在较大的合作潜力。2016年，俄罗斯石油公司从埃尼集团购买了佐尔天然气油田30%的股份，成为开发地中海最大天然气田项目的一员；埃尔达巴核电站项目的建成也会为两国提供对应的就业机会，增加经济效益。

（二）两国与欧美关系的变化

2014年乌克兰危机后，俄埃与欧美关系的变化成为影响俄埃双边关系的重要国际因素。

塞西执政后拉近与俄罗斯关系的一个关键原因是当时的美国政府"抛弃了"埃及。在2013年埃及发生政变后，奥巴马政府暂停了美国对埃及的军事援助，以表达对埃及政府行为的不满，作为回应，塞西在2014—2018年间多次访问俄罗斯，加强开罗与莫斯科的关系。即使在2015年奥巴马政府恢复对其军事援助后，塞西仍与俄罗斯签署了几项军事协议，并加强了与俄罗斯的经济、安全和地缘政治伙伴关系。在2013年美埃关系发生变化后，一位俄罗斯《独立报》评论员表示，由于美国对埃及现任总统采取敌对立场，与俄罗斯发展关系将有助于增强埃及的实力。①

同时，乌克兰危机后，俄罗斯和欧美国家间的政治经济关系持续恶化。西方国家将俄罗斯"踢出"八国集团，同时减少与俄罗斯的接触与合作，在联合国关于克里米亚公投投票大会上，西方国家几乎一致谴责俄罗斯，俄罗斯代表团也因此暂停参加欧洲委员会会议，许多西方代表团拒绝参加在俄罗斯举行的高级别国际会议，其中包括莫斯科的年度安全会议和圣彼得堡经济论坛。美国及其盟国对俄罗斯的个人和公司实体实施制裁，几乎涉及俄罗斯的整个工业部门，重点制裁俄罗斯的金融、矿业、国防等关键领域，以此逼迫俄罗斯在乌克兰问题上作出让步。在军事领域，西方国家将俄罗斯视为威胁其安全的主要对手。北约抓紧实施东扩，挤压俄罗

---

① "Russia's Putin in Cairo for talks with Egypt's Sisi," BBC News, Feb. 10, 2015, https://www.bbc.com/news/world-africa-31310348.

斯的地缘政治空间，并在俄罗斯的周边国家部署导弹防御系统，公开表明针对俄罗斯的核力量。在这种背景下，俄罗斯转而加强与东方国家的关系，发展与亚非拉国家的合作，希望实现"以东制西"，这为俄埃双边关系的发展提供了机遇。

（三）悠久的军事合作历史

俄埃关系由苏（苏联）埃关系演变而来，两国在苏联时期就存在军事安全合作，再加上中东局势的长期动荡，两国在军事安全方面的合作具有悠久的历史和良好的基础。1955年，埃及向苏联购买一批价值约为2.5亿美元的武器，这是双方签订的第一项军事协议。埃及成为第一个从苏联购买武器的阿拉伯国家。1956—1973年，苏联在中东的军事装备和武器的主要买家是埃及，其对埃及的军事援助总额达到30亿美元。1967—1973年，应埃及方面的要求，苏联向其提供了针对以色列的军事援助，苏联在埃及的军事专家小组人数达到2万人。尽管在20世纪70年代中期，两国的政治军事接触不断减少，但在20世纪80年代，两国关系又开始正常化。1997—2007年，双方陆续签署关于购买俄罗斯武器的协议，俄罗斯向埃及提供了包括防空系统、坦克、米格系列直升机、战斗机、火炮、P-8雷达等先进军事装备，俄罗斯军事专家还对埃及的50套S-125"伯朝拉"防空系统进行现代化改造。2013年，两国在开罗举办了首届俄埃防长和外长的"2+2"会议，为两国在军事方面的合作提供了固定的交流平台。塞西上台后，两国的军事合作机制逐渐增加并成熟，包括定期举办军事技术委员会联合会议等。2017年两国甚至签署关于共同使用军事基地的协议草案，根据该协议，俄埃两国的军用飞机能够在提前5天通知的情况下使用对方的领空和机场，这表明两国的军事合作上了一个台阶。

（四）两国领导人的共同特性

普京和塞西的经历具有高度相似性，两人都有情报系统工作的经历，且都是在各自国家和民族处在发展的十字路口上台执政，拥有高度的使命感和责任感，这些相似性使得他们"英雄惜英雄"，在交往过程中相互支持。此外，埃及的外交决策机制和俄罗斯的总统制都赋予了两国元首最终的外交决策权，使得双方能作出并落实有利于两国关系发展的外交政策。

塞西自执政以来就将自己视作纳赛尔的继承者①，希望恢复埃及在中东和阿拉伯世界的领导地位；普京则希望实现俄罗斯的大国地位，扩大俄罗斯在非洲的影响力，恢复与埃及等曾经与苏联关系密切的国家的关系。2014年，在塞西还未正式宣布参加选举时，普京就表示支持其竞选总统并祝愿他取得成功。2015年，普京与塞西举行会谈时，强调埃及是俄罗斯"值得信赖的伙伴"，并向塞西赠送了一支AK-47步枪。瑞士《新苏黎士报》在报道普京和塞西的关系时，说塞西称呼普京为"亲爱的朋友"，"两国元首的关系再好不过了"；在俄罗斯颇受欢迎的《共青团真理报》也称，"与普京相比，埃及总统是政治新人"，但两者似乎"正形成良好关系"；埃及最大的官方报纸《金字塔报》甚至称普京为"我们时代的英雄"。同时，塞西也对普京给予高度赞赏，在很多场合都对普京给予支持。在俄乌冲突中，即使面临来自西方国家各方面的压力和孤立，塞西也依然不愿疏远普京。

四、俄埃关系的未来发展

总体而言，俄埃关系目前处于稳中有升的状态，"俄罗斯和埃及比以往任何时候都要亲密"②，即使俄乌冲突进一步升级，埃及也没有跟随西方的步伐对俄罗斯实施经济制裁，这表明短期内两国关系依然以友好合作为主。

然而，随着普京和塞西的任期即将到期，再加上两国外交重点的不一

---

① Халаф Саад Сайед Ибрахим, Египет и Россия: перспективы сотрудничества при Президенте Абдель Фаттах Аль-Сиси, История России, 2016, №4, С. 78–88.
② Россия и Египет близки как никогда, Коммерсантъ, https://www.kommersant.ru/doc/5017782.

致性以及新的政治事件的消极影响,即俄乌冲突给埃及带来的压力,两国关系在长期内是否依然能够保持友好合作还有待观察。影响未来两国双边关系发展的因素主要有以下两个方面:

第一,两国外交重点存在不一致性。在苏联时期,北非的埃及、利比亚和阿尔及利亚曾被认为是苏联的重要战略利益地区;但在新时期,这些国家关系到的是俄罗斯的重要利益而非核心利益。因此,面对北非问题,虽然俄罗斯提供了一定经济军事援助和外交支持,但始终避免与西方迎头相撞,大多时候采取的是务实的态度和实用主义立场。此外,在俄罗斯的对外政策中,独联体国家是首位,其次是西欧和美国以及亚太国家,随后才是中东、非洲和拉美国家。即使在2023年版的《俄罗斯联邦对外政策构想》中,欧美国家被放在伊斯兰国家之后,埃及也不是俄罗斯的外交优先国,俄罗斯转向埃及等国不过是服务于国家战略需求,而非真正的外交重点转移。因此,在发展与埃及的关系中,俄罗斯抱有机会主义心态,而不是推动两国关系取得实质性进展。从埃及方面来看,塞西政府实施的是多边平衡外交政策,埃及不在俄罗斯和美国之间做选择,而是与所有对国家复兴有用的国家合作。① 比起俄罗斯,美国的经济军事实力更强大,美国为埃及提供的军事和经济援助是其发展的重要支撑。两国的双边贸易额也远高于俄埃的双边贸易额,据美国政府官方数据,2021年美埃的双边贸易总额达到91亿美元。② 因此,"埃及虽然致力于同俄罗斯发展更紧密的友好关系,但绝非以牺牲埃美结盟为前提"③,塞西发展与俄罗斯的关系是在和美国"打牌",是为了赢得美国的注意。④ 不以彼此为外交重点影响着两国真正战略伙伴关系的建立,不利于未来两国关系的进一步发展。

第二,俄乌冲突带来的消极影响。2022年的俄乌冲突不仅给俄罗斯的

---

① Халаф Саад Сайед Ибрахим, Египет и Россия: перспективы сотрудничества при Президенте Абдель Фаттах Аль-Сиси, История России, 2016, №4, C. 78 – 88.

② "U. S. Relations With Egypt," U. S. Department of State, Apr. 29, 2022. https://www.state.gov/u-s-relations-with-egypt/.

③ 丁工:《埃及和俄罗斯再续前缘?》,《世界知识》2014年第6期。

④ Khalil Al-Anani: "Growing Relations between Egypt and Russia: Strategic Alliance or Marriage of Convenience?" Arab Ceter Washington DC, Sep. 27, 2021, https://arabcenterdc.org/resource/growing-relations-between-egypt-and-russia-strategic-alliance-or-marriage-of-convenience/.

外交带来负面后果，也对包括埃及在内的中东地区造成了粮食安全危机。埃及是世界上最大的小麦进口国和世界十大葵花籽油进口国之一，严重依赖外国进口小麦和葵花籽油以满足国内的需求。随着俄乌冲突的爆发，埃及小麦和葵花籽油的主要进口途径受到影响（埃及85%的小麦、73%的葵花籽油来自俄罗斯和乌克兰），截至2022年3月，埃及的小麦的价格上涨了44%，葵花籽油的价格上涨了32%，埃及国内通货膨胀进一步加剧，对塞西政权的稳定造成一定的影响。① 虽然埃及目前在这次冲突中持中立立场，但在美欧的施压下，埃及在联合国大会上仍然投票支持谴责俄罗斯入侵的决议。② 在投票结束后，美国立即宣布有意向埃及出售F-15战斗机，希望借此拉拢埃及。再加上欧美也是世界重要的粮食出口源地，可暂时缓解埃及在粮食方面的危机，因此，埃及在俄乌冲突中的回旋余地有限，其是否会为了国内的稳定和国家的发展而对西方妥协、疏远俄罗斯，也是影响两国关系的一个重要隐性因素。

结　语

塞西执政以来，俄罗斯与埃及的双边关系取得新的突破，在政治上相互扶持，推动战略伙伴关系进一步发展，在俄乌冲突的背景下，依然保持联系和沟通，对关键问题进行协商；在经济上深化合作的层次与水平，加强在能源、粮食、工业区等方面的合作，埃尔达巴核电站和俄罗斯工业区的建立将为两国提供新的就业机会，进一步密切两国的经济联系；军事技术合作依然是双边合作的重点，两国保持军事技术和人员交流，武器交易额保持一定水平的增长，并且定期举行军事演习，以提高双方军队的协作

---

① "The Russia – Ukraine War has Turned Egypt's Food Crisisintoan Existential Threatto the Economy," Middle East Institute, https：//www. mei. edu/publications/russia – ukraine – war – has – turned – egypts – food – crisis – existential – threat – economy.
② "The Impact of Russia's Invasion of Ukraine in the Middle East and North Africa," International Crisis Group, Apr. 11, 2022, https：//www. crisisgroup. org/middle – east – north – africa/impact – russias – invasion – ukraine – middle – east – and – north – africa.

能力；人文方面的交流进一步加深，包括教育、信息技术和旅游等领域，促进双方的文化和人民的交流与理解。在两国关系的新发展中，呈现出新的特点，即以经济合作为驱动，在务实的原则上提升两国的经济合作效益；同时由于双方在军事技术、军火贸易和军演方面的持续合作，使得双边关系具有浓重的军事色彩；在两国合作的过程中，埃及对俄罗斯的粮食、武器、资金等的需求较大，使得双方的需求呈现不对等性；双方不仅加强政府高层的交流，也不断加强民间交流，以政府和民间合作并行的形式推动双边关系发展。

俄埃两国关系取得新发展，最根本的原因是两国在增强地区乃至全球的影响力、维护国家和地区安全与稳定，以及促进国内经济发展方面具有共同与互补的利益。此外，两国与欧美关系的变化、悠久的军事合作历史和两国领导人的共同特性也是双边关系发展的重要原因。基于两国共同的利益诉求和发展需要，俄埃关系在短期内依然以友好合作为主，至于长期内是否仍然能保持现有合作水平，取决于两国能否有效应对以下两方面的问题：一是两国外交重点存在不一致性，在俄罗斯方面，埃及远不是其优先国，而对埃及而言，俄罗斯的重要性也不及美国，两国关系的发展在很大程度上出于短期需求；二是俄乌冲突带来的消极影响，作为2022年的重大国际政治事件，其不仅给当事国俄罗斯和乌克兰带来政治、经济等方面的变化，而且对两国的合作伙伴也造成极大的冲击，其中埃及的粮食价格翻倍，国内经济形势出现恶化倾向。为了解决国内问题，埃及是否选择向美西方妥协，将是影响两国关系长期发展的重要因素之一。

附 录

2022 年俄罗斯对外关系大事记

张康 董芬芬 黄嘉妍 马闻政

一月

1月3日 中国、俄罗斯、美国、英国、法国五个核武器国家领导人就关于防止核战争和避免军备竞赛发表联合声明,强调维护和遵守《核不扩散条约》义务,并在相互尊重和承认彼此安全利益方面沟通协调。

1月6日 俄罗斯外交部就关于集体安全条约组织安全理事会决定向哈萨克斯坦共和国派遣维和部队发表声明。声明称,俄罗斯决定向哈萨克斯坦共和国派遣集体维和部队以稳定和正常化该国局势。

1月18日 俄罗斯外长拉夫罗夫与德国外长贝尔博克进行会谈。会谈中俄罗斯表示有兴趣在平等、尊重和考虑彼此利益的原则基础上与德国建立睦邻关系。两国将在医疗保健、气候保护、能源效率和可再生能源开发以及氢能环保技术领域开展合作。

1月19日 伊朗总统访俄时,普京表示,俄罗斯欢迎同伊朗在欧亚经济联盟中发展积极关系,肯定伊朗作为上海合作组织观察员国所作努力。伊方致力于扩大发展与俄罗斯的战略合作。

1月21日 俄罗斯外长拉夫罗夫与美国国务卿布林肯在日内瓦举行会谈,就双方共同签订的欧洲安全问题的条约草案交换意见。双方需要密切关注乌克兰问题,但整个欧洲安全架构问题也不应归咎于乌克兰。

二月

2月1日　普京在与到访的匈牙利总理欧尔班会谈时表示，匈牙利是俄罗斯在欧洲最重要的合作伙伴之一，俄方将继续向匈方提供核电站两个机组的建设，继续执行俄罗斯天然气工业股份公司与匈牙利签署的延长到2036年的能源供应合同。

2月3日　俄罗斯总统普京发表题为《俄罗斯和中国：着眼于未来的战略伙伴》的署名文章。文章中表示俄中全面战略协作伙伴关系进入新时代，达到了前所未有的水平，成为高效、负责和面向未来的典范。

2月3日　俄罗斯总统普京在会见到访的阿根廷总统费尔南德斯时表示，阿根廷在一定程度上可以成为俄罗斯通往拉丁美洲的门户，希望阿根廷开辟新的机会，力让阿根廷摆脱对国际货币基金组织和美国的依赖，并促使双方能够在欧亚经济联盟和南方共同市场开展更紧密的合作。

2月4日　俄罗斯总统普京与中国国家主席习近平进行会谈。会谈中普京表示欢迎推动使用本国货币进行贸易结算，并签署涉及通过远东航线购买和销售天然气的商业合同和在部分高科技领域的合作意向文件。

2月7日　俄罗斯总统普京与法国总统马克龙举行会谈，普京高度评价了法国在解决欧洲基本安全问题方面发挥的积极作用。马克龙也希望可以通过对话为冲突降级铺平道路。

2月10日　普京会见到访的哈萨克斯坦总统托卡耶夫，会谈中普京肯定了在欧亚经济联盟内俄哈一体化的成果。会谈后双方签署一系列文件，内容包括交换地球遥感卫星数据、交流数字化转型经验、为哈萨克斯坦培训和平利用核能人员等。

2月10日　俄罗斯外长在与到访的英国首相特拉斯会谈时强调，俄英两国关系过去几年处于双方低谷，英国在乌克兰和其他后苏联国家的反俄活动对俄英关系产生负面影响，应该立即停止干涉俄罗斯内政和邻国事务的企图。

2月15日　普京会见德国总理朔尔茨时表示,德国是俄罗斯第二大对外贸易伙伴,能源是两国经济合作的重要组成部分。针对乌克兰局势,双方都认为,诺曼底模式以及俄罗斯和美国在北约-俄罗斯理事会和欧洲安全与合作组织的会谈,是解决这场冲突的另一种关键模式。

2月16日　普京与到访的巴西总统博索纳罗举行会谈,普京称巴西是俄罗斯在拉丁美洲和加勒比地区的主要贸易伙伴之一,俄罗斯航天局和巴西航天局正在努力落实金砖国家遥感卫星星座合作协议。俄罗斯支持巴西作为安理会常任理事国的候选资格,希望双方在联合国框架内积极合作。

2月18日　普京与白俄罗斯总统卢卡申科举行会谈,会谈中普京强调俄罗斯和白俄罗斯是好邻居、亲密盟友和战略伙伴。会谈主要议题是建立联盟国家和促进联盟内部一体化。

2月22日　普京与阿塞拜疆总统共同签署了《俄罗斯和阿塞拜疆联盟互动宣言》,该宣言标志着两国关系向新水平过渡。

2月22日　俄罗斯外长拉夫罗夫与土库曼斯坦副总理兼外长拉希德·梅列多夫会谈时表示,感谢土方对俄语的关注。拉夫罗夫还表示里海地区是团结的基础,希望在阿什哈巴德举行的第六次里海首脑会议圆满成功。

三月

3月10日　俄罗斯外长拉夫罗夫在土方倡议下与乌克兰外长库列巴进行三方会议。俄方接受土方提出的有关解决乌克兰危机的建议,并在寻求摆脱危机的方法的问题上展开接触。

3月15日　俄罗斯外长拉夫罗夫会见到访的伊朗外长侯赛因·阿米尔-阿卜杜拉希安。双方肯定了两国合作取得的成果,谴责了以美国为首的西方国家推动的以"基于规则的秩序"取代国际法的做法。俄方承认伊朗在欧亚大陆中发挥的作用。

3月15日　俄罗斯宣布退出欧洲委员会。

3月16日　俄罗斯外长拉夫罗夫会见土耳其外长恰武什奥卢。俄方称，2023年是土耳其建国100周年，俄方将向土方援建一座核电站。俄方赞赏为解决南高加索问题建立的"3+3模式"，希望能够继续拓展合作。

3月17日　俄罗斯外长拉夫罗夫在与阿联酋外交和国际合作部部长阿卜杜拉·本·扎耶德·本·苏丹·阿勒纳哈扬举行会谈。双方就当前突出的国际问题进行了讨论，同时双方同意深化关于和平太空探索的政府间协议，俄方高度评价阿联酋与欧亚经济联盟签署自由贸易协定在促进经济联系方面发挥的重要作用。

3月29日　东盟-俄罗斯联合合作委员会举行第二十次会议。会议重点是执行2021年第四次东盟-俄罗斯峰会的决定和《实施东盟和俄罗斯联邦战略伙伴关系综合行动计划（2021—2025年）》。

3月31日　俄罗斯外长就"三驾马车"成员国（俄罗斯、中国、巴基斯坦）例会上表示，要坚持不懈地说服美方无条件地将非法没收的阿富汗资产完全归还给阿富汗政府。俄罗斯将认真考虑在"三驾马车"框架内继续推动与美国的互动。

四月

4月7日　俄罗斯外交部发表声明称，俄方认为联合国大会4月7日在纽约通过的暂停俄罗斯在联合国人权理事会成员资格的决议，是一个非法的和有政治动机的行为，是对奉行独立自主内外政策的联合国主权成员国的"示威性惩罚"。俄罗斯决定从2022年4月7日起提前终止其在联合国人权理事会的成员资格。

4月8日　俄罗斯外长拉夫罗夫同塔吉克斯坦外长阿斯洛夫互致贺电，庆祝两国建交30周年。

4月13日　俄罗斯外交部发表声明称，为应对3月24日拜登政府实施的针对俄罗斯国家杜马的328名代表的制裁，俄罗斯将对美国国会众议院398名议员实施"镜像"制裁限制。

4月15日　俄罗斯外交部召见欧盟驻俄代表团团长埃德雷尔，就欧盟

4月5日无理由宣布俄罗斯常驻欧盟和欧洲原子能共同体代表团19名工作人员为"不受欢迎的人"表示严正抗议。作为对欧盟不友好行为的回应，俄方宣布欧盟驻俄罗斯代表团18名工作人员为"不受欢迎的人"，并要求其限期离境。

4月19日　据俄罗斯东部军区新闻处报道，俄罗斯和越南将举行新的联合军事演习，制定执行任务时的非标准解决方案，并提升困难环境下部队管理水平。

4月21日　俄罗斯外交部召见拉脱维亚和爱沙尼亚驻俄罗斯大使以及立陶宛驻俄临时代办，对三国此前关闭了俄罗斯驻这些国家部分城市的总领事馆及领事处提出严正抗议。俄方表示，根据对等原则，同时考虑到三国政府向乌克兰提供了军事援助，俄方决定撤销三国驻圣彼得堡总领事馆、拉脱维亚驻普斯科夫领事馆、爱沙尼亚驻普斯科夫领事办的工作许可。

4月22日　"中亚+俄罗斯"会晤机制框架内的第五次外长会晤以视频连线方式举行。

4月26日　俄罗斯外长拉夫罗夫与抵达莫斯科进行工作访问的联合国秘书长古特雷斯举行会谈。双方重点讨论了乌克兰和顿巴斯的危机局势。

4月27日　俄罗斯东部军区新闻处表示，俄罗斯和蒙古国军队将在"色楞格-2022"联合军演中演习摧毁山区和沙漠地带的非法武装团体。

4月27日　中俄首座跨境铁路大桥——同江-下列宁斯科耶界河铁路桥俄方段竣工，俄罗斯副总理兼总统驻远东联邦区全权代表特鲁特涅夫参加通车典礼并发表讲话。

4月28日　集体安全条约组织联合总部表示，集体安全条约组织维和人员将在2022年举行"坚不可摧兄弟联盟"演习，以提升危机地区的冲突善后管理水平。

4月28日　欧亚经济委员会召开宏观经济政策咨询委员会会议，批准了欧亚经济联盟2035年前经济发展方向的主体框架。会议指出，当前，确定欧亚经济联盟的发展目标和发展方向十分必要，同时要形成相应方案并预测其效果。

4月29日　俄罗斯外交部发表声明称，由于冰岛、挪威、格陵兰和法罗群岛加入了欧盟的反俄制裁，俄罗斯将上述国家和地区的相关议员、官员、商人和媒体人士列入禁止入境黑名单。

五月

5月4日　俄罗斯外交部发表声明，宣布永久禁止包括日本首相岸田文雄和外相林芳正等63名日本公民入境。

5月5日　俄罗斯外长拉夫罗夫在俄罗斯国家政府机关报《俄罗斯报》发表题为《俄罗斯－中亚：友谊与合作之路30年》的署名文章。拉夫罗夫称，2022年是俄罗斯与中亚国家建立外交关系30周年。在过去的30年里，俄罗斯与中亚各国依靠历史上相互尊重、相互信任、相互支持的优良传统，始终将各国人民团结在一起。

5月11日　俄罗斯联邦政府批准了一份实施制裁的法人名单，规定不再与此类公司进行一系列交易，涉及来自德国、法国和其他欧洲国家以及美国和新加坡的31个组织。

5月12日　俄罗斯外交部就解决中东问题的立场发表声明。声明强调，俄罗斯与中东和北非国家有着深厚的历史渊源，合作关系牢不可破。俄方计划加强与该地区所有国家的联系，继续为解决该地区的严重冲突作出积极贡献，这对世界多极化至关重要。

5月13日　德国总理朔尔茨就乌克兰局势同俄罗斯总统普京通话，重点讨论了俄乌会谈和人道主义问题。普京向朔尔茨详细阐述了俄罗斯采取特别军事行动的理由和主要目标，以及俄方为确保平民安全而采取的措施。双方同意继续通过各种渠道就乌克兰问题进行讨论。

5月16日　瑞典政府决定提交该国加入北约的申请，俄罗斯外交部就此发表声明称，瑞典政府的外交政策以瑞典200多年的中立为基础，几十年来一直是维持波罗的海地区稳定的重要因素。俄方多次表示，选择保障国家安全的方式属于国家内政问题。

5月16日　集体安全条约组织峰会在莫斯科举行，与会领导人主要讨论了集体安全条约组织框架下相互协作、国际和地区热点以及进一步完善集体安全体系等问题。

5月17日　俄罗斯外交部发表声明宣布，俄罗斯决定退出波罗的海国家理事会。声明称，波罗的海国家理事会中的北约和欧盟国家放弃了平等对话等原则，违反共识，做出非法和歧视性的决定，将该组织变成实施反俄政策的工具。俄罗斯被暂停了理事会的相关工作和项目，白俄罗斯作为观察员国的相关活动也被暂停。

5月19日　金砖国家外长会议召开，中国外长王毅主持会议，南非外长潘多尔、巴西外长弗兰萨、俄罗斯外长拉夫罗夫、印度外长苏杰生与会。

5月23日　联合国亚洲及太平洋经济社会委员会第七十八届会议在曼谷举行。俄罗斯外交部副部长韦尔希宁率团参加，在会议发言中详细评估乌克兰局势，概述了俄罗斯现阶段在亚洲及太平洋经济社会委员会主持下开展合作的基本方针。

5月24日　俄罗斯国防部表示，俄罗斯空天军与中国人民解放军空军在亚太地区进行了联合空中巡逻。此次活动根据中俄2022年军事合作计划的规定进行，不针对任何第三国。

5月25日　俄罗斯与白俄罗斯两国就国际信息安全举行了部门间磋商。双方特别关注了在确保信息安全方面的双边合作问题，并强调两国在对待信息安全方面的统一立场。

5月26日　上海合作组织论坛第十七次会议以视频方式举行。本次会议由莫斯科国际关系学院主办，来自中国、俄罗斯、印度、哈萨克斯坦、吉尔吉斯斯坦、巴基斯坦、塔吉克斯坦和乌兹别克斯坦等国的约40名专家学者出席。

5月26日　欧亚经济联盟首届欧亚经济论坛在吉尔吉斯斯坦首都比什凯克举行。本届论坛主题为"全球变化时代下的欧亚经济一体化和投资新机遇"，成员国领导人就联盟内多边关系、金融政策、产业合作等议题展开讨论。共有来自15个国家超2500名代表参加。

六月

6月1日　俄罗斯-海湾阿拉伯国家合作委员会战略对话第五次会议在沙特阿拉伯首都利雅得举行，俄罗斯、阿联酋、科威特、卡塔尔、沙特阿拉伯、阿曼等国家外长以及海湾阿拉伯国家合作委员会秘书长纳伊夫·哈吉拉夫出席会议。

6月1日　在俄方倡议下，独联体裁军审议委员会会议在明斯克举行。亚美尼亚、白俄罗斯、哈萨克斯坦、吉尔吉斯斯坦、塔吉克斯坦、土库曼斯坦、俄罗斯等国家代表和独联体执行委员会的代表出席了会议。

6月3日　俄罗斯总统普京接受采访，就世界粮食问题回答记者提问。采访中普京指出，俄罗斯并没有阻止乌克兰的粮食出口。普京强调，指责俄罗斯不允许乌克兰粮食出口完全没有根据。粮食出口有着多种渠道，可以通过乌克兰控制的港口出口，如敖德萨及其周边港口。

6月10日　据塔斯社报道，俄罗斯副总理兼俄罗斯总统驻远东联邦区全权代表特鲁特涅夫表示，由于日本方面拒绝支付相关配额所涉款项，俄罗斯将取消日本在南千岛群岛（日本称北方四岛）地区的捕鱼权。

6月10日　中俄第一座公路大桥——黑河-布拉戈维申斯克界河公路大桥开通货运，俄罗斯副总理兼总统驻远东联邦区全权代表特鲁特涅夫、中国国务院副总理胡春华、俄罗斯交通部部长维塔利·萨韦利耶夫、俄罗斯远东和北极发展部部长阿列克谢·切昆科夫远程出席开通仪式。黑龙江省省长胡昌升和阿穆尔州州长瓦西里·奥尔洛夫现场出席仪式。

6月15日　普京与中国国家主席习近平通电话，双方就双边和国际议程上的广泛问题深入交换意见。

6月15日　俄罗斯总理米舒斯京出席了圣彼得堡国际经济论坛，并在关于经济问题的战略会议上发表讲话，就市场新态势下政府的应对措施进行相关讨论。

6月17日　俄罗斯安全委员会机构新闻处表示，于当日召开的集体安全条约组织成员国安全委员会秘书会议讨论了集体安全条约组织的2023年联合演习方案，俄方由俄罗斯联邦安全委员会秘书尼古拉·帕特鲁舍夫代表出席。

6月17日　俄罗斯总统普京出席第二十五届圣彼得堡国际经济论坛全体会议并发表讲话，概述了他对全球经济和政治现状的评估，还详细阐述了俄罗斯面临的紧迫任务，包括确保经济进一步发展、刺激国内商业活动、创造舒适营商条件以及加强对外贸易和投资联系等。

6月20—21日　欧亚经济联盟政府首脑会议在白俄罗斯首都明斯克举行。欧亚经济委员会执委会主席米亚斯尼科维奇表示，与会各方通过决议，将开展交通基础设施建设，包括欧亚运输走廊和线路的建设。

6月23日　中国国家主席习近平在北京以视频方式主持金砖国家领导人第十四次会晤，会议主题是"构建高质量伙伴关系，共创全球发展新时代"。南非总统拉马福萨、巴西总统博索纳罗、俄罗斯总统普京、印度总理莫迪出席。

6月24日　独联体国家防长理事会第八十次会议以线下方式在莫斯科召开。会议详细分析了军事政治局势。

6月29日　俄罗斯外长拉夫罗夫与联合国秘书长古特雷斯通电话，双方围绕一系列最紧迫的国际问题展开交流，重点讨论了粮食安全问题。

6月29日　第六届里海沿岸国家首脑会议在土库曼斯坦首都阿什哈巴德举行。会议由土库曼斯坦总统别尔德穆哈梅多夫主持，俄罗斯总统普京、阿塞拜疆总统阿利耶夫、哈萨克斯坦总统托卡耶夫、伊朗总统莱希出席。五国领导人在会上就深化各领域合作，以及国际和地区热点问题交换意见，并在会后发表联合公报。

6月30日　俄罗斯总统普京在第十届圣彼得堡国际法律论坛上发表视频讲话，向与会成员致辞，本次会议主题为"多极化世界中的法律"。

七月

7月6日　俄罗斯外长拉夫罗夫与越南政府总理范明政举行会晤。范明政表示，越南政府始终重视与俄罗斯的全面战略伙伴关系。拉夫罗夫表示，俄罗斯始终将越南视为该地区的重要伙伴，愿与越南进一步加强合作。双方同意推动落实两国领导人互访期间达成的高层协议。

7月7—8日　俄罗斯外长拉夫罗夫率俄罗斯代表团出席二十国集团外长会议。

7月11日　俄罗斯总统普京与土耳其总统埃尔多安通电话，双方重点关注进一步加强经济合作。双方还就乌克兰局势交换意见，协调确保黑海航行安全和向世界市场出口粮食的情况。

7月12日　俄罗斯副总理兼总统远东联邦区全权代表特鲁特涅夫召开关于利用大学和科学组织的科技储备及人力资源发展北极地区的会议，会上讨论了设立北极科学技术委员会的有关问题。

7月13日　在金砖国家轮值主席国中国的倡议下，金砖五国反腐倡廉部门负责人以视频方式召开了金砖国家首次反腐败部长级会议。俄罗斯总统反腐败署署长乔博托夫在致辞中分享了他在加强预防和侦查腐败犯罪体系方面的经验。五国承诺加强公共和私营部门的诚实信用原则，加强五国主管部门之间的交流互动，以更有效地打击犯罪，并加强在腐败资产追回领域的合作。

7月19日，俄罗斯、土耳其、伊朗阿斯塔纳进程国家首脑会议在伊朗首都德黑兰举行，三国领导人在会上就叙利亚问题展开磋商，并发表联合声明，三国将共同努力打击一切形式的恐怖主义，反对美国非法掠夺和转移属于叙利亚的石油等资源。

7月22日　俄罗斯防长绍伊古、乌克兰基础设施部部长库布拉科夫分别与土耳其防长阿卡尔和联合国秘书长古特雷斯在土耳其伊斯坦布尔就从黑海港口农产品外运问题签署相关协议。俄罗斯外长拉夫罗夫表示，俄方希望各方能为有效落实有关俄乌农产品外运的"一揽子"协议付出"所有必要努力"。

7月22日　俄罗斯联邦政府更新了对俄罗斯境外外交和领事机构实施不友好行为的外国名单。该名单包括希腊、丹麦、斯洛文尼亚、克罗地亚和斯洛伐克。政府批准的名单除了国家名称外，还规定了在俄罗斯的法人与不友好国家的外交使团及其领事馆可签订的就业合同的数量。

7月25日 "北极理事会：国际平台未来的设想"圆桌会议召开，会议重点探讨了北极地区寻求互利合作方式，以及加强该区域的相互信任和安全等问题。俄罗斯外交部巡回大使、北极理事会高级官员委员会主席尼古拉·科尔丘诺夫表示，俄罗斯有兴趣就北极地区重大基础设施项目开展国际合作和联合工作。他还强调，如果北极理事会未能满足俄罗斯在《2035年前俄罗斯联邦北极地区发展和国家安全保障战略》中规定的国家利益，俄罗斯将评估继续在北极理事会框架内合作的可行性和必要性。

7月25—26日，俄罗斯外长拉夫罗夫对埃及进行工作访问。埃及是俄罗斯在非洲最大的贸易经济伙伴国。

7月29日 在美方提议下，俄罗斯外长拉夫罗夫与美国国务卿布林肯通电话，双方就乌克兰局势、全球粮食安全和交换在押人员问题展开对话。双方就急需实现双边关系正常化的问题交换了意见。

7月29日 上海合作组织成员国外交部长理事会会议在乌兹别克斯坦首都塔什干举行，各成员国外长出席会议。

八月

8月4日 东盟-俄罗斯外长会在柬埔寨首都金边举行。俄罗斯外长拉夫罗夫与东盟国家外长就如何在复杂的国际形势下应对不同的挑战进行了探讨。

8月5日 俄罗斯总统普京和土耳其总统埃尔多安在索契举行会谈，双方就两国贸易和经济关系发展签署备忘录。两国领导人强调将以对等协调的方式增加俄罗斯和土耳其之间的贸易量，计划在经济和能源领域齐头并进。

8月8日 俄罗斯外交部发表声明称，俄罗斯通过外交渠道正式通知美国，俄罗斯将暂时退出《新削减战略武器条约》规定的核查活动。

8月19日 俄罗斯总统普京与哈萨克斯坦总统托卡耶夫在索契进行最高级别定期对话，两国元首就双边战略合作热点问题进行了深入讨论。普京表示，该次会谈将为两国相互信任的战略伙伴关系发展提供新的动力。

8月24日　上海合作组织成员国国防部长会议在乌兹别克斯坦塔什干举行，讨论了进一步扩大国家间国防合作，确保上海合作组织地区的和平、稳定、安全的措施。

8月26日　俄罗斯外交部就《伊斯坦布尔协定》进展情况发表声明，呼吁有关各方必须负责任和认真地充分执行该协议，确保维持全球粮食安全和减少这一领域的现有威胁。

8月26日　欧亚经济联盟政府间理事会会议在吉尔吉斯斯坦乔尔蓬阿塔举行。联盟成员国、观察员国乌兹别克斯坦和会议受邀国阿塞拜疆政府首脑、欧亚经济委员会董事会主席等出席会议，主要讨论了各国在本币结算、保险以及发展统一劳务市场等方面的合作。

8月31日　俄罗斯外长拉夫罗夫与伊朗外长阿卜杜拉希扬在莫斯科举行会谈。双方外长指出，尽管一些不友好国家对俄罗斯和伊朗实施非法制裁，但两国仍在多个领域保持密切合作。会议还详细讨论了叙利亚及其周边地区的局势，两国外长对"阿斯塔纳模式"给予高度评价。最后，双方同意就俄伊两国共同关心的广泛问题定期交换意见。

九月

9月7日　俄罗斯外交部发表声明称，欧盟为限制俄罗斯的发展继续奉行非法的单方面限制措施。为应对针对俄罗斯个人和法律实体的一系列限制性措施，俄罗斯决定扩大欧盟机构及其成员国代表禁止入境俄罗斯名单。这些限制涵盖欧盟最高军事领导层、欧盟成员国执法机构的高级官员和参与向乌克兰供应军事装备的欧洲生产商代表。

9月15日　中国国家主席习近平在撒马尔罕国宾馆同俄罗斯总统普京举行双边会见，就中俄关系和共同关心的国际和地区问题交换意见。习近平主席指出，两国各领域合作稳步推进，在国际舞台上密切协调，维护国际关系基本准则。普京表示，俄中全面战略伙伴关系不断加强。俄方愿同中方一道，推动上海合作组织成员国继续在互不干涉内政原则基础上深化合作，打造维护地区安全稳定的权威平台。

9月15日　中国国家主席习近平在撒马尔罕国宾馆同俄罗斯总统普京、蒙古国总统呼日勒苏赫举行中俄蒙三国元首第六次会晤。会上，中俄蒙三国确认《建设中蒙俄经济走廊规划纲要》延期5年，正式启动中蒙俄经济走廊中线铁路升级改造和发展可行性研究，商定积极推进中俄天然气管道过境蒙古国铺设项目。

9月16日　俄罗斯总统普京与印度总理莫迪在撒马尔罕举行会谈。双方就俄乌冲突、粮食、化肥和燃料安全等国际焦点交换意见，并就俄印关系未来持续发展达成共识。普京还邀请莫迪对俄罗斯进行国事访问。

9月19日　中俄第十七轮战略安全磋商在福州召开，俄罗斯联邦安全会议秘书帕特鲁舍夫同中央外事工作委员会办公室主任杨洁篪共同主持。双方就落实中俄元首在上海合作组织撒马尔罕峰会期间会晤共识展开讨论，就维护全球战略稳定、亚太地区局势、阿富汗、乌克兰等问题深入交换了意见。

9月21日　在第七十七届联合国大会期间，俄、伊、土三国外长在"阿斯塔纳模式"框架下举行会谈，讨论叙利亚局势。各方就叙利亚及其周边地区当前局势交换意见，强调在恢复叙利亚主权独立和领土完整的基础上实现区域内的和平稳定。会议结束后，三国外长还与联合国秘书长叙利亚问题特使吉尔·彼得森举行磋商。

9月22日　拉夫罗夫外长在联合国大会会议期间参加了金砖国家外长会晤。会后，与会各国发表了联合声明。外长们就包括第七十七届联合国大会议程在内的一系列广泛的国际问题进行了深入的意见交流，密切关注地区冲突以及金砖国家在多边组织内的互相协调，还讨论了加强金砖国家战略伙伴关系的前景。

9月29日　利比亚问题磋商会议在莫斯科举行，中国、俄罗斯、埃及、阿联酋等国代表与会。俄罗斯总统中东和非洲国家事务特别代表、外交部副部长博格丹诺夫主持磋商。与会各方就利比亚问题深入交流，重申尊重利比亚主权独立和领土完整，呼吁继续在联合国主导下推动利比亚地区政治过渡进程，为利比亚早日实现和平稳定贡献力量。

十月

10月4日　俄罗斯太平洋舰队与中国海军舰队在太平洋海域再次完成联合巡航，巡航路线经过日本海、白令海等，总里程超过7000海里。

10月4日　俄罗斯联邦委员会一致投票批准顿涅茨克、卢甘斯克、扎波罗热和赫尔松四地"入俄"条约。

10月5日　俄罗斯外长拉夫罗夫会见欧亚经济委员会执委会主席米亚斯尼科维奇。

10月5日　俄罗斯外交部驱逐了立陶宛驻俄临时代办。

10月5日　俄罗斯代表出席在奥地利维也纳举行的欧佩克与非欧佩克产油国组成的"欧佩克+"第三十三次部长级会议，就自11月起将石油开采量减少200万桶/日达成共识，并将相关协议延长至2023年底。

10月10日　俄白两国就部署区域联合部队达成协议。

10月12日　俄罗斯外交部就联合国大会通过涉乌东四地公投决议草案发表声明，声明称这项决议与保护《联合国宪章》的原则毫无关系，谴责了美国和其他北约国家的双重标准，并且强调了在四地举行公投的合法性。

10月12日　俄罗斯总统普京在"俄罗斯能源周"论坛上谴责北溪管道泄漏事故为国际恐怖主义所为，并且表示俄罗斯愿意向欧洲提供能源。

10月14日　独联体国家元首理事会会议在哈萨克斯坦举行，俄罗斯总统普京在发言中高度评价了俄罗斯与独联体国家间贸易额的增长态势。会议最后，独联体成员国元首签署了关于发展文化领域合作的声明，并通过了旨在推动独联体国家合作发展的一系列文件。

10月14日　首届俄罗斯-中亚领导人峰会在哈萨克斯坦召开，普京在会上指出，外部势力正企图干涉俄罗斯与中亚国家的关系，面对日益复杂的国际局势，各国不断创新对话机制。会议结束后，领导人就欧亚地区合作方面等问题发表联合声明。

10月18日　俄罗斯外交部发表关于《禁止细菌（生物）和毒素武器公约》第五条协商会议成果的联合声明。声明表示俄罗斯就美国在乌克兰的军事生物计划根据《生物武器公约》第五条召开了此次磋商会议，呼吁缔约国应在《生物和毒素武器公约》第九次审查会议期间，就恢复议定书谈判通过一项适当的决定。

10月20—21日　欧亚经济联盟政府间理事会会议在亚美尼亚首都埃里温举行，俄罗斯总理米舒斯京出席会议。米舒斯京强调，西方的政策短时间内不会改变，联盟应制定长期的应对策略。与会各国就经贸合作和内部市场一体化问题进行了讨论并签署了一系列文件。

10月24日　俄罗斯总统普京邀请阿塞拜疆总统阿利耶夫和亚美尼亚总理帕西尼扬赴俄罗斯参加三方峰会，就全方位的三边和双边问题展开讨论。

10月24日　俄罗斯外长拉夫罗夫与伊斯兰合作组织秘书长塔哈举行会谈，双方就当前国际形势交换意见，重点讨论了遵守国家主权平等原则以及根据《联合国宪章》解决一切冲突的必要性。

10月26日　俄罗斯外交部宣布，为了回应欧盟对俄罗斯的新制裁，俄罗斯扩大了禁止进入俄罗斯的欧盟成员国代表名单。

10月27日　俄罗斯外长拉夫罗夫与中国外长王毅进行了电话会谈。会谈高度评价了俄中关系的现状，并就地区和全球热点问题进行了讨论。

10月29日　俄罗斯总统普京向俄罗斯中国友好协会成立65周年致贺信。

十一月

11月1日　上海合作组织成员国政府首脑理事会第二十一次会议以视频方式举行，俄罗斯政府总理米舒斯京出席会议。会议发表联合公报，批准上海合作组织经贸、数字经济等领域多项合作文件和决议。

11月2日　俄罗斯外交部发布了阻止核战争发生的声明。声明中指出，俄罗斯支持维护全球战略稳定，坚定、持续地致力于阻止核战争的发生，因为核战争中不会有任何受益者。

11月2日　俄罗斯决定恢复执行黑海港口农产品外运协议。

11月8日　俄罗斯外长拉夫罗夫与印度外长苏杰生在莫斯科举行会晤。两国外长高度评价俄印在国际平台上的合作，就军事和经贸合作问题进行了讨论，双方还就联合利用北方海航道和大陆架油田的工作交换了意见，并讨论了乌克兰、阿富汗、伊朗、中东和亚太等地区局势。

11月8日　俄罗斯宣布已批准制裁来自保加利亚、加拿大、捷克、爱沙尼亚、德国、立陶宛、斯洛伐克、黑山、波兰、英国和美国的74家公司，禁止与其进行军事和技术合作交易。

11月12日　俄罗斯外交部宣布，俄罗斯对美国总统拜登的亲属以及白宫新闻秘书卡里娜·让-皮埃尔实行入境禁令。

11月16日　二十国集团领导人第十七次峰会在印度尼西亚巴厘岛闭幕，峰会通过《二十国集团领导人巴厘岛峰会宣言》。俄罗斯外长拉夫罗夫代表俄罗斯出席了本次会议，俄罗斯总统新闻秘书佩斯科夫称，俄方对二十国集团的结果感到满意。

11月16日　阿富汗问题"莫斯科模式"第四次会议在莫斯科举行。会议期间，与会各方达成一致，在阿富汗问题"莫斯科模式"和其他有效机制的推动下，继续加强协调合作，为维护区域稳定、促进民族和解、推进经济发展提供坚定支持。

11月17日　俄罗斯远东及贝加尔地区和中国东北地区政府间合作发展委员会第四次会议召开。俄罗斯副总理兼总统驻远东联邦区全权代表特鲁特涅夫与中国国务院副总理胡春华共同主持召开该会议。会议讨论了俄罗斯和中国在俄罗斯远东地区的合作。

11月17日　俄罗斯总统新闻秘书佩斯科夫强调俄罗斯不考虑使用核武器。

11月17日　俄罗斯外交部宣布黑海农产品外运协议自动延长120天。

11月23日　俄罗斯高级谈判代表亚历山大·拉夫连季耶夫称，俄罗斯已要求土耳其不要在叙利亚发动全面的地面攻势。

11月23日　集体安全条约组织峰会在亚美尼亚首都埃里温举行。俄罗斯总统普京出席峰会。

11月24日　俄罗斯第一副总理、中俄投资合作委员会俄方主席别洛乌索夫与中华人民共和国国务院副总理、中俄投资合作委员会中方主席韩正共同主持中俄投资合作委员会第九次会议。双方就发展中俄两国在投资领域合作的现状和前景展开讨论。

11月28日　俄罗斯外交部宣布推迟举办俄美两国原计划于本周举行的核裁军会谈。

11月28日　俄罗斯与哈萨克斯坦两国总统在莫斯科举行会晤。普京和托卡耶夫在俄哈建交30年之际签署了一项宣言，高度评价了两国关系，强调了在经贸等领域的多极化趋势，并再次强调了核战争的危险性。

11月30日　俄罗斯航空航天部队和中国人民解放军空军在亚太地区进行第二次联合空中巡逻。在联合空中巡航过程中，双方战略轰炸机首次互相在对方机场降落。俄罗斯国防部强调该活动不针对第三国。

十二月

12月1日　俄罗斯外长拉夫罗夫召开关于欧洲安全的新闻发布会，阐明俄方在欧洲整体安全和俄欧关系问题上的原则立场。

12月8—9日　俄罗斯外交部副部长谢尔盖·维尔希宁与土耳其外交部副部长塞达特·厄纳尔就列入大会和联合国安理会议程的国际和地区问题详细交换意见。

12月9日　上海合作组织和独联体成员国国防部长会议在莫斯科举行。俄罗斯总统普京向与会者发表视频讲话称，此次会晤及时且意义重大。会议结束后，与会各方签署联合公报。

12月9日　欧亚经济委员会最高理事会会议在吉尔吉斯斯坦首都比什凯克举行，俄罗斯总统普京出席会议。与会各方讨论了欧亚经济联盟热点问题，在区域一体化和市场模式等领域达成了一定共识。

12月12日　俄罗斯外交部发言人扎哈罗娃称，俄方对科索沃紧张局势升级表示关注，谴责了西方国家在科索沃局势中的负面作用，并且表达了对塞尔维亚当局的支持。

12月15日　俄罗斯－东盟信息安全问题第二次会议在线举行。会议由俄罗斯外交部副部长瑟罗莫洛托夫和柬埔寨邮电部国务秘书肯·占米塔共同主持，俄罗斯和东盟国家代表团参会。

12月19日　俄罗斯总统普京与白俄罗斯总统卢卡申科在白俄罗斯首都明斯克举行会晤。普京表示，双方的会谈成果颇丰。双方就集体安全、能源价格等方面合作进行了讨论，双方还商定在对外政策方面采取协调行动。

12月21日　俄罗斯外长拉夫罗夫出席黑海经济合作组织部长理事会第四十五次会议。会议期间，各方总结了30年来黑海地区各国在黑海经济合作组织框架下的联合工作，并就发展运输和物流、加强能源安全等事项进行讨论。

12月26—27日　独联体领导人非正式会议在俄罗斯圣彼得堡开幕。会上总结了本年度的合作成果，讨论了2023年的优先事项，还就国际和区域议程热点问题交换了意见。会上还对实施国家计划和战略方面的共同努力给予关注，旨在深化产业合作，确保粮食、能源和环境安全。

12月27日　俄罗斯总统普京签署法令，禁止向对俄罗斯石油实施限价的国家出口石油，作为对西方"限价令"的反击。

12月28日　土耳其、叙利亚和俄罗斯三国国防部部长在俄罗斯首都莫斯科举行会谈。各方对会谈表示肯定，三国国防部部长同意建立一个三边机制，通过举行一系列三方部长级会谈，最终促成三国元首会晤。

12月30日　俄罗斯总统普京与中国国家主席习近平举行视频会晤。

图书在版编目（CIP）数据

俄罗斯对外关系发展研究. 第二辑／王树春，崔懿欣主编. —北京：时事出版社，2024.2
ISBN 978-7-5195-0562-2

Ⅰ.①俄… Ⅱ.①王…②崔… Ⅲ.①对外关系—研究—俄罗斯 Ⅳ.①D851.22

中国国家版本馆 CIP 数据核字（2024）第 004583 号

出版发行：时事出版社
地　　　址：北京市海淀区彰化路 138 号西荣阁 B 座 G2 层
邮　　　编：100097
发 行 热 线：(010) 88869831　88869832
传　　　真：(010) 88869875
电 子 邮 箱：shishichubanshe@sina.com
印　　　刷：北京良义印刷科技有限公司

开本：787×1092　1/16　印张：14.5　字数：223 千字
2024 年 2 月第 1 版　2024 年 2 月第 1 次印刷
定价：95.00 元

（如有印装质量问题，请与本社发行部联系调换）